The Unique World

方
寸

方寸之间　别有天地

华族

华族

華族
日本近代贵族兴衰史

華族
近代日本貴族
の虚像と実像

〔日〕小田部雄次 ——

著

霍东昆—译

社会科学文献出版社
SOCIAL SCIENCES ACADEMIC PRESS (CHINA)

前　言

　　"华族"并不是一个我们耳熟能详的词语。曾经的明仁皇太子妃，也就是那位非"原华族"出身的正田美智子（现为皇后①），因平民出身而备受国民期待。德仁（浩宫）皇太子妃小和田雅子（现为皇太子妃）同样因"平民出身"而受到欢迎，但随后有传言说，"由于她不是原华族家族出身，因此在宫中的生活倍加辛苦"。

　　在明仁天皇的长女清子内亲王（纪宫）订婚时，一些人就"其订婚对象黑田庆树是否为原华族出身"这一问题展开了讨论。以"黑田"为姓氏的华族曾有九家，想必已经有人对其家族谱系做过非常详细的调查。从其谱系来看，黑田庆树的父亲名为黑田庆次郎，黑田庆次郎的姐姐德子嫁了原华族的税所子爵家，他的哥哥黑田庆一郎的妻子，即黑田治子，出身于秋月子爵家族。因此，黑田庆树本人虽然并非出身于原华族中九个"黑田家"之一，却也可以说是华族的远亲。

　　"华族制度"创立于明治维新不久后的 1869 年（明治二年），华族属于特权上流阶层。该制度存续了 78 年，最终由于日本在太平洋战争中战败、新宪法于 1947 年（昭和二十二年）施行而被废止。"华族制度"

---

① 2019 年，明仁天皇实现"生前退位"，成为"上皇"，美智子随之成为"上皇后"，下文出现的"皇太子妃"雅子则成为"皇后"——译者注。如无特别说明，本书注释均为译者注。

被废除虽已经过了半世纪有余，它却依然为人们所津津乐道，由此可见其意义之重大。那么，"华族"到底是什么呢？

我们很难用简单的一句话来给"华族"下一个定义，如果非要说的话，也只好借用当时的说法，即"皇室之藩屏"，也就是说华族是一些"守护着天皇家的人"。这个定义同时也简明易懂地说明了华族所肩负的历史使命。

然而，彼时华族的真实情况却并非如此简单。这些华族在当时都做过什么呢？最为人所知的是作为贵族院议员参与国政，但他们在议会上做的事情却并非始终不变，并且也不是所有华族都是贵族院议员。这些华族在贵族院外更是各有各的道路，这些人的职业、所属社会集团、年龄以及家庭情况均不同。

实际上，就连"什么样的人可以成为华族"这一原则性问题都没有定论。成为华族的条件暧昧不明且因时而异。

明治维新后，在明治政府中掌握实权的公家岩仓具视与萨长藩阀出身的大久保利通的后裔以及伊藤博文等人自不必说，就连理应在维新运动中被打倒的德川宗家竟也成了华族。不仅如此，幕府的旧幕臣胜安芳一家、西南战争中被击败的西乡隆盛的后裔也位列华族，就连东、西本愿寺的大谷家，伊势神宫和出云大社的神职人员，以及在日俄战争中扬名的军人乃木希典和东乡平八郎等人也成了华族。财阀中的三井、岩崎，足尾矿山曾经知名的经营者古河市兵卫的子孙，以及医学学者北里柴三郎等人也均为华族。此外，也有皇族子弟成为华族。

然而，开设了庆应义塾的福泽谕吉以及曾以首相身份做出贡献的原敬却不是华族。新渡户稻造、美浓部达吉等人，还有昭和时代具有代表性的大部分军人也非华族。成为"华族"虽然看起来毫无规律可言，实际上却存在一定的政治逻辑支持，而这种政治逻辑则与日本近代的历史有着密切的关联。

对于华族的论述，实际上也是对"日本近代的意义"的论述。

作者在写作过程中省略了敬称。此外，对于 1872 年（明治五年）采用太阳历之前的日期记载，原则上均为旧历。为方便起见，将引用史料中的旧假名改为现行通用假名。

目　录

序章
大众印象中的华族——点缀鹿鸣馆的人们

鹿鸣馆开馆

现在人们谈到"华族"的时候，脑海中会浮现出他们穿着华丽服装翩翩起舞的样子。在明治初期激进的西化运动中，肩负"皇室之藩屏"使命、拥有特权地位的华族，也曾像西方诸国的特权阶层那样穿着洋装参加舞会。他们的舞台便是"鹿鸣馆"。鹿鸣馆于1883年（明治十六年）开馆，在那之后十年左右的时间里，在此举办的社交舞会一直是人们关注的焦点。

时任外务卿的井上馨（后荣升伯爵），为了达成修订不平等条约的目的，在日本推行欧化政策。坐落于东京麹町区内山下町（现日比谷公园附近）的鹿鸣馆，作为社交场所也是其中一环。

鹿鸣馆的建筑面积为440坪①，是一座砖结构的二层洋楼，设有客厅、台球室、女宾化妆室、舞厅以及休息室等。鹿鸣馆由英国建筑师约

---

① 日本面积单位，1坪约合3.3平方米，440坪约合1452平方米。

书亚·康德尔（Josiah Conder）设计，建筑费用据说高达 14 万日元，也有人说是 18 万日元。鹿鸣馆从破土动工到竣工花了两年半的时间，是当时日本最为奢华的欧式风格建筑，由时任外务省委员的松平忠礼（原信浓尚田藩主，后荣升子爵）担任第一任馆长。

鹿鸣馆的开馆仪式在 1883 年 11 月 28 日举行，现场聚集了国内外千余名来宾，由井上馨致开馆辞。会场由 30 余名警卫负责巡查，晚间舞会的乐曲由陆海军军乐队演奏，宫内省的音乐人则负责宴会时演奏的音乐。

开馆仪式结束后，鹿鸣馆连日举行舞会，参加者包括明治政府的高官，如外交官，还有所谓的"受聘外国人"以及他们的夫人和女儿。1884 年 7 月 7 日，明治政府颁布《华族令》，制定了将爵位分为"公""侯""伯""子""男"五个位阶的"五爵制度"。从那以后，新获得爵位的华族成员也开始经常出入鹿鸣馆，成为这一国际社交舞台的一员。

不会跳舞的华族夫人们

当时的日本，会交际舞（dance）的人并不多。1880 年（明治十三年）11 月 3 日是天长节①，当时鹿鸣馆还未开馆，这一天在"延辽馆"（即现在的滨离宫外国人接待所）举行了一次有 500 多人参加的晚会。由于当时没有一个日本人会跳交际舞，上场跳舞的无一例外是外国人。第二天《东京日日新闻》感叹道："虽说我国风俗如此，也难掩不甘

① 天皇诞生日。

之心。"

在 1883 年鹿鸣馆开馆仪式的晚间舞会上，日本女性中只有有着留美经历的大山严夫人大山舍松以及津田梅子、永井繁子，有着海外游历经历的井上馨夫人井上武子及其女井上末子，还有就是刚从意大利回国不久的锅岛直大夫人锅岛荣子以及从俄罗斯回国的柳原前光夫人柳原初子等几个人上场跳舞。包括伊藤博文夫人伊藤梅子和佐佐木高行夫人佐佐木贞子在内的大部分政府高官的夫人自始至终游离于舞会之外。

为解决这一问题，1884 年（明治十七年）10 月 27 日在鹿鸣馆举办

上　鹿鸣馆的舞会
右　鹿鸣馆外观

了交际舞练习会，专门教授华族夫人们跳舞。练习会由刚刚通过《华族令》荣升为侯爵的锅岛直大担任干事长，时为海军军乐队钢琴教师的德国人安娜·蕾尔负责伴奏。

交际舞种类较多，主要包括方阵舞、华尔兹、波尔卡、苏格兰方块舞、玛祖卡以及加洛普等。想要学会这么多种舞蹈十分不易。在华族夫人们刻苦学习的同时，外务省和宫内省有爵夫妇之间也掀起了一股"交际舞热"，在天长节晚会这样的场合，穷尽盛会之极。

逐渐流行的裙撑款式

鹿鸣馆的影响力虽然并不长久，但不容小觑，就连学习院的女学生（1885 年学习院废除女子教科，成立华族女子学校）也穿上了鹿鸣馆特有的撑腰式洋装。当时总理大臣每个月的工资只有 500 日元，但据说这样的一件洋装就要 400 日元，可见其人气之高。

穿洋装与跳交际舞成了女子的必修课。据说，当时的东京女子师范学校（御茶水女子大学前身）要求学生"必须穿着洋装"，就连校长都得穿着燕尾服在讲堂中跳舞。

除服装外，音乐会以及妇人慈善市场（旧货市场）等西方事物也流行开来。当时有人绘制了一幅名为《鹿鸣馆贵妇人慈善会图》的锦绘，描绘了身着和服或洋服的妇人们在鹿鸣馆内聚会的情景。画中还附有一个一览表，表中出现了总长①"一品炽仁亲王御息所"有栖川宫董子（沟口直正伯爵妹）、副总长"三品威仁亲王御息所"有栖川宫慰子（前田

---

① 妇人慈善会最高责任者。

立嗣侯爵妹），以及会长 ① 大山严伯爵夫人大山舍松、副会长伊藤博文伯爵夫人伊藤梅子、副会长井上馨伯爵夫人井上武子、副会长森有礼（初代文部大臣，1887 年荣升子爵）夫人森宽子等华族夫人及其女儿的名讳。据说这次旧货市场持续了三天时间，卖出了 7500 多日元的货物。

这一时期，新获得爵位的政府高官以及他们的夫人、女儿在"为了修订不平等条约而为国家进行努力"这一大义名分之下，频繁地出入鹿鸣馆。

毕戈的讽刺

将鹿鸣馆中上演的这种"异常现象"巧妙地描绘出来的，是法国的讽刺漫画家乔尔吉·斐迪南·毕戈（1860~1927）。毕戈对日本平民女性颇有了解，从他所作的画中也能感受到女性的温柔。然而他对权力的批判十分猛烈，对鹿鸣馆以及华族的态度也并不友善。

毕戈为讽刺鹿鸣馆所作的画非常有名，在其 1887 年（明治二十年）连载于讽刺杂志 *TÔBAÉ* 的一系列画作中，他毫不避讳地描绘了鹿鸣馆中男女装模作样的姿态。

例如，在一幅名为《出入上流阶层的绅士淑女》的画作中，身着正装的男女在镜子中却变成了类人猿。在《鹿鸣馆舞厅》这幅画中，他将日本人描绘成了猥琐无品的乡下人。在《鹿鸣馆的礼拜一》中，毕戈又描绘了身着洋装的艺人，在一个看似休息室的地方用烟管抽烟的场景，其中有人把烟灰弄到了地上，还有人蹲着抽烟。《晚餐会之后（等候

---

① 鹿鸣馆慈善会发起人。

室）》则描绘了"绅士们"脱去鞋子在长凳上盘腿而坐，而"淑女们"坐下时把腿伸出去老长的样子。

当时对鹿鸣馆进行揶揄讽刺的并非只有毕戈一人。曾为幕臣的小林清亲（1847~1915）师从英国新闻特派员查尔斯·沃格曼（Charles

上 《鹿鸣馆的礼拜一》
下 《出入上流阶层的绅士淑女》
G.F. 毕戈作

Wirgman，1832~1891）等讽刺派画家，1885 年（明治十八年）在《团团珍闻》上登载了名为《云之上与泥之上》的画作，讽刺鹿鸣馆中人不顾贫民疾苦之行径。

首相官邸的化装舞会

人们对以鹿鸣馆为代表的"欧化"的批判，因 1887 年 4 月 20 日伊藤博文在永田町首相官邸举办化装舞会一事而达到顶点。

这一天，伊藤博文把自己打扮成了一位威尼斯贵族，井上馨、山县有朋以及三岛通庸等人也各自进行了装扮。身为帝国大学教授的法学家穗积陈重、植物学家矢田部良吉则分别扮成了惠比寿[1]和大黑天[2]。三岛通庸的两个女儿园子（1869 年出生，当时 18 岁，后成为外交官秋月左都的夫人）和峰子（1870 年出生，当时 17 岁，后成为宫内大臣牧野伸显的夫人）扮成了汐汲[3]。这场晚会近乎疯狂，直到第二天凌晨四点左右才结束。

这场化装舞会显然已经脱离了修订不平等条约的目标。因此，迫切希望早日修订条约的日本民众对这场舞会的批评格外猛烈。随后不久，关于伊藤博文当天的丑闻以小道消息的形式扩散开来。

所谓的丑闻说的是，报纸上有篇文章描绘了参加晚会的一位伯爵夫人在深夜时分赤裸着双足从虎之门仓皇离开，并跳上人力车直奔骏河台地区的情形。人们私底下说，这位夫人正是户田极子。

---

① 七福神中的商业之神。
② 七福神中的开运招福之神。
③ 日本传统歌舞伎中的角色。

户田极子是岩仓具视的二女儿，也是户田氏共伯爵的夫人。她生于1857年（安政四年），当时30岁，因容貌甚美而被称为"日本之花"。舞会当天，户田氏共扮成了太田道灌①，户田极子为配合丈夫把自己打扮成了一位为其献上棣棠花的妇人，可以说这正是贤淑妻子的典型装扮。然而，据说装扮成威尼斯贵族的伊藤博文首相按捺不住好色之心，竟向美丽的户田极子求爱。

这件事众说纷纭，真相不得而知，但这种流言蜚语的背后，是国民对于此种行为的强烈不满。在修订不平等条约这一大义名分下发起的"西方化"运动，显然已经偏离了初衷。同年9月17日，井上馨因"外国人法官任用问题"辞去了外相职务，此后欧化政策也逐渐走向衰退。

从鹿鸣馆到华族会馆

随着欧化政策的衰退，日式传统服饰得以"重生"，但鹿鸣馆与帝国酒店等处依旧歌舞升平。

然而，鹿鸣馆在1894年6月20日发生的地震中遭到破坏，舞厅摇摇欲坠，非常危险。最终鹿鸣馆被变卖，改建成了华族会馆。

1927年（昭和二年），随着华族会馆迁移到麹町区三年町（现千代田区霞之关）处的新馆，颓败的鹿鸣馆成了日本征兵保险公司的所在地，最终于1940年（昭和十五年）被拆除。拆除后的第二年，在其原址建立了商工省别馆。当时的《朝日新闻》写道："在文明开化风潮下绅士淑女们曾经的社交场所，随着时间的推移，如今已经成为统制经济的

---

① 室町时代后期的武将。

主城。"

鹿鸣馆的楼梯、试衣镜、花瓶和茶壶等一部分物品仍被保存在东京大学以及作为华族会馆后身的霞会馆内，只有它们似乎还在叙述着彼时华族奉行欧化主义的历史。

鹿鸣馆随着欧化主义的衰退而走向了落寞，曾让鹿鸣馆繁盛一时的华族们后来又如何呢？

这些人也如曾经的公卿、诸侯等江户时代的特权阶层一样，虽然随着时间的推移又有军人、财政界人士加入其中，却也难免迎来同鹿鸣馆建筑物一样的命运——走向衰落。

不管怎样，接下来让我们试着解开被命运选召的团体"华族"身上的历史谜团。

第一章
华族的成立

1 从公卿、诸侯到华族

华族的起源

华族的起源，可以追溯到 1869 年 6 月 17 日这一天。

此时，日本将首都迁至东京还不满一年，也是原幕府军同新政府军之间进行的戊辰战争中最后的战役——箱馆战争结束后的第二个月。

行政官达①第 543 号规定"废止公卿、诸侯之称，改称华族"。此后，公卿和诸侯均改称华族，这一"同族集团"正式诞生。

所谓的"公卿"，严格来说应该分为"公"（太政大臣及左、右大臣）和"卿"（大、中纳言，参议，以及三位以上的朝廷官员），其中大多数人要么是"殿上人"，要么是"堂上"，也就是说，他们都是有资格进入禁中清凉殿的人物。换句话说，都是一些官位在四五位以上的人，

---

① 即行政官方通告。

还有就是六位中的藏人。

　　所谓的诸侯，指的则是藩主（大名），但并非所有的藩主都可以称为诸侯，这需要他们的俸禄达到一定标准才行。按照德川幕藩时代的标准，俸禄达到一万石以上的藩主才可以称为诸侯。

　　虽然这些人在幕末维新的动荡之中舍弃了原有的身份地位，但在这一以天皇为顶点的新时代中，他们又重新获得了高于士族和平民的社会地位，成了新设立的贵族集团中的一员。在幕藩时代，公卿的地位原本并不算高，随着幕末尊王论的兴起以及以天皇为中心的统一国家的诞生，他们获得了同原藩主同等的地位。

　　6月17日同时也是接受萨摩①、长州②等藩版籍奉还的日子，曾经的大名将领土和人民奉还于天皇，自己则成了藩的知事。

　　设置华族的意义在于将曾经的公卿和诸侯，即朝廷的公家与版籍奉还后的藩知事做同等对待。宣布设立华族当天的行政官达之中还出现了"官武一途"的字样，这就需要从前一年发布的"五条承诺"说起。为了贯彻王政复古的思想，首先需要废止"官武"之别。

　　6月17日这天，有427个家族获得了华族的身份，其中公卿142家，诸侯285家。虽然名义上要同等对待，但华族中公卿出身的人被称为"公家华族"，诸侯出身的人则被称为"武家华族"（后文中如需表明出身，原公卿称为公家，原诸侯称为武家）。

---

① 为日本江户时代的藩属地，四强藩之一，所辖地域包括今日的鹿儿岛县全部与宫崎县的西南部。幕末，萨摩、长州等强藩组成倒幕联盟，主张废除幕府，还政天皇。在明治天皇掌握政权之后，日本内阁的大多数成员都来自萨摩藩和长州藩。
② 四强藩之一，位于日本本州最西部，大致为今日的山口县一带，与九州的萨摩藩、四国的土佐藩隔海相望。

设立华族的审议及名称的由来

　　围绕设立华族这一问题，以岩仓具视（1825~1883）为中心，伊藤博文（1841~1909）、广泽真臣（1833~1871）、大久保利通（1830~1878）以及副岛种臣（1828~1905）等人进行了审议工作，并且就"公卿与诸侯同等对待"问题达成了一致意见。然而关于对这一新阶层的称呼问题，他们的意见出现了分歧。伊藤博文主张使用"公卿"，广泽真臣、大久保利通和副岛种臣主张称为"贵族"，而岩仓具视则认为应当从"勋家""名族""公族""卿家"之中选一个作为称谓。

　　前述行政官达中"称为华族"这一内容中的"华族"两个字，之前一直是空白，其名称难以确定。在6月7日的草案中，还保留着这样一份附笺，上面记录了当时大久保利通和副岛种臣提出的"贵族"与岩仓具视主张的"名族"分庭抗礼的情形，直到10日才最终决定采用"华族"。然而，具体经过以及到底是谁确定了"华族"这一称谓，现在仍旧不得而知。

岩仓具视

伊藤博文

"华族"其实是当时有着公卿家系的清华家的别称。据说"华族"这个称谓直到平安时代末期为止，都是一个比较好的家系美称，一直与"英雄""清华""英华""公达"等称谓通用（用例可见平安末期藤原宗忠日记《中右记》以及九条兼实日记《玉叶》等）。

后来由于出现了公卿家格，"华族"便成了地位仅次于摄政、关白等摄家的清华家的别称。所谓"清华"，意思是"优秀家系"，即可成为摄政、关白之次的"三公"（太政大臣、左大臣、右大臣）的家系，亦称"花族"。

"华族"这个有着悠久历史的词语在明治维新后成了公卿和诸侯的总称，也因此被赋予了新的含义。

"皇室之藩屏"

1871 年（明治四年）7 月，华族接到了"必须定居东京"的命令。10 月 10 日，天皇降旨华族，曰："华族立于四民之上，应为众人之表率。"随后，从 10 月 22 日开始，天皇用三天时间在小御所代（同京都御所中的小御所相同的房间，位于赤坂临时御所中）分批召见了所有华族的家族长，并再次向他们传下"华族在国民中地位尊贵且重要"的御旨。这样一来，等于公开阐明了华族作为皇族近臣，位列国民阶层之上这一事实。

华族一般被称为"皇室之藩屏"。"藩屏"者，"外郭"也，也就是守护天皇的特殊集团的意思。皇族有时候也被称为"皇室之藩屏"。所谓"皇族"，顾名思义就是"有资格继承皇统的家系"，与此相对的"华族"，也就是"没有资格成为天皇的家系"。

据说"皇室之藩屏"一语产生于明治初期，使用于王政复古之后。华族之中的公家华族，自古以来便为皇室效力，尽守护之职。相反，武家华族在明治维新之前则属于皇室的敌对势力。因此，把除公卿外的诸侯也编入华族之中，实有重大意义。与此同时又规定了"华族为皇室之藩屏"，使其得以成为天皇之近臣，获得了超越曾经的士族和平民的上流阶层的地位。

另外，华族通过联姻的方式强化了同皇室的关系。这里需要说明的是，只有皇族或五摄家①等上流华族出身的女性才有资格成为皇后。这是从律令制时代开始一直持续到幕末的习惯做法。

奈良时代的律令中规定了天皇的配偶有皇后一人、妃二人、夫人三人、嫔四人等，这些人必须为皇家女子或势力强大家族出身的女子。到了平安时代摄关政治时期，又增加了"女御"、"更衣"和"御息所"等，其中皇后将从出身于摄关家并成为女御的女子中选取。这种天皇家的婚姻习惯在维新后被原封不动地保留下来。1889 年（明治二十二年）的《皇室典范》中规定，只有"同族或通过圣上旨意特别许可的华族"才有资格成为皇后。

此外，只有公爵和侯爵家的女子才可成为皇族妃。皇室与公爵、侯爵家族通过联姻的方式成为一体。另外，公爵、侯爵家同伯爵、子爵、男爵家也会联姻，家族之间的关系逐渐复杂化。由此，皇室同华族也成了姻亲关系的集合体。

---

① 摄关家中藤原北家嫡系的五支：近卫、九条、一条、二条和鹰司。这五家垄断了公家社会的最高官职——摄政与关白，因此统称"五摄家"或"五摄关家"。

围绕职责问题产生的意见对立

从 1869 年设立华族，到 1884 年制定《华族令》将华族分为公、侯、伯、子、男五个爵位，在这 15 年间，公卿出身的三条实美（1837~1891）、岩仓具视以及下级武士出身的木户孝允（1833~1877）、伊藤博文等人均对"华族应尽之职责"这一问题非常关心。

比起立宪制，岩仓具视更加重视君主制，他认为华族应该作为"皇室之藩屏"而存在。因此，如后所述，岩仓具视非常热衷于设立华族银行（第十五国立银行）等稳定华族生活的举措，但对于华族涉足政治方面的事宜却表现得很冷淡。

与此相对的是，木户孝允和伊藤博文却非常期待华族参与政治。

木户孝允在 1873 年（明治六年）前后，就开始针对保证华族家禄（明治元年开始，新政府发给的禄米，用以取代之前的俸禄）及华族的政治觉悟问题发表意见。木户孝允非常同情那些因生活上发生变故而处于失业状态的华族，他把华族定位成为国家尽义务的"名誉指导集团"。他还反对秩禄处分，担心这一举措会威胁到华族阶层的经济基础。1871年，木户孝允曾以"欧美巡回全权副使"的身份游历欧美诸国，这些西方国家上议院议员的贵族身份给他留下了深刻的印象。作为计划的第一步，木户孝允曾在 1875 年前后表达制定爵号的想法，但他本人却在1877 年（明治十年）于京都病逝。

同时，伊藤博文也有让贵族担任上议院议员的想法。早在当初设立华族之时，他就因华族职责问题与岩仓具视产生过分歧。到了 1881年，政府已经向社会宣布，要于 9 年后开设国会。因此，这时的伊藤

木户孝允

博文为了能在对抗民权派的过程中利用华族的力量，让华族担任上议院议员的想法愈加强烈。然而，当时这些华族对于政治并不十分关心，这也引来了伊藤博文的不满，他开始考虑将既有华族以外的士族阶层中的有识之士也纳入考察范围。伊藤博文的这一构想直接影响了设立"功勋华族"一事，使活跃于幕末维新时期的藩士得以成为华族阶层的一员。

岩仓具视原本不希望华族参与政治，但到17世纪80年代，民间记者的主权论争以及自由党结党等时代性事件发生后，他也开始倾向于让华族担任上议院议员。岩仓具视觉得有必要进行更加积极的"华族改良"活动。他主张在充实华族教育的同时，在华族中注入"清新元素"，因此也开始向伊藤博文的"功勋华族"方案靠拢。华族被定义为"新旧'功绩'之集团"，士族也开始被看作"贵族的一种"。可惜的是，岩仓具视于1883年7月20日因胃癌病逝。此后，以伊藤博文为中心，由华族担任上议院议员之构想进入具体化阶段。

2 《华族令》与"公、侯、伯、子、男"爵位的制定

从"三等案"、"九等案"到"五爵"

在华族设立后的 1869 年，并没有公、侯、伯、子、男五爵位制度。五爵位制度的制定，要等到 1884 年《华族令》实施之时（见表 1-1）。在这 15 年时间里，各种各样的等级方案都曾被探讨。

早在设立华族之时，就有意见认为应在其内部设置等级。例如，在设置华族前不久的 1869 年 5 月，版籍奉还决议上奏之时就包含将华族分为九等的爵号设置方案。所谓"九等"，指的是设公、卿、大夫、士四个等级，其中卿再分上、下，大夫与士再分上、中、下，共计九等。

1871 年 9 月 2 日，由最高官厅正院发往左院（立法咨询机构）的询问中出现了"五等级"方案。所谓"五等级"，分别为上公、公、亚公、上卿以及卿。

左院方面在同年 10 月 14 日对此案进行了修改，提出了只有公、卿、士的"三等级"方案。这个方案一直被保留到 1876 年（明治九年）法制局编制"爵号调查书"之时，此调查书就包含"将贵族分为三个等级"这样的内容，可见其是以公、卿、士三等级方案作为前提编制的。

另外，调查书中还明确记载了华族的贵族特权。其中，公爵爵位者可享受"成为元老院议官""免于随军队驻扎"等 10 项特权。此外，这份调查书中的"内规"部分与"条例"部分中的"公爵"被写成了"侯爵"，可见其混淆了"公"与"侯"。

表 1-1　华族的成立

1869 年	**华族设置**
	废除公卿、诸侯之称号，统称华族
1871 年	制定皇族华族对待规则
1874 年	创立华族会馆（1876 年开馆）
1877 年	由华族资本开设第十五国立银行
	开设华族学校（学习院）
1884 年	**颁布《华族令》**
	制定公、侯、伯、子、男五爵制

　　虽然这份调查书是由木户孝允倾注一腔热血制作而成，但因受到1877 年爆发的西南战争的影响，加之他突然病逝，调查书的内容并没能实现。

　　"五爵案"登场于西南战争结束后的第二年。在 1878 年（明治十一年）2 月 14 日这一天，法制局大书记官尾崎三良与少书记官樱井能监一同向岩仓具视和伊藤博文提交了关于爵位令的草案，规定"废除华士族之称号，拥有公、侯、伯、子、男此五等爵位者为贵族"。

　　说起来，"五爵"的概念还是由中国的官制衍变而来的。五经中的《礼记》在《王制》篇开头写道："王者之制禄爵，公侯伯子男，凡五等。"《孟子》中关于周朝爵禄也出现了有"公、侯、伯、子、男"之别的记载。由于当时人们对中国古典十分熟悉，因此在他们看来这"公、侯、伯、子、男"五爵位的概念并没有什么不妥之处吧！

叙爵内规的确立

　　早在制定"五爵位制度"之前，相关人士已就"应当如何分配公、侯、伯、子、男"这一"叙爵内规"问题展开讨论，并做出了决定。此内规将曾经的公卿和诸侯纳入了新的序列之中。这个所谓的叙爵内规的作用，并不是要原封不动地再现各家的社会地位。在 1883 年八九月的时候，首先由宫内省将位列华族之家族（公卿 142 家，诸侯 285 家，1869 年至 1884 年 5 月新增加旁支及僧侣等 76 家，共计 503 家。此后，一家辞爵，一家地位被剥夺，总数变为 501 家），通过以下方式进行了分类。

此方法首先将公卿和诸侯一分为二。其中公卿前要注明"摄家""清华家"等出身家族，还设置了"原俸禄额"、"实际俸禄额"、"家俸"、"赏典禄"（支付给戊辰战争以及王政复古过程中有功劳者的俸禄米）、"第十五国立银行（以华族为中心创设的银行）股票"以及"职业"等项目栏，根据各自情况填写。诸侯方面则分为"德川宗家"、"御三家"（尾张、纪伊、水户）、"御三卿"（田安、一桥、清水）、"国主"以及"十万石以上诸侯"，明确记录俸禄多寡以及藩的所在地等信息。这一分类方法被称作"叙爵调查书"，此后被提交给上局①，最终将公卿、诸侯分为五个等级（见表 1-2）。

此后，太政大臣三条实美下令进行讨论，由柳原前光负责公卿，诸侯方面则由大给恒负责，最终于 1884 年 5 月前后确定了最终的叙爵内规（见表 1-3）。在这一过程中，原本属于一等的琉球藩王被降格为相当于二等的侯爵，而前面一至五等中均未出现的"有功勋于国家者"，则按照其功劳大小，分别分配了公、侯、伯、子、男的爵位。

---

① 明治初年的立法机构。

表 1-2　叙爵调查书分类

一等	摄家、德川宗家、琉球藩王
二等	清华家、大臣家、德川御三家、国主、十万石以上诸侯
三等	大纳言家、德川御三卿、十万石以上诸侯
四等	中纳言家、三位以上家族、不足十万石的诸侯
五等	四位以下家族、新家、琉球藩王族、地下官人家族

资料来源：酒卷芳男『華族制度の研究　第二輯』霞会館、1987。

表 1-3　叙爵内规

公爵	"亲王出身而列于臣位者、原摄家、德川宗家、有功勋于国家者"
侯爵	"原清华家、原德川御三家、原大藩知事（即实际俸禄额十五万石以上者）、有功勋于国家者"
伯爵	"多次被任命为大纳言以上职位的原堂上、原德川御三卿、原中藩知事（即实际俸禄额为五万石以上者）、有功勋于国家者"
子爵	"维新前起家的原堂上、原小藩知事（即实际俸禄额不足五万石且维新前属于诸侯者）、有功勋于国家者"
男爵	"维新后成为华族者、有功勋于国家者"

资料来源：酒卷芳男『華族制度の研究　第一輯』霞会館、1987。

最终，原本应分为六个等级的公卿被分成了"原摄家"、"原清华家"、"多次被任命为大纳言以上职位的原堂上"以及"维新前起家的原堂上"这四个等级。

因此，若按照明治维新前的公卿家地位（见表1-4），原本应该同摄家和清华家一样，以上流公卿的地位而拥有特殊待遇的"大臣家"却被列入了"多次被任命为大纳言以上职位的原堂上"这一组，只能获得同下级公卿同等的地位。

三条实美

　　不仅如此，原本应该按照家族地位分为四个等级的大臣家以下的公卿家族，却只分为"多次被任命为大纳言以上职位的原堂上"和"维新前起家的原堂上"两个等级。这些地位在大臣家以下的公卿家族，时至幕末已有 123 家（明治维新后新增 5 家，变为 128 家），他们中很多人对这种粗线条的序列化方法感到不满。

　　另外，诸侯则被分为七个等级。其中，依照他们各自与德川家的关系，分为"宗家"、"御三家"和"御三卿"；藩知事则分为大、中、小三个等级；最后再加上一个琉球藩王。这种分法最大的特点就是在处理藩知事的分类时，并没有因其是否为国主（又称国主大名或国持大名，领有藩地在一个以上，家族地位特殊，包括加贺前田、越前松平及萨摩岛津等在内共 18 个至 20 个家族，具体情况因时而异，又称"国持十八家"或"国持二十家"）而区别对待，而是依照其实际俸禄的多寡，设置了大、中、小藩各自的标准。此外，同公卿一样，虽然各诸侯家族地位之间存在一定的差别，但在分类过程中并没有考虑这一点。

表 1-4　公卿家族地位（原堂上家族以上地位者）

摄家	可成为摄政、关白、三公（太政大臣、左右大臣）的家族。近卫、一条、鹰司、二条、九条，共 5 个家族
清华家	可成为三公之家系，大多数为内大臣。久我、三条（转法轮）、西园寺、德大寺、花山院、大炊御门、菊亭、广幡、醍醐，共 9 个家族
大臣家	因其"偶尔可成为内大臣"的家族地位，又称"偶尔大臣"。中院、三条西、正亲町三条（明治以后改名为嵯峨），共 3 家
羽林家	历任近卫中将，最高担任过大纳言职位的家系。幕末有闲院流、花山院流等 66 家
名家	长于笔墨工作的家族，可成为权大纳言的家系。幕末有日野、劝修寺等 22 家
半家	晋升后家族地位仅次于羽林家或名家，堂上家族中地位最低的家系。幕末有高仓、富小路等 25 家

按道理应按照叙爵内规来授予爵位，但实际上最终决定爵位的是时任太政大臣的三条实美和时任参议兼宫内卿的伊藤博文两人，而且可以说伊藤博文才是真正的决策者。

这样一来，在设立华族的过程中，看上去尊重了各家原有的社会地位，实则无论是公卿还是诸侯，都按照新时代规则，被重新进行了排列。

功勋华族与伊藤博文的烦恼

叙爵内规中除了关于公卿和诸侯的内容外，还明确规定了"对国家有伟大功绩者"、"有功勋于国家者"以及"诸亲王"也可以叙爵。

"伟大功绩""功勋"的标准本身很含糊，考核的过程也很微妙。这是因为与公卿、诸侯这些传统阶层不同，这种"业绩"评价的，是明治维新时期出现的伟大功绩或功勋。

时任宫内卿的伊藤博文在依照叙爵内规考察和决定叙爵对象之时，十分注重"资格与平衡"。特别是在处理功勋华族问题的时候，必定"调查其阅历及功勋，以期无丝毫不公"（『伊藤博文传』）。具体的选考通过以下方式进行。

宫内省通过叙爵调查书将公卿和诸侯分为一至五等，其中作为功臣的大久保（利通）、木户（孝允）、广泽（真臣）、新田、名和、菊池、岛津（久光）这七个家族享受了特殊待遇。大久保利通、木户孝允以及广泽真臣虽为维新事业之功臣，但已离世。此外，新田、名和以及菊池这三家在南北朝时代曾有功于天皇家，关于这一点我们在后文会详细说明。岛津家的家族地位可与萨摩藩岛津本家相匹敌，岛津久光虽有功于维新事业，但此时的他已不问政事。

总之，这些功臣家族并没有被分为一至五等，而是受到了与神官、僧侣、公卿旁支和诸侯旁支同等的待遇。换句话说，所谓功勋华族的概念并非来自叙爵调查书中的规定，而是顾及了先辈大久保、木户以及广泽等家族的名望。

当时并没有一个类似公卿或诸侯的选定标准，来决定谁有资格以功勋人物的身份加入华族。伊藤博文作为负责选考的核心人物，为维持各藩阀之间势力平衡可谓煞费苦心。他曾与各参议员一同负责确定人选，但 1884 年就在最终方案即将确定之时，相当数量的"萨长土肥"①出身的军人及官僚的名字也被列入其中（见表 1-5）。

表 1-5　功勋华族选考方案

因武功而应叙爵者

上级伯	山县有朋	长州，陆军
	黑田清隆	萨摩，陆军
	西乡从道	萨摩，陆军（后转海军）
	山田显义	长州，陆军
	川村纯义	萨摩，海军
	大山严	萨摩，陆军
子爵	谷干城	土佐，陆军
	鸟尾小弥太	长州，陆军
	三浦梧楼	长州，陆军
	三好重臣	长州，陆军
	曾我祐准	筑后，海军
	高岛鞆之助	萨摩，陆军
	野津道贯	萨摩，陆军
	伊东祐麿	萨摩，海军
	中牟田仓之助	肥前，海军
	仁礼景范	萨摩，海军
	桦山资纪	萨摩，海军（曾为陆军）

① 即萨摩、长州、土佐、肥前四藩，大致为今日的鹿儿岛、山口、高知、佐贺四县。这四藩是倒幕维新的主要力量。

因文功而应叙爵者

大木乔任	肥前
井上馨	长州
松方正义	萨摩
佐佐木高行	土佐
福冈孝弟	土佐
伊地知正治	萨摩
吉井友实	萨摩
土方久元	土佐
品川弥二郎	长州

资料来源：大久保利谦『華族制の創出』吉川弘文館、1993。

这一方案拟授山县有朋和黑田清隆等人伯爵爵位，旁栏处写着伊藤博文的名字，应是伊藤博文起草无疑。上面没有出现他自己的名字，将自己的名字写上去的确有些不妥。

然而，其中却出现了对维新事业贡献巨大的井上馨的名字，伊藤博文应该是预料到了一定会有人来推举他。

伊藤博文又将公卿和诸侯中有伟大功绩和功勋的家族地位提升了一个爵位。其中，对公卿中的岩仓具纲（其父岩仓具视于 1883 年 7 月去世，岩仓具纲本人也于《华族令》颁布之前隐居）拟授公爵爵位，对中山忠能和中御门经明拟授侯爵爵位，对东久世通禧拟授伯爵爵位；诸侯方面，对萨摩的岛津忠义和岛津久光及长州的毛利元德均拟授公爵爵位。

按照中御门的家族地位，原当授子爵爵位，但因其家族在王政复古运动中同岩仓具视等人鞠躬尽瘁，在制订叙爵方案时也充分考虑了这一点，因此颁布《华族令》时授予其伯爵爵位。中御门经之的嗣子中御门经明在 1888 年又晋升为侯爵。此外，东久世家原本也是只配授予子爵的羽林家之一，但考虑到东久世通禧随长州藩一同推进尊王攘夷运动，同三条实美等人制造了著名的"七卿落难"事件①，且在维新后新政府中担任要职继续做出贡献等功劳，最终授予其伯爵爵位。

　　此外，从草案边栏外的"加入嵯峨"字样可以看出，当时伊藤博文察觉到了嵯峨家的不满，这一点我们将在后文详细叙述。

诸位亲王的境遇

　　所谓"诸亲王"，在 1889 年制定的《皇室典范》中规定"皇子到皇玄孙中的男性为亲王"，"五代以后的男性为王"。但在制定《华族令》的时候，并没有类似的规定明确何为"诸亲王"。

　　当时曾把伏见宫、桂宫、有栖川宫以及闲院宫这四个亲王家以外的有皇族血统的子嗣列为华族。后来考虑到明治维新时的功绩，天皇特意下旨将久迩宫朝彦亲王及其家中男子列为皇族。因此，在《华族令》颁布施行之时，其中并不包括"诸亲王"。

　　这样一来，皇族由原来的 4 家变成了 15 家，接近原来的 4 倍。实际上这些家族中的人物与明治天皇间的血缘关系都已经隔了五代以

---

① 文久三年（1863）八月政变后，尊王攘夷派受到压制，三条实美、三条西季知和东久世通禧等 7 位尊攘派公卿从京都逃亡至长州藩。

上，其中最近的桂宫也已经到了第五代。桂宫家中并无男性子嗣，虽有淑子内亲王继承家统，但她在 1881 年（明治十四年）去世后，这一脉便也断绝了。这些新增的皇族实为皇位继承人的预备队，这一点自不必说，但他们之所以可以跻身皇族之列，享受优待，也是因其在维新事业中的功绩。实际上，这些位列皇族的家族中从没有人继承皇位。

此后，皇族的人数不断增加。为了对其加以控制，越来越多的人通过"臣籍降下"①的方式从皇族被降籍为华族。这一举措是根据 1907 年（明治四十年）2 月 11 日颁布的《皇室典范增补》中第一条，即"王可通过敕旨或请愿的方式得赐家名而列为华族"这一规定而实施的。关于这一点我们会在第四章进行说明。需要留意的是，通过"臣籍降下"成为华族的原皇族成员在成为华族后，没有人获得公爵爵位，其爵位均在侯爵以下。

《华族令》的实施与实际的叙爵情况

1884 年 7 月 7 日，《华族令》登上了历史舞台。

华族中除公卿和诸侯外，新加入了对维新事业有过突出贡献的人。同时，华族本身也被分为公、侯、伯、子、男五个位阶。不仅如此，《华族令》还对华族的特权及义务做出了规定，关于这一点后文将详细说明。如此一来，华族制度正式确立。

一般将《华族令》制定实施前就存在的贵族称作"旧华族"，将

---

① 指"皇族"出身者放弃其原有皇族身份，被赐姓后降格为"臣下"。

《华族令》实施后新加入者称为"新华族"。

实际上旧华族还有"终身华族"和"永世华族"的区别。所谓终身华族，就是"列于堂上之人仅限一代"的华族，其中包括久我（北畠）通城、松园隆温等宫司以及还俗后的僧侣等一小部分人，除此之外的大部分人均为永世华族。所谓永世华族，就是爵位可以世袭的华族。然而，随着《华族令》颁布，所有人都成了永世华族（虽然有些难以理解，但战后从"自古存在的华族"的意思出发将所有华族一概称为"旧华族"）。

那么叙爵的过程是按照叙爵内规进行的吗？

1884 年 7 月 7 日和 8 日进行了第一次叙爵。其中 7 日 117 家，8 日 387 家，共计有 504 个家族叙爵。7 月 7 日叙爵的对象多为公卿和诸侯，还包括一些对维新事业有贡献的下级武士。

按照叙爵内规，公卿中的近卫家等五摄家为公爵，西园寺家等清华家为侯爵。唯一的例外是原本属于清华家的三条（转法轮）家，由于在幕末维新中功绩显赫而被特别提升为公爵。对授予三条家公爵爵位一事，有位公卿非常不满，那就是我们前面曾提到的嵯峨实爱。

嵯峨家的后裔嵯峨公胜得授伯爵爵位，但嵯峨实爱在叙爵的当天到三条家拜访，表达了对于"自己家仅得授伯爵"一事的不满，并表示抗议。嵯峨实爱之所以不满，是因为他认为嵯峨家属大臣家却只获得一个"平堂上"的伯爵爵位，主张嵯峨家应得到与清华家相同的待遇，应充分考虑其家族在幕末维新中的功绩，授予其家族侯爵爵位。最终，嵯峨家的功绩得到认可，于 4 年后的 1888 年（明治二十一年）

升爵为侯爵。

诸侯中，德川宗家、萨摩的岛津忠义家与岛津久光家、长州的毛利元德家为公爵，德川御三家与土佐的山内丰范家为侯爵，德川御三卿为伯爵。

诸侯在叙爵之时，评价标准之一就是原本俸禄的多寡，这里的评价标准并非名义上的额度，而是实际获得的俸禄（租税收入额）。越后高田藩主榊原家，名义上的俸禄有 15 万石之多，按照叙爵内规应授侯爵之位，但因实际收入只有 48410 石，故最终只得到了子爵爵位。虽然还是有一部分人认为应按照名义上的收入叙爵而对所叙爵位有所不满，但若不考虑功勋评价的问题，可以说公卿和诸侯的爵位授予基本上是按照叙爵内规进行的。

另外，同上述这些传统势力出身的人一样，有很多藩士出身的人也获得了叙爵的资格，这些人就是所谓的"功勋华族"。具体来看，正如表 1-6 所示，萨摩藩出身的大久保利和（大久保利通长子）、长州藩出身的木户正二郎（木户孝允养子），以及土佐藩出身的佐佐木高行等人均获得了爵位，得以跻身上流阶层。

这些人之所以能够获得爵位，最主要的原因是他们在维新事业、戊辰战争以及箱馆战争中所建立的功勋。他们获得的爵位均在子爵以上，无一人获男爵爵位。以藩士身份获得爵位的人中，萨摩藩 12 人，长州藩 9 人，土佐藩 3 人，肥前藩 2 人，筑后藩 1 人，共计 27 人，在 7 月 7 日叙爵的 117 个家族中约占 23%。当然，其中绝大多数人为萨长出身，这一点自不必说。

表 1-6　受《华族令》影响以藩士身份叙爵者

	侯爵	伯爵	子爵
萨摩 （12人）	大久保利和	大山严 川村纯义 黑田清隆 西乡从道 寺岛宗则 松方正义	伊东祐麿 桦山资纪 高岛鞆之助 仁礼景范 野津道贯
长州 （9人）	木户正二郎	伊藤博文 井上馨 广泽金次郎 山县有朋 山田显义	鸟尾小弥太 三浦梧楼 三好重臣
土佐 （3人）		佐佐木高行	谷干城 福冈孝弟
肥前		大木乔任	中牟田仓之助
筑后			曾我祐准

注：无叙爵为公爵和男爵者。

神职人员、僧侣、忠臣之叙爵

与第一天相比，第二天，也就是 7 月 8 日这一天，叙爵者多为中下级的公卿、藩主及其旁支以及神职人员。除了在维新事业中有突出贡献的岩仓具定被授予公爵外，其余人的爵位不是子爵就是男爵。

其中，公卿和诸侯的旁支（包括同家系家族）多被授予男爵爵位，包括身为三条实美家族旁支的东三条家族，以及身为德川庆喜家族旁支的 20 多个家族。

这里提到的所谓的神职人员，指的是包括出云大社的北岛、千家两家，福冈县英彦山神社中的高千穗家在内的 14 个家族（见表 1-7）。

表 1-7 "神职华族"一览（14 家）

阿苏惟敦	阿苏神社神职
到津公谊	宇佐神宫神职
小野尊光	日御碕神社神职
金子有卿	物部神社神职
河边博长	伊势神宫神职
纪俊尚	日前、国悬两神宫神职
北岛修孝	出云大社神职
千家尊福	出云大社神职
千秋季隆	热田神宫神职
高千穗宣麿	英彦山天台修验座主
津守国美	住吉神社神职
西高辻信严	太宰府神社神职
松木美彦	伊势外宫神职
宫城公矩	宇佐神宫神职

注：14 家均为男爵。

资料来源：霞会馆『平成新修 旧华族家系大成』吉川弘文馆、1996。

  神职华族的诞生对树立神道和神话的正统地位有着重大意义。这些神职人员的爵位均为男爵。至于说他们"对国家的贡献到底有多大"，这一点的确并不清晰。但作为明治政府重视神社神道政策的一环，这一举措对神话的实体化以及天皇神格的正统化来说是很有必要的。

  僧侣的叙爵相对较迟。僧侣之中，净土真宗一脉有 6 个家族，此外还有东本愿寺大谷家、西本愿寺大谷家等（见表 1-8）。这些人均于1896 年（明治二十九年）6 月 9 日叙爵。据说东、西本愿寺均因内部纷争而叙爵较晚。此外，常磐井家还曾要求获得与两个大谷家相同的爵位，可见当时僧侣之间的爵位协调问题颇为棘手。成为僧侣华族的住持之中，东、西本愿寺同皇族、五摄家之间有着姻亲关系，其余的人则为皇族或公卿家的养子。

表 1-8 "僧侣华族"一览（6 家）

大谷光莹	东本愿寺法主
大谷光尊	西本愿寺宗主
木边孝慈	木边派管长
涩谷隆教	真宗佛光寺派管长
常磐井尧熙	真宗高田派管长
华园泽称	真宗兴正派管长

注：大谷光莹与大谷光尊为伯爵，其他人为男爵。

资料来源：霞会馆『平成新修 旧華族家系大成』吉川弘文馆、1996。

有趣的是，还有一群被称为"奈良华族"和"忠臣华族"的人。

所谓奈良华族，指的是家主曾在奈良兴福寺担任过住持，并在明治时期还俗后晋升为华族的家族，一共有 26 家（见表 1-9）。原本他们的家族俸禄就不多，领到的俸禄和公债数额也很少，经济上比较困难，后来有很多家族因此放弃了爵位。

表 1-9 "奈良华族"一览（26 家）

粟田口定孝（叶室 养贤院住持）	今园国映（芝山 贤圣院住持）
太秦供康（樱井 慈尊院住持）	梶野行笃（石井·平氏 无量寿院住持）
河边隆次（油小路 劝修坊住持）	北大路实慎（阿野 东北院住持）
北河原公宪（四辻 中藏院住持）	小松行敏（石井·平氏 不动院住持）
相乐富道（富小路 慈门院住持）	鹭原量长（甘露寺 惠海院住持）
鹿园实博（三条 喜多院住持）	芝小路丰训（芝山 成身院住持）
芝亭实忠（里辻 龙云院住持）	杉溪言长（山科 妙德院住持）
竹园用长（甘露寺 宝掌院住持）	长尾显慎（劝修寺 总珠院住持）
中川兴长（甘露寺 五大院住持）	西五辻文仲（五辻·宇多源氏 明王院住持）

藤枝雅之（飞鸟井　清净院住持）	藤大路纳亲（堀河　延寿院住持）
穗璞俊弘（坊城　玉林院住持）	松园尚嘉（九条　大乘院门迹）
松林为秀（冷泉　松林院住持）	南光利（广幡　修南院住持）
南岩仓具义（岩仓·村上源氏　正知院住持）	水谷川忠起（近卫　一条院门迹）

注：括号内为本家（没有注明氏的为藤原氏）和此前的身份。括号内的寺院均隶属奈良兴福寺。
资料来源：浅见雅男『華族誕生』リブロポート、1994。

所谓忠臣华族，指的是那些原本没有晋升华族的资格，但因其祖上曾支援过南朝而得以叙爵的家族。[①] 这样的家族有新田、菊池、名和三家。

新田家在江户时期曾叫作"岩松"，从谱系上来看与新田义贞一支属不同支系，没有血缘关系。菊池家则是曾经在九州地区以南朝身份活跃一时的菊池一族的后裔，但实际上正统血脉已在战国时期断绝，他们属于被称为米良的残党中的一支。名和家是后醍醐天皇的忠臣名和长年的后代。从血统的角度来看，似乎只有名和家是正统血脉。因他们曾支持南朝正统，故特别将其列为华族。

此外，7月8日的叙爵者中没有一人是藩士出身，但7月17日这一天倒有5名藩士叙爵，分别是萨摩藩的伊地知正治伯爵和吉井友实伯爵、肥前藩的副岛种臣伯爵、土佐藩的土方久元子爵以及长州藩的品川弥二郎子爵。

---

① 1336 年至 1392 年，日本同时出现了南、北两位天皇，这是日本历史上一段分裂时期。从南北朝结束到江户时代，主张北朝是正统；明治维新后为有助统治，改奉南朝为正统。

综上所述，于 1884 年叙爵的 509 个家族中，有 32 家出自藩士阶层，占总体的 6.3% 左右，约 93.7% 为公卿、诸侯及其旁支与同族等传统势力。

旧华族的抵触

下级武士出身的伊藤博文和山县有朋等人也获得了爵位，摇身一变成为华族之一。这件事给那些公卿、诸侯出身的旧华族造成了不小的冲击，同时也引起了他们的抵触。

就在《华族令》发布 5 个月后的 1884 年 12 月，旧摄家出身的九条道孝（公爵）、公卿出身的中山忠能（侯爵）以及旧藩主出身的毛利元德（公爵）、岛津忠义（公爵）等 25 人，联名向太政大臣三条实美提交了《华族会馆改革建议》。华族会馆为十年前建立的教学场所，旨在将已成年的华族打造成国民之模范。这份关于会馆改革的意见书中，处处流露着对新华族诞生的焦虑和不满。

问题的焦点在于，意见书中要求在会馆内设置社交性娱乐设施。九条道孝等人的用意在于，通过将华族会馆改造为供旧华族专用的沙龙，排斥新华族。时任华族会馆干部的大给恒（子爵）则以"财政基础不稳"为理由，对这一做法表示强烈反对。

大给恒等华族会馆的干部属子爵等级的旧华族，他们对于伊藤博文让华族担任上议院议员这一设想非常期待，因此才会对上述旧华族的做法表示反对。这样一来，在新旧华族间的对立出现前，旧华族集团内部已经出现了矛盾。三条实美对这一问题颇感头痛，最终只好拜托伊藤博文解决。

如此一来，在毫无战略性可言的排挤新华族提案的影响下，旧华族内部先出现了分裂，而这一分裂最终被伊藤博文巧妙地化解。虽说如此，不能否认的是旧华族对新华族的存在始终抱有强烈的不满。

琉球王族

制定《华族令》的第二年，也就是 1885 年 5 月至 8 月这 4 个月里，共有 6 个家族叙爵。琉球王尚泰（1843~1901）于 5 月 2 日首先被授予侯爵爵位，公卿小松行政和芝亭爱古被授予男爵爵位。其后，1886 年（明治十九年）4 月 24 日诸侯板仓胜观被授予子爵爵位，诸侯稻垣太祥在 7 月 16 日同样被授予子爵爵位。最后，公卿七条信义于 1887 年 4 月 15 日叙爵子爵。

身为第二尚氏王统第十九代后裔的侯爵尚泰，同时也是琉球王国最后的国王。他于 1872 年 9 月受封成为琉球藩王并跻身华族之列，1879 年废藩（即所谓琉球处分，琉球藩从此成为冲绳县）后上京。尚家的后人中出了尚典、尚昌和尚裕 3 人，其中尚昌曾担任宫内省式部官，负责宫中仪式等工作，为保证皇室之安泰做出了贡献。

顺便提一下，琉球王不同于诸侯，叙爵内规之中"应授侯爵者"部分关于"旧琉球藩王"有特别规定，明确说明了其身份并非"藩主"，而是"藩王"。换句话说，此次叙爵实为日本将原本独立的王国兼并后的结果。

明治政府于 1872 年设琉球藩，开始接管其外交事务，并在随后的 20 年中一直与主张琉球宗主权的中国清朝政府处于对立状态。

明治政府接管了首里城，试图通过这样的方式强迫其选择归属，遭到了清政府的抗议。两国曾在美国总统格兰特的调停下，以"将宫古和

尚泰

八重山两座岛屿割让给中国"为条件进行交涉，但并无实质性进展。琉球的归属问题，直到日清战争结束后才最终确定下来。总之，琉球藩完全是日本通过军事力量单方面控制的。

琉球相关人士之中，除了琉球王尚泰被授予侯爵爵位以外，1890年（明治二十三年），他的叔父也就是在琉球处分之时担任摄政的伊江朝直（伊江王子尚健）的长子伊江朝永，以及尚泰的弟弟今归仁朝敷（具志川王子尚弼）也被授予男爵爵位。另外，1896年尚泰的次子尚寅（宜野湾王子）和四子尚顺也被授予男爵爵位。此后，继承了伊江朝永爵位的伊江朝助（1881~1957）作为贵族院议员活跃一时。

应对民权派的怀柔政策

在琉球王尚泰等6个家族叙爵后，又在1887年5月9日有17家，24日有34家，共计51个家族叙爵。这些家族均为藩士阶层出身，无一属于原公卿或原诸侯家族。

5月9日叙爵的17人（见表1-10）中包括板垣退助（拒绝一次后于7月叙爵）、大隈重信、后藤象二郎、胜安芳（海舟）、曾担任第一任文部大臣的森有礼、致力于修订条约的青木周藏以及担任学习院院长的田中光显等人。他们中的大部分人与在维新事业中做出贡献的萨长藩士保持着一定的距离。其中，板垣退助、大隈重信和后藤象二郎均为民权派政治家，分别属于自由党派系、进步党派系等主流政党派系。此外，胜安芳也曾是德川幕府的重臣。授予板垣退助爵位有着象征性的意义，可以说这是为封锁对萨长藩阀的批判而实施的怀柔政策。这一时期，因外务大臣井上馨修订条约失败，自由民权运动声势再次高涨，最终演变为"大同团结运动"。

表1-10　1887年5月9日叙爵的17人

伯爵（4人）	
高知	板垣退助　后藤象二郎
佐贺	大隈重信
原幕臣	胜安芳
子爵（13人）	
山口	青木周藏　杉孙七郎　野村靖　林友幸
鹿儿岛	岩下方平　森有礼　吉田清成
高知	清冈公张　田中光显
爱知	田中不二麿
茨城	香川敬三
岛根	福羽美静
长崎	渡边升

此外，像香川敬三（1839~1915）和福羽美静（1831~1907）等非萨长土肥筑后出身的，即所谓的西国雄藩以外的藩士，也得以通过本次

叙爵跻身华族之列。水户藩士出身的香川敬三在幕末获得了岩仓具视的信任，在戊辰战争中建立功勋。明治时期，他就职于宫内省，曾随岩仓遣欧使节团赴西方考察，回国后担任宫内大丞一职，叙爵时任皇后宫大夫，1907 年因在日俄战争中的功绩，又升至伯爵。

津和野藩士出身的福羽美静专攻国学，维新后曾担任神祇事务局法官等职位。他毕生致力于建立神道相关制度，叙爵时任元老院议官。1907 年 8 月，福羽美静的养子福羽逸人继承了福羽家，曾先后任职于农商务省和宫内省，致力于发展同植物、园艺相关的事业，被授予农学博士学位。同时，他也是一位服务过皇室中枢的有才能的官员。

5 月 24 日的 34 个家族所叙爵位均为子爵或男爵（见表 1-11）。

表 1-11　1887 年 5 月 24 日叙爵的 34 人

子爵（16 人）			
鹿儿岛	伊集院兼宽　大迫贞清　海江田信义　黑田清纲　税所笃　三岛通庸		
山口	井上胜　河濑真孝　穴户玑　山尾庸三		
旧幕臣	榎本武扬　大久保忠宽　山冈铁太郎		
佐贺	佐野常民	鸟取	河田景与
福井	由利公正		
男爵（18 人）			
鹿儿岛	井上良馨　高崎正风　高崎友爱　野崎贞澄　本田亲雄　松村淳藏		
山口	楫取素彦　佐久间左马太　滋野清彦　槙村正直		
高知	神山郡廉　山地元治		
爱媛	黑川通轨	佐贺	真木长义
长崎	渡边清	福井	青山贞
福冈	小泽武雄	旧幕臣	赤松则良

这些人之中，值得关注的有积极打压民权派的福岛县令三岛通庸、致力建立红十字会的佐野常民以及努力为新政府确立财政之本的由利公正等有功于维新政府的人。此外还包括像曾在箱馆五稜郭同政府军对抗，后获得赦免的榎本武扬，以及为实现胜海舟同西乡隆盛谈判做出努力的幕府旧臣山冈铁太郎（铁舟）这样曾属于新政府敌对势力的人物。授予他们爵位，是为了表彰其在明治维新后为国家的发展做出的贡献。

3　作为上流阶层所拥有的特权及所尽义务

何为特权

谁都不能否认华族是一个特权阶层，但当我们具体说到他们拥有哪些特权或他们是否充分享受了这些特权时，许多问题又不是十分清楚。对于华族中的一部分人来说，本应享有的特权反而成了一种义务上的负担，他们只有被束缚的感觉。

酒卷芳男（1890~1967）曾在1918年（大正七年）至1936年（昭和十一年）任职于宫内省，并担任管理华族的宗秩寮爵位课长一职，被誉为华族制度的"活字典"。他对法令中明文规定的华族特权进行了整理（见表1-12）。接下来，我们按照他的这一整理具体地了解一下华族特权的内容及其意义。

表 1-12　法令中明文规定的华族特权

特权	法令
① 爵位世袭	《华族令》第 9 条
② 制定家规	《华族令》第 8 条
③ 叙位	《叙位条例》《华族叙位内则》
④ 穿着爵服	《宫内省通达》
⑤ 设置世袭财产	《华族世袭财产法》
⑥ 贵族院之构成	《大日本帝国宪法》《贵族院法令》
⑦ 特权审议	《贵族院令》第 8 条
⑧ 《贵族院令》改正之审议	《贵族院令》第 13 条
⑨ 立后、皇族婚嫁对象	《皇室典范》《皇室亲族令》
⑩ 皇族服丧对象	《皇室服丧令》
⑪ 进入学习院学习	《华族就学规则》
⑫ 保有宫中席次	《宫中席次令》《皇室仪制令》
⑬ 原堂上华族保护资金	《原堂上华族保护资金令》

① 中提到的"爵位世袭"为荣誉，一般认为其所具有的价值在勋一等以上。需要指出的是，正如前面所述，所谓的"终身华族"虽然数量并不多，但在制定《华族令》之前就已存在。

② 中所谓的"家规"指的是华族一族内部的家规，其地位相当于法规。

家规的制定和变更必须获得宫内大臣的许可，因此受到一定的限制。如果家族之中有人违反了此家规且情节严重，可剥夺其享受礼遇的特权。

1886 年至 1917 年（大正六年），特别是在 1890 年前后的这段时期，包括岛津公爵（鹿儿岛）、伊达侯爵（宇和岛）、松浦侯爵（平户）以及内藤子爵（延冈）在内的主要名门武家华族都制定了家规。

内藤子爵家制定的家规包括身为内藤家成员应有的心得、对一家之主的尊敬、如何对待旧藩士等，并且在家督的继承、养嗣子制度和选择配偶等方面有着非常详细的规定。特别是在养嗣子这一条上，将养嗣子的对象限定为"尽可能为华族出身"。德川庆喜公爵家关于养嗣子的规定则更加详细，将对象限定为"同族出身；若为降嫁，则可不受此限制"。

以 96 岁高龄晋升从一位的男爵

③ 中的"叙位"在不同时期规定不尽相同，但原则上来讲，当拥有爵位的未成年人或有爵位者的嫡出子嗣成年之时，均将自动获得从五位的位阶身份。

所谓"叙位"，就是获取同地位身份序列等级相符的位阶。从《大日本帝国宪法》的规定来看，叙位是诸多荣誉的一种，分为"正"和"从"，位阶从一到八。他们在宫中的席次就是由各自位阶顺序决定的。

拥有爵位的人，其位阶会随着时间的推移不断晋升，而晋升的快慢则由其所授爵位的高低而定。例如，公爵在 20 岁的时候叙位从五位，两年后晋升至正五位，再过 3 年至从四位，再过 4 年晋升至正四位，在 64 岁的时候晋升至从一位。男爵虽然也在 20 岁时叙位从五位，但要晋升至正五位则需 6 年时间。可见他们的晋升速度有差异，男爵需要到 96 岁方可晋升至从一位。

总之，对于拥有爵位的人来说，爵位与位阶实为一体。若放弃爵位，则意味着同时丧失位阶；同理，若放弃位阶，则同时失去爵位。

爵服

文官、宫内官及陆海军武官等官员的大礼服之一。与其他大礼服不同，它采用了燕尾服、立领并配有肩章的设计。从衣襟和袖口的纹章与罗纱的颜色可以判断其爵位（装饰相同）。公爵为紫色，侯爵为绯色，伯爵为桃色，子爵为浅黄色，男爵为黄绿色

④中提到"穿着爵服"，爵服指的是一款有立领、用金穗雷纹装饰的服饰（大礼服），而叙爵者的特权之一就是穿着这种服装。爵服帽子呈船形，帽顶用与敕任官相同的白色毛穗装饰。

⑤中的"设置世袭财产"这一规定在 1916 年（大正五年）之前既是特权，也是受爵者的义务。所谓的世袭财产，就是维持家族延续所必需的资产，原则上第三者不可对其主张所有权、质权或抵押权。从这一点来讲，这一条无疑属于特权。但这同时也招致了对华族拥有大量债权

之人的批判，因此当年政府对《华族世袭财产法》进行了修改，允许解除之前设定的世袭财产。

贵族院议员——公、侯爵为终身制议员

⑥ 说的是华族拥有优先成为贵族院议员的权利。

1889 年颁发的《贵族院令》规定，公、侯爵在年满 30 岁时将自动成为终身制议员，而年龄到 30 岁的伯、子、男爵也可通过同爵位互选的方式，成为任期 7 年的议员。至于议员的人数则因时而异，当时伯爵有 18 人，子爵和男爵共计 66 人。

贵族院中的议员、议长以及副议长的选任都是优先华族，虽然也存在一些敕选议员，但有爵位的议员占了大多数。

在贵族院内部形成了几个集团，其中比较有名的是由公爵和侯爵主导的"火曜会"，由子爵主导的"研究会"，以及由男爵主导的"公正会"。很多敕选议员也加入了"研究会"，这使"研究会"成为贵族院内势力最大的团体，并且在 20 世纪 20 年代获得了较大的影响力。

公爵和侯爵议员原本是没有工资的，因此像西园寺公望这种上层华族中的一些人，对于加入贵族院成为议员一事并不十分看重。与此相对的是，伯爵、子爵和男爵议员可以获得报酬，因此当时还出现了通过互选的形式获得议席，以获得报酬的情况。此外，贵族院议员不可参选众议院议员，据说平民宰相原敬当初就是为了保住其众议院议员的资格而拒绝叙爵的。关于贵族院的问题我们会在第三章详细说明。

⑦ 说的是应天皇之咨询审议决议华族特权的规定。虽然政府可以随意规定华族特权，但从现实层面来讲，需要通过贵族院的决议方才有

效，而贵族院的绝大部分席位正是由华族占据。换句话说，这等于将决定自身特权的权力交到了华族手中。实际上，在1907年为了修改《华族令》而召开的贵族院秘密会议上就"华族之品行"进行过讨论，对于华族审议自身相关事宜一事，有些人也曾感到困惑。

⑧同⑦一样，都是说贵族院的决议即华族之决议。因此，如削减定员人数等不利于华族议员的修改意见就很难通过。想让他们自愿放弃既得权力，当然是不可能的。

与皇室紧密的联系

第⑨项是关于"立后"的特权。士族以及平民阶层出身的人是没有资格成为皇后的，只有皇族和华族出身的女性才有这个资格。这既是自古以来的习惯做法，也是1889年开始施行的《皇室典范》以及1910年（明治四十三年）颁布的《皇室亲族令》中具有法律效力的明文规定。

实际上，昭和天皇的弟弟秩父宫的妃子势津子原是松平保男子爵的哥哥松平恒雄的大女儿，因松平恒雄属旁支，故原本其并非华族出身。为解决这一问题，松平本家特地将势津子收为松平保男的养女，使她获得华族地位，得以嫁入皇族，成为秩父宫妃。如此做法，也是为了遵守"皇后必须出于皇族或指定华族"之规定。

顺便提一句，势津子的母亲就是锅岛直大侯爵的三女儿松平信子，而松平信子的亲姐姐正是在战后被迫脱离皇籍的梨本宫妃伊都子。无论势津子、松平信子、伊都子还是良子皇后，都对后来正田美智子以平民身份嫁入皇族一事感到不快，这一点国民也多有耳闻。她们对平民出身的太子妃如此反感，或许正是因为她们一直被这一特权思维

梨本宫妃伊都子
从锅岛侯爵家嫁入皇族

束缚。

⑩ 中说的是当亲族华族中有人离世时，皇族需要身着丧服举行仪式为其服丧。

⑪ 中的特权说的是华族子女可以免试进入学习院或女子学习院学习。不仅如此，他们从学习院高等科毕业后，如果东京帝国大学或京都帝国大学出现了没有招满人的情况，还可以免试入学继续学习。

大正时期，出身于学习院著名作家团体白桦派的武者小路实笃（子爵末子）、志贺直哉、有岛武郎、里见弴、柳宗悦以及园池公致子爵（学习院中等科退学）等人，在学习院期间就相互影响，后来分别进入东京帝国大学和札幌农学校等校学习。此外，主导了昭和时期政治的近卫文麿公爵也是从学习院中等科进入一高，再升入东京帝国大学和京都帝国大学学习的。另外，木户幸一侯爵也是从学习院高等科毕业后进入京都帝国大学的。

⑫中提到的"保有宫中席次"的意思是，每逢举办接待国宾来日等仪式时，会为公爵保留席位。他们的席位在天皇亲自选任的诸位大臣之后。而且，按照当时的规定，有爵位者的夫人同丈夫的席次相同，但华族子弟并不享有保留宫中席位的特权。

⑬中提到的"原堂上华族保护资金"指的是为救济曾属于上流公卿的华族家族而准备的资金。这些家族在明治维新之前都曾为皇室服务。所谓"堂上"，先前我们也提到过，意思是位阶在三位以上及四位、五位中特许登殿的公卿。

这些人并没有什么资产，因此特别规定在每年的 6 月 12 日，将保护资金本金产生的收益分配给他们以作救济。从分配的比例来看，公爵、侯爵各占三份，伯爵和子爵则各占两份。

原堂上华族之中并不包括男爵，奈良华族以及神官出身的人曾为男爵，而对他们的救济则是依靠"男爵华族惠恤金"。惠恤金的对象包括所有公卿、僧侣以及神官，诸侯则不在其中。

以内部规定和传统习惯形式存在的特权

华族享有的特权中，还有一部分以"内部规定"和"传统习惯"的形式存在，这些特权缺乏法律法规上的依据。

举几个例子，首先来看与仪式相关的内容。华族拥有参拜作为宫中三殿之一、用于存放"三种神器"的贤所的资格。祭典之时自不必说，叙爵、袭爵或海外旅行之时只要提出申请，便可获得参拜的许可。

此外，在三大节日（指四方拜、纪元节和天长节，后又加入明治节，变为四大节）的时候，还可以享受陪食（同天皇一起用餐）的特权。

再看官职方面。直到20世纪20年代（大正末期），如宗秩寮（负责皇族、华族事务）总裁以及同寮中的宗亲课长等职位，都必须由华族出任。宫内省的御歌所所长、式部长官、侍从长、皇后宫大夫以及皇太后宫大夫等职位也必须由华族来担任。侍从和式部官中的大多数人也都是华族出身。《神宫司厅官制》中规定各个神宫的祭主必须为皇族或公爵家出身，司祭长则必须为华族出身。

此外，华族还可以直接为天皇或皇后服务。

天皇外出旅行需要停留一晚以上的时候，华族可以充当捧持剑玺的侍从。天皇参拜贤所之时，华族可以充当身着白装束[①]、手捧太刀的侍从。华族还可以在贤所御祭典之时行代拜之礼，也可以代替皇后宫或皇太后宫行代拜之礼。

不仅如此，在新年宫中的和歌歌会上担任读师一职的，必须是地位在伯爵以上的华族。五节的舞姬（自古便在新尝祭和大尝祭上负责舞蹈的少女，在即位礼以及大尝祭后的宴会等场合跳舞）主要是从原堂上华族出身的女子中挑选合适人选。新年拜贺等场合中为皇后、皇族妃提洋装后摆的"裳捧持者"，即所谓的 page boy，也是从有爵位的家族中挑选。

---

① 白色单衣，公卿朝臣服饰之一。

华族作为"皇室之藩屏"会被优先安排协助天皇处理公务及私事，而从事这些工作的华族多数时候也会获得表彰或相应的报酬。从一般人的角度来看，这无疑是非常大的特权。

表里一体之义务

华族所享受的特权之中，同义务实为表里一体的条目不在少数，如宫中祭典之时穿着爵服等。除了这种伴随义务的特权外，华族还须担负一些明确的义务（见表1-13）。

表1-13　华族之义务

① 忠诚于皇室及国家
② 男子继承
③ 排除女系继承
④ 养子等家统继承人在身份上有所限制
⑤ 叙爵者独立成家
⑥ 服从宫内大臣的监督
⑦ 婚姻等大事须提前获得宫内大臣的许可
⑧ 一些特定事项须提出申请
⑨ 提交谱系
⑩ 男性华族须接受长期义务教育
⑪ 遵守家规
⑫ 家族子弟须入伍

资料来源：酒卷芳男『華族制度の研究　第一輯』霞会館、1987。

首先，他们必须发誓效忠皇室及国家。华族在叙爵之时须向贤所中的神明献上誓约书，誓约书的内容包括"扶助皇室长保尊严"等。在袭爵之时，宫内省会送来一份誓约书的抄写件。

其次，只有男性可以继承家统。如果后代中只有女子的话，必须在获得宫内大臣许可的前提下，从规定范围内的家族中选择女婿或养子继承。

《华族令》颁发之时是认可女性户主的，规定"赘婿或养子可在继承家统后袭爵"。但这一规定在1907年《华族令》修改后发生变动，不再认可女性户主。

做出这种修改的理由如下：第一，"女性户主不适合完成皇室之藩屏的责任"；第二，"认可女性户主，实为对'皇位男系继承原则'这一根本观念的藐视"；第三，"通过请愿让赘婿、养子此后袭爵等说法无非是花言巧语，实际上只是为糊弄过去而已"；第四，"认可女性户主等于认可无爵位华族的存在"。

同时，《华族令》还规定了有权继承家统的人并非"男子"，而是"男系"。

举例来说，"某一家的独生女嫁入士族或平民家庭后生下男孩数人，但这些男孩却不可以成为养子"。养子原则上必须为"男系六亲等以内有血缘关系的人"。为了维系皇族男系，华族也被迫采用男系继承原则。可能正是因为受此影响，在皇位继承问题上强硬主张维持男系继承原则的人之中，旧华族出身者才占了大多数吧。

此外，养子等继承家统之人的身份，除了"男系六亲等以内"这个条件外，还附加有"本家或同家之人，或旁支的户主、家人"以及"拥有华族称号之人"等条件。

也就是说，只有男系六亲等以内，并且祖先为同一人的华族才符合成为养子的条件。如果不能满足这些条件，华族家族想要收养养子的申请就得不到宫内大臣的许可，从而不得不放弃爵位。

此外，如果叙爵者并非户主，则必须单独创立属于自己的家族，并成为户主。虽说创立自己的家族意味着会对继承原家族遗产产生不利影响，但比起这些，《华族令》认为身为华族更应该注重叙爵带给他们的荣光。

服从宫内大臣的管理

华族最大的义务，就是必须服从宫内大臣的管理。宫内大臣负责对包括确认华族身份在内的生活中各项事宜进行监督和管理工作。

宫内大臣不仅负责对华族户籍（民法颁布后改为户籍官管理）和身份等进行管理，如果有必要，还会介入教育、保持华族应有格调等事务。例如，华族中出现有人将《爵位授予书》（由天皇签署并盖有玉玺、宫内大臣联署的作为叙爵证明的辞令书）抵当，或试图同艺伎殉情等丑闻时，都是由宫内省负责调查。

为了做好这一工作，宫内省需在平时广泛搜集华族家族的信息。他们会从华族会馆、学习院"父兄会""常磐会"（曾于女子学习院就读者的同学会组织）、内务省警保局、警视厅以及各府县警察部等处搜集情报。1918 年，一些来自学习院的人成立了一个名为"金曜会"的组织，想在大众面前进行表演。此时，负责华族事务的宫内省宗秩寮出面对其进行劝说，最终说服他们取消了表演计划。在日常行为方面，除受到宫内省的干预，华族之间还要相互监督。

此外，由于对华族的要求是"成为国民模范"，所以他们还必须尽到相应义务去接受高等教育并在军事方面做出贡献。

按照 1884 年 7 月 7 日颁布的《华族令》的要求,"华族子弟负有接受与其身份相当的教育之义务"。其后,在同年 12 月 20 日又进一步颁布了《华族就学规则》。

根据这一规则,年龄在 6 周岁以上、20 岁以下的人需要进行修学活动,其中居住在东京的人原则上需要进入学习院,并且需完成小学科和中学科的学习。

关于华族子弟入伍义务,我们会在第二章进行详细说明。值得一提的是,按照规定,连已经有职务的华族都不能免于服役,而这样的规定绝非上策。华族中有不少子弟无论是身体还是心理,都难以适应军务劳动。也正因为如此,后来这一规定逐渐形同虚设。

总体来说,华族作为少数上流阶层,在享有特殊身份以及各种特权的同时,必须宣誓效忠于皇室和国家,而且必须承担起他们作为"皇室之藩屏"的义务。不难想象,华族肩负的这一使命,又通过华族与皇族、华族家族间相互缔结婚姻关系得到强化。

在第二章中,我们将对华族整体情况以及华族会馆、学习院等这些上流阶层华族自己建立并在其中学习的机构进行考察。

第二章
"天选阶层"的基本结构

1 华族之全貌

78 年时间，1011 个家族

在讨论华族的历史之前，我们先简略地回顾一下华族的"立体形象"。首先，到底有多少人被称为华族呢？

对此，明治时代以来出版了很多相关的"华族名簿"和"华族名鉴"，只要翻看这些文件，便不难回答这一问题。

我们将参考《平成新修　原华族家系大成》这一资料进行考察。《昭和新修　华族家系大成》是由原华族家族间的亲睦组织——霞会馆负责编撰的，《平成新修　原华族家系大成》是它的修订版。该资料介绍了这 78 年时间里华族家族及其成员的谱系、现在的家系、现任家族长的职业和住所，甚至包括电话号码等。可以说，这是了解华族最权威的基础文献。

按照此文献的记载，在总共 78 年的时间里，享有"华族"这一称号的共有 1011 个家族。

但需要注意的是，有时因为新叙爵者的出现或有人自愿放弃爵位，再或者由于婚姻关系或养子关系而发生户籍上的变动等，华族的具体数量会发生较大变动，这 1011 个华族家族也并非存在于同一时期。而且，这一数字只是叙爵家族数的总和，在颁布《华族令》时已不属于华族的大泽（原远江、堀江藩主）和浅野（原广岛新田藩主）两个家族并不在其中。

表 2-1 展示了华族家族数随时间变动的情况。1869 年设立华族时，公卿有 142 家，诸侯有 285 家，共计 427 家。1884 年《华族令》设立爵位后，一些藩士加入了华族的行列，华族家族数变为 509 家。1947 年华族制度被废止时，共有 889 个华族家族存留。顺便说一句，华族最多的时候是在 1929 年（昭和四年），总共有 955 个家族。

表 2-1 按爵位区分的华族家族数量情况

单位：家

年份	公爵	侯爵	伯爵	子爵	男爵	合计
1884	11	24	76	324	74	509
1887	11	25	81	355	93	565
1893	11	30	84	358	118	601
1895	11	34	85	361	152	643
1896	11	34	88	362	194	689
1899	11	34	89	363	221	718
1902	12	35	90	362	290	789

年份	公爵	侯爵	伯爵	子爵	男爵	合计
1907	15	36	100	376	376	903
1912	17	37	101	378	386	919
1916	17	38	100	380	398	933
1920	18	38	101	381	409	947
1926	19	39	105	381	408	952
1928	18	40	108	379	409	954
1935	19	40	108	376	407	950
1945	19	40	110	361	394	924
1947	17	38	105	351	378	889

注：华族家族数量每月每日都在发生变化，不同史料中的记载也有所不同。

资料来源：森冈清美『華族社会の「家」戦略』吉川弘文館、2001。

精心挑选的公爵家族

从表2-1中我们不难看出，公爵和侯爵的数量远远少于伯爵、子爵和男爵。公爵在华族之中亦属上层，为地位更加优越的特权阶层。可以说，他们是被精心挑选并置于天皇近侧的集团，用以服务天皇。公爵家族一共有20个，下面我们从出身的角度分别进行考察。

他们中共有9人是以原公卿的身份成为公爵的。其中，除一条实辉、九条道孝、近卫笃麿、鹰司熙通以及二条基弘，即所谓五摄家出身的人外，还包括三条实美、德大寺实则以及西园寺公望这些原清华家家族出身的人，以及羽林家出身的岩仓具定。其中，德大寺实则和西园寺公望本为侯爵，后来晋升为公爵。明治维新后，这些家族大多依旧通过强化同皇室的婚姻关系的方式，占据着政治中枢的位置。例如，明治天皇的皇后是一条家出身的美子，大正天皇的皇后是九条家出身的节子。无论是西园寺公望还是近卫笃麿的长子近卫文麿，都曾数次担起组阁大任，在近代政治史上留下了浓墨重彩的一笔。

此外，有 6 人是以原诸侯的身份成为公爵的，包括萨摩的岛津忠义和岛津久光，长州的毛利元德，还有原将军家的德川家达和德川宗家旁支的德川庆喜，以及德川御三家之一的水户家家主。其中德川庆喜叙爵较晚，水户家家主的公爵爵位是由继承了德川笃敬地位的德川圀顺通过晋升获得。只有这些在明治维新中立下汗马功劳的原萨长藩主和原将军家的诸侯，才有资格位列华族的最上层。

以功勋华族之身成为公爵的仅有 5 人，分别是原萨摩藩士出身的大山严、松方正义，原长州藩士出身的伊藤博文、山县有朋以及桂太郎。这些人最开始都是伯爵（桂太郎为子爵），后因在日清战争和日俄战争中屡立功勋而得以连续升爵，到 20 世纪初（明治末期），已经可以比肩昔日藩主。这些通过建立功勋的方式晋为公爵的人也被称为"元勋"，其中大多数都曾担任包括首相在内的明治政府的主要职务。需要指出的是，后来松方家因某事件辞去了公爵爵位，关于这一点我们会在后文详细说明。

华族一族的范围

从表 2-2 中可以看出华族家族数量和其中男女人数的变化。1914 年（大正三年），每个华族家庭中平均有 6.5 人（男 3.3 人，女 3.2 人）。这一数字是将户主与其配偶、父母和子女看作同一户籍中的成员而得

出的。换句话说，所谓的华族家族就是拥有爵位的华族本人及其受到
礼遇的家人——户主和同一户籍中的家人构成的，他们所有人都被称
为华族。

表2-2　华族家族数量与其中男女人数的变化

年份	家族数（个）	男（人）	女（人）	人数（人）
1897	710	2237	2292	4529
	717	2285	2320	4605
	718	2299	2303	4602
1900	778	2501	2487	4988
	778	2504	2468	4972
	789	2538	2498	5036
	789	2561	2498	5059
	789	2552	2497	5049
1905	791	2547	2475	5022
	805	2575	2519	5094
	904	2918	2832	5750
	907	2915	2828	5743
	910	2920	2820	5740
1910	912	2940	2870	5810
	919	2963	2903	5866
	918	2966	2916	5882
	919	2990	2921	5911
	919	3020	2936	5956
1915	928	3036	2986	6022
1916	933	3073	3010	6083

资料来源：宫内省编纂『帝室统计书』柏书房、1993。

需要注意的是，依照"爵位依男子嫡长之序袭之，女子不得袭爵"（《华族令》第三条）之规定，只有华族家族的男性户主才有权继承爵位，即便女性成为户主也不能获得爵位。

此后，《华族令》于 1894 年（明治二十七年）在内容上得到扩充，在 1907 年经历了修改，同年《华族令实行规则》颁布，在 1910 年和 1945 年再次修改，如此这般，几次被扩充和修改。这些内容上的扩充和修改反映了不同的时代背景，具有重要意义。关于华族家族构成的规定也在 1907 年进行了修改，发生了变化。

这次修改认可了遗孀获得华族礼遇和称号的权利。"有爵者的妻子享受与其丈夫相同的礼遇及称号。有爵者的遗孀在家中或特定的场合下可享受同从前一样的礼遇和称号；在其成为户主或无其他爵位继承人的情况下，特许其本人在家族内部保留华族之称号，可享受同以前一样的礼遇及称号。"（《华族令》第五条）

此外，可享受华族礼遇的人的范围也得到了扩大，有爵者的祖父母也被列入其中。此后进一步扩大至其曾祖父，继而庶子及其配偶也被列入其中。明治时代也已有 40 年之久，有很多人成了曾祖父，还有很多人有了庶子。可以说此次修改正是针对这一时代背景而进行的。但需要指出的是，庶子的亲生母亲，即所谓的"妾"，却没有被列入华族之内。

富裕的武家华族

人们谈论起华族的时候，对他们的印象之一就是一群通过领取利息过着富裕生活的人。虽然并非所有的华族都是通过领取利息过着衣食无忧的安逸日子，但这一印象本身并没有错。

这里需要特别提到的就是那些大名出身的武家华族。他们依靠以家族俸禄（明治初年政府发给的用以取代原俸禄的禄米）和赏典禄（支付给戊辰战争、王政复古中有功者的禄米）为基础的巨额金禄公债（代替家禄、赏典禄而发行的公债）为生，是货真价实的大资本家。

虽然他们也担任官职或从军并获得工资，但基本上都是依靠利息过着富裕的生活。此外，还有一些人依靠家传土地等资产成为资本家。

举例来说，继承了加贺前田家的前田利为侯爵（1885~1942），从陆军士官学校毕业后，进入陆军大学并成了职业军人，但他赖以生活的经济基础却并非作为军人获得的军饷。前田家被称为"加贺百万石"，在江户的公馆现在已经成为东京大学校园用地。众所周知，赤门就是旧时公馆的御守殿门。

明治时期，前田家就在东京大学本乡校区附近坐拥气派豪宅。1906年（明治三十九年），英国的亚瑟王子（康诺特和斯特拉森公爵）访日之时还曾在这里举办大型派对。

到了昭和时代，前田家将在本乡地区拥有的土地同位于东京驹场的农大农事实验场进行了交换，并建造了一所占地面积达 1.3 万坪、建筑面积 500 坪的大型宅邸。宅邸中光用人就有 136 名，其中专供所谓"后院"差使的用人达 60 人之多，20 名女佣分别负责做饭、洗涤和清扫等工作。到了大正时代，前田家已经购买了好几辆汽车，甚至专门雇了给汽车抛光的人，其身家比起欧洲贵族毫不逊色。

除此之外，肥前佐贺藩主锅岛直大侯爵（1846~1921）虽说也曾担任驻意大利公使、式部长官等高级职务，但比起这些，更值得一提的是其家族在永田町、现首相官邸一带拥有的将近2万坪的土地和面积达300坪的主官邸。该官邸是一座三层欧式建筑，里面装饰着华丽的吊灯，并配有螺旋式楼梯及大型沙龙场地，可举办舞会。不仅如此，除了主官邸外，锅岛家在大矶和日光地区还建有别墅，春夏时光均在那里度过。这样看来，武家华族中的大多数人其实是在保有家传土地的基础上，领取巨额金禄公债。

从数据不难看出，1876年支付给华族和士族的金禄公债总额为1.738亿日元有余。其中，支付给华族的有3020万日元左右，若按照500人的领取人数来算的话，平均每人可以领到6万日元左右。其中领取额最多的三个家族中，鹿儿岛岛津家（后晋升公爵）为1322845日元，金泽前田家（后晋升侯爵）为1194077日元，山口毛利家（后晋升公爵）为1107755日元，金额都非常大。顺便提一下，佐贺锅岛家（后晋升侯爵）的领取金额为603598日元，排在第九位（见表2-3）。

大正年间占地面积极大的前田侯爵宅邸

表 2-3　金禄公债主要领取情况（1876 年）

	姓名	原领地	爵位	家族俸禄（石）	赏典禄（石）	金禄公债（日元）
1	岛津忠义	鹿儿岛	公	31400	12500	1322845
2	前田利嗣	金泽	侯	63688	3750	1194077
3	毛利元德	山口	公	23276	2500	1107755
4	细川护久	熊本	侯	32968	—	780280
5	德川庆胜	名古屋	侯	26907	3750	738326
6	德川茂承	和歌山	侯	27459	—	706110
7	山内丰范	高知	侯	19301	10000	668200
8	浅野长勋	广岛	侯	25837	3750	635433
9	锅岛直大	佐贺	侯	21073	5000	603598
10	德川家达	静冈	公	21021	—	564429
11	黑田长知	福冈	侯	23425	—	510015
12	蜂须贺茂韶	德岛	侯	19317	2500	508952
①	三条实美		公	375	1250	65000
②	岩仓具视		公	278	1250	62298
③	九条道孝		公	1298	—	61071
④	近卫笃麿		公	1470	—	59913

注：表中爵位为《华族令》颁布后之爵位。黑田家黑田长成叙爵。排序数字带○的是公家华族。

资料来源：石井宽治『日本経済史』東京大学出版会、1976。

　　原藩主们通过将此巨额金禄公债投资到银行等领域，摇身一变成了富裕的资本家。他们手持"第十五国立银行"股份及日本铁道股份等当时的优良股，在享受红利的同时，又继续在铁路、海运、银行以及矿业等领域进行多方面的投资，从而使资产不断增加。此外，华族中还有一些家族，如细川家（后晋升侯爵）和蜂须贺家（后晋升侯爵），依靠原领地及位于北海道等地区的土地收取地租，成了大地主。

1899 年（明治三十二年）前后，武家华族在高收入家族中所占比例很高，前 10 名中有 5 家、前 21 名中有 11 家，可谓占据了高收入家族的一半（见表 2-4）。

表 2-4　武家华族高收入者一览

排序	姓名（原领地）	爵位	年收入（日元）
3 位	前田利嗣（石川）	侯爵	266442
5 位	岛津忠重（鹿儿岛）	公爵	217504
7 位	毛利元昭（山口）	公爵	185069
9 位	德川茂承（和歌山）	侯爵	132043
10 位	松平赖聪（香川）	伯爵	125856
11 位	浅野长勋（广岛）	侯爵	120072
12 位	德川义礼（爱知）	侯爵	116323
15 位	锅岛直大（佐贺）	侯爵	109093
16 位	细川护成（熊本）	侯爵	104712
17 位	山内丰景（高知）	侯爵	99804
21 位	黑田长成（福冈）	侯爵	87215

注：抄录自 1898 年高收入者排名，只有毛利元昭使用的是前一年的数据。

资料来源：石井宽治『日本経済史』東京大学出版会、1976。

据说 1899 年劳动工人的日结工资为每天 32~33 钱，换算成年收入的话只有 100 日元左右，这个数字是金泽前田侯爵家一年总收入的 1/2664。假设现在工作一天的工资为 1 万日元，按照每周工作 5 天计算，年收入大概为 260 万日元。若将前田家的收入换算成现代货币，金额则达 60 亿日元以上。再考虑雇佣用人以及医疗保障等方面花销的话，实际的贫富差距恐怕更大。原本前田家就属于华族内部资产特别巨大的家族，其实华族内部的贫富差距也非常大。

华族家族之中也分为资本家和非资本家，有的家族只能靠工资收入生活，有的家族则拥有自己的产业。虽说资本家在华族中占了大多数，但这并不意味着所有的华族都是资本家。华族中每个人的出身背景、经济基础以及政治资质都不尽相同，因此生活水平自然也有差异。

不能称呼"母亲"的母亲

华族家中除了家庭成员外，还有很多用人，他们分别被称为"家职""家令""家扶""家从"等。一般来说，"家职"负责所有事务；"家令"管理家族事务，并负责监督"家扶"及下等用人；"家扶"负责家庭事务和会计；"家从"主要负责一些杂务。除此之外，还有负责伙食、卫生及其他杂务的人。

根据截止到 1915 年（大正四年）12 月 31 日的统计（柳沢統計研究所编『華族静態調查』），全体 928 个华族家庭之中，389 家情况不详，其余 539 个家庭中包括家职在内的用人（以下称为"用人"）人数都被记录在案。

按照爵位对用人数进行整理，就能得到表 2-5 的数据。从此表来看，爵位越高的华族家庭，用人越多，但公爵家庭与侯爵家庭的位置发生了调换。25 个侯爵家庭的用人总数为 1092~1195 人，平均下来每个家庭有用人 43.7~47.8 人，这比公爵家庭平均要多出 10 人左右。考虑到侯爵中大部分家庭是资本家诸侯出身，这个数字也就不显得那么奇怪了。

表 2-5 1915 年末 539 个华族家庭中的家职及其他用人数量

人数（人）	公爵 8/17 家	侯爵 25/37 家	伯爵 70/100 家	子爵 224/378 家	男爵 212/396 家
1				4	6
2			5	21	20
3			3	22	20
4		1	1	13	21
5			5	26	22
6	1		2	30	23
7		2	2	13	23
8			5	7	16
9			5	7	12
10			2	11	6
11		1	1	6	6
12		1	1	7	1
13		1	3	9	6
14		2		9	1
15			1	7	3
16		1	2	3	2
17		1	2	5	2
18			1		2
19			1	2	2
20	1		2	4	4
21~25		1	5	6	4
26~30	4		5	7	4
31~40		1	6	3	2
41~50			4	1	2
51~60		5	4		1
61~70	1	2	1	1	1
71~80		2	1		
81~90	1				
91~100		1			
101~		3			

资料来源：柳沢統計研究所编『華族静態調査』柳統計研究所、1919。

从华族家庭的整体情况来看，这539个家庭的用人总数在6504~7008人，平均每个华族家庭中就有12.1~13.0名用人。分别来看的话，只有1名用人的家庭中，子爵有4家，男爵有6家。综合来看的话，华族家庭的平均用人数量在10人以上。

顺便提一下，身为尾张德川家后代的德川义亲侯爵（1886~1976）的生母就是他家的用人。德川义亲的母亲名为妇志子，与松平庆永（1828~1890）生下了六女四男，其中4个女孩和两个男孩平安长大成人。然而，由于妇志子不是正妻，身为母亲的她与孩子们之间隔着不可跨越的身份壁垒。

德川义亲以及他的哥哥姐姐都不被允许称妇志子为"母亲"，他们只能叫她"妇志女士"，连吃饭都必须在不同的房间。虽说如此，妇志子在德川义亲等人的教育方面却非常严格，从他们的睡姿到吃饭时的礼节——教导，无微不至。德川义亲将妇志子称为"不能称为'母亲'的母亲"，表现出了深深的思念之情。原诸侯等上流社会出身的华族中，不少家庭都有类似的"侧室"，她们虽然同华族家庭生活在一起，但其身份并不是"家庭成员"，而是"用人"。《华族静态调查》中，有关于"依爵位分列户主及依与户主关系分列家庭成员"的统计，除了"嗣子"和"养子"两项外，还有一项"庶子"。这里所谓的"庶子"，其实就是"小妾生的孩子"。经确认，这种所谓的"庶子"，公爵家有10人，侯爵家有10人，伯爵家有26人，子爵家有115人，男爵家有86人，共计247人。不难推测，"小妾生的孩子"的实际人数可能还要更多。华族家庭户主人数为925人，因此至少可以说每3.7位户主，就有1个"庶子"。

公卿与诸侯间的差距

作为华族，他们享有成为贵族院议员等种种特权，并受到如保留宫中席位等礼遇，但他们也因出身不同，在经济能力和政治能力等各个方面存在差距。在公卿出身的公家华族和诸侯出身的武家华族之中，这种差距尤为明显。同时，正因如此，华族虽为一个同族集团，却从一开始就欠缺作为同族所应具有的统一性。

这一情况随着华族成员构成的多样化以及规模的不断扩大而愈加明显。硬将公卿和诸侯合为一体，原本就十分勉强。换句话说，自平安时代后期武家诞生以来，公家和武家就因各自利益常常对立，如平氏和足利氏一样试图摆脱武家出身成为公家，却最终没落的例子不在少数。将公卿和诸侯强行合并为一体，却完全忽略历史因素，也难怪短时间内他们难以融合。

华族成立后，公家华族与武家华族最大的差距是家族俸禄的额度。所谓家族俸禄，指的是明治政府于 1869 年开始发放的具有世袭性质的禄米，后转为以金禄公债的形式发放，但不同家族之间所领金额差距非常大。

公家华族方面，领取金额最大的是摄家之一的二条家，二条齐敬的领取金额为 818 石；紧随其后的是清华家出身的菊亭（旧姓今出川）修季，领取金额为 691 石 4 斗；同样是摄家出身的一条忠贞的领取金额为 664 石 4 斗。

与此相对的武家华族方面，从表 2-3 中我们可以看出，前田（金泽）家的领取金额为 63688 石，位列第一，其后是细川（熊本）家的

32968 石，然后是岛津（鹿儿岛）家的 31400 石。除此之外，领取金额在 2 万石到 3 万石的有浅野、黑田、德川宗家、纪州德川、尾张德川、锅岛及毛利这 7 个家族，领取金额在 1 万石到 2 万石的有 12 个家族。这些武家华族领取的家族俸禄远远超过公卿家。这一巨大差距在转变为以金禄公债的形式发放俸禄后，以资本力量差距的形式展现出来。正如我们前面提到的，武家华族中的多数人都成了资本家，并占据高收入者排名的前几位。公家华族的大部分人在经济方面非常困难。

华族金禄公债的一大半都被原来的诸侯领走了，其中有 12 人的公债金额达到 50 万日元以上，领取金额为 10 万日元到 50 万日元的有 55 人，5 万日元到 10 万日元的有 54 人。与此相对，原公卿出身的家族中领取金额最高的也就六七万日元而已。

因此，公家华族若没有补贴或官职工资的话，维持家族日常开支都很困难。到 1877 年，公家华族中有 43 人背负债务，其中曾担任奈良兴福寺住持的奈良华族就有 14 人，成了公家华族中最贫穷的阶层。

近卫、鹰司家借款

到 1877 年下半年，华族的负债总额达到了 314781 日元，其中有 210070 日元是武家华族的负债，公家华族为 104711 日元。武家华族之中，有 14 个家族需借款维持，这些人大多是收入在 1 万石到 3 万石的原小藩藩主，叙爵为子爵。

我们来看几个例子（列举爵位为叙爵后爵位）。武家华族之中负债金额最高的是中川久成伯爵（丰后冈，7万石有余），债款达7.5万日元，他也是负债华族中唯一的伯爵。在他之后，有松前子爵（虾夷福山）、黑田子爵（上总久留里）、分部子爵（近江大沟）、石川子爵（常陆下馆）、鸟居子爵（下野壬生）、松平子爵（丹波龟冈）、伊东子爵（备中冈田）、牧野子爵（越后长冈）、本多子爵（播磨山崎）、安藤子爵（陆奥磐城平）、蒔田子爵（备中浅尾）、泷协子爵（上总樱井）以及松平子爵（上野小幡）等人。

公家华族中近卫笃麿公爵的借款金额最高，有1.5万日元。其他公家华族按照负债额排列依次为：泽三家（子爵家二代与男爵家）、清水谷伯爵、鹰司熙通公爵、水无濑子爵、四辻伯爵、大炊御门侯爵、梅园子爵、高野子爵、山井子爵、锦小路子爵、滋野井伯爵、薮子爵、五条子爵、唐桥子爵、堤子爵、久我侯爵、高松子爵、八条子爵、乌丸伯爵、壬生子爵、平松子爵、三室户子爵、甘露寺伯爵、西大路子爵、正亲町伯爵、久世子爵、押小路子爵以及六条子爵。

出乎意料的是，就连华族中地位最高的五摄家中的近卫和鹰司两家也不得不依靠借款生活。近卫家的原户主近卫忠熙，曾作为公武合体派的一分子活跃于幕末维新时期，位列左大臣，后因安政大狱而失势被软禁。他后来虽得以重回政坛并成为关白，却又因尊王攘夷派的崛起而不得不辞去职务，一生可谓历尽政治沉浮。此外，近卫忠熙之子近卫忠房同其父一样，与幕末维新时期的政治有着莫大的关联。近卫家之所以背负这么多的借款，可能也是因参与上述政治活动。

近卫家在近卫笃麿（近卫忠熙的第九子、近卫忠房的弟弟）公爵时代也有过政治活动借款。据近卫笃麿的长子近卫文麿回忆："父亲的

近卫笃麿（1863~1904）
出身家族位列五摄家之首，而他作为公家华族的生活似乎并不
容易

政治活动让家里不断负债，在我 14 岁父亲去世的时候，家中的财政状况绝说不上富裕。（中略）我们当时没有现金偿还欠款，就希望可以用字画来抵偿，有些债主却三番五次地拒绝了，毫无同情心。"（矢部贞治『近衛文麿』）需要说明的是，近卫笃麿公爵的借款大多都被用于东亚同文会等对外的活动之中。

鹰司家也属原关白家，上上代家主的鹰司政通曾致力于设立公家学校（即学习院的前身）以及对俸禄较少的朝廷大臣进行救济。上一代家主鹰司辅熙因幕末政变而失势，也经历了跌宕起伏的一生。鹰司家的借款，也是因此种经历而来吧。

因贫困而放弃爵位

近卫和鹰司家属于例外，其余负债的华族之中绝大部分是俸禄不满 300 石的家族，甚至连 100 石都达不到的也不在少数。虽然这些家族的俸禄不高，但他们是继承了纪传道、雅乐、笙歌道、蹴鞠及神乐等宫中传统的家族。

我们重新回到负债金额这一话题。华族中最贫穷的奈良华族之中，北河原男爵的负债最高，为 523 日元。此外还有竹园男爵、芝小路男爵、松林男爵、芝亭男爵、中川男爵、长尾男爵、北大路男爵、栗田口男爵、鹭原男爵、今园男爵、穗穆男爵等人，他们的借款总额为 13715 日元（其中有 1 万日元是穗穆男爵等人与武家华族中的原丹后藩藩主京极子爵的共同借款）。奈良华族的负债规模也不大。

奈良华族之中的一些家族，如长尾、鹭原两家由于经济方面的困难，不得不在《华族令》制定不久后的 1890 年放弃爵位。其中，松林家和竹园家分别于 1896 年和 1899 年放弃华族地位。若不具备一定的经济能力，很难维系作为华族应有的体面及相应的生活方式，也难免会使皇室蒙羞，此时的爵位反而成了一种负担。

除了上述提到的这些家族，还有一些在叙爵后不久便放弃爵位的华族。如 1887 年原诸侯出身的石川子爵（常陆下馆）就"因家计困难"而放弃爵位（后于 1899 年再次叙爵），又如分部子爵（近江大沟）和原公卿出身、家族代代以演奏神乐为家业的滋野井伯爵分别于 1902 年（明治三十五年）和 1913 年（大正二年）放弃了爵位。

就连御三卿之一的清水德川家在当初叙爵伯爵爵位后，户主德川笃守也以"受不了华族的礼遇"为由，在 1899 年放弃了爵位。后来德川笃守的嫡子德川好敏成为一名陆军军人，并且以航空界先驱（日本第一位航空飞行员）的身份于 1928 年（昭和三年）再次被授予男爵爵位。

成为华族，也并不意味着就一定能过上安定的生活。

2 华族会馆与学习院

设立华族会馆

"noblesse oblige"的意思是，"越是位高权重者，所应担负的义务越大"。这个词源自法语，原本是用来说明英国贵族履行义务的词。华族也如当初欧洲的贵族一样，具备上流阶层应有的气概，积极履行义务、承担责任。

华族的所谓"noblesse oblige"体现在创立华族会馆和开设学习院的过程之中。尤其是华族会馆，这是一个只有华族才可以以会员的身份自由出入的场所。无论曾经的身份是公卿、诸侯还是藩士，来到这里后都以华族的身份相处，以统一培养他们的上流阶层意识。

华族会馆创立于 1874 年（明治七年）6 月 1 日，这是一个用于学

华族会馆
此建筑为 1895 年以后鹿鸣馆经过改造的样子

习的场所，创立目的在于将华族打造成国民模范（于 1876 年 1 月 5 日开馆）。由于华族会馆创立之时，《华族令》和五爵制度尚未制定，这时大家正围绕"应如何设立华族"这一问题展开激烈的讨论。

其实建立华族会馆的契机可以追溯到 1871 年 10 月 22 日明治天皇下发敕论之时。这一天，明治天皇将华族一众召至宫中，对他们说道："如今我国更改旧制，同列国并驾齐驱，非国民一致尽勤勉之力何以致之？特别是华族，居国民中重要之地位，更应尽勤勉之力，率先鼓舞之。其责甚重。"（『華族会館史』）天皇勉励华族众人应秉承开明思想，尽到成为国民楷模的义务，同时还对他们说明了关于实学精神、海外留学以及子女教育等问题的必要性。

华族众人非常感激，他们中的很多人此后非常重视学习，游历欧洲开阔眼界并磨炼自己，用这种方式回应天皇的期待。这件事也成了创立华族会馆的契机。

日本西式结社的先驱

华族会馆作为一个学习场所，得以创立的直接原因与"通款社"和"麝香间祗候会议"这两个社团的结社有关。

通款社于 1873 年由公卿中的正亲町公董、五条为荣、壬生基修、平松时厚、河鳍实文以及诸侯中的秋月种树（原日向高锅藩）、山内丰诚（原土佐高知新田藩主）7 人建立。他们将欧美等国的集会结社传统引入日本，并抱着"学术交流"和"教育子弟"的目的建立了此社。其中河鳍实文与秋月种树两人起到了最主要的作用。

河鳍实文（1845~1910）实为三条实美的亲弟弟，于 1872 年 1 月到英国留学，并在 10 月回到日本。河鳍实文认为英国之所以如此富强，主要是因为发挥了议会的力量。回国后，他积极阐发自己的观点，建议建立专供华族集中学习议院议法的会馆，以使他们能在即将实行的议会制度中担负起作为上议院议员的责任，并为此四处游说。

秋月种树（1833~1904）曾在 1869 年担任公议所议长等职，还曾负责建立议会制度等相关工作。从 1872 年 1 月开始，秋月种树访问了法国、俄罗斯、英国及美国等国家，12 月回到日本后对河鳍实文的主张产生了共鸣。

通款社自诩为"日本西式结社的先驱"，积极地引入欧美国家的结社习惯做法，例如通过投票的方式决定官员职位等。此外，他们还积极主张"有国则有民，有民必有法"，认为政治中虽然存在一君独裁、立宪君主以及共和制等多种名目，但其目的不外乎"对天赋人权的保护"。他们还认为应该通过教育使人们能够发挥自己的才能，使每个人都可以安心地工作，通过相互合作的方式维护国家的稳定繁荣，而华族因其"重要的地位"，更应该奋发图强。

通款社的诸多事业中特别值得一提的，应属建立书籍馆（图书馆）一事了。此事由通款社主席秋月种树提议，并获得了社员们的一致赞同。他们在 1874 年制作了建设书籍馆的"申报书"，并制定了《使用规则》。申报书中提到购入"和、汉、西洋有益之书籍"，使华族可以学习知识、做研究，"欲以开明之治促使人们进步"。

《使用规则》是以条文的方式写成，其中第二条规定，华族应将家禄的百分之一提供给书籍馆作为运营资金，用来建设书籍馆、购买书籍并支付给通晓国内外情况的职员工资。作为回报，出资家庭的子弟可以免费使用书籍馆。

此外，第八条还规定，士族以及平民每年出资 50 日元以上的，也可以使用书籍馆。需要说明的是，在 1874 年，一个刚上任的巡查每个月的工资只有 4 日元。若非有一定资本的资本家，恐怕很难拿出 50 日元。

开馆与岩仓具视的担忧

支持通款社的是华族中相对开明的中间层，而"麝香间祗候"（华族、亲任官以及在维新运动中有功绩的人被赋予的荣誉资格。所谓祗候，意为"恭谨地侍奉"。麝香间是京都御所中的一个房间，位于小御所走廊的左侧。古代将军入朝之时曾于此处侍奉）中的上层华族，例如天皇家侧近公卿出身的中山忠能、嵯峨实爱、大原重德、中御门经之以及维新运动中有功绩的原藩主松平庆民（越前福井）、伊达宗城（伊予宇和岛）、池田庆德（因幡鸟取）等人，则创立了一个名为"麝香间祗候会议"的集团。

该会议之主张与通款社一样，"奉戴朝旨，保护邦家。内以助人民之日新，外以全同文明诸国之交"。时任参议的木户孝允与麝香间祗候的相关人员走得很近，曾向他们宣传宪法及议会政治的思想。

促使通款社和麝香间祗候会议两股势力合二为一的，是三条实美和岩仓具视两人。

三条实美接受了通款社秋月种树和平松时厚两人的陈情，与岩仓具视商议后促成了通款社同麝香间祗候会议的合并。此时的岩仓具视因在赤坂食违坂受到原土佐藩士的袭击，正在卧床休养，但还是带伤会见了秋月种树和平松时厚，向他们叙述了在欧美考察的经过以及英国贵族为国家做出的贡献等，并激励他们"如今日本之华族怎可贪一日之欢愉而懈怠义务"。

经过这些事情，通款社和麝香间祗候会议两派的发起人于1874年2月4日一同制定了49条《华族大会馆暂定规则》。

其中，第一条规定设置"会议局""书籍局""讲义局""勉学局""翻译局""杂物局"以及餐厅等部门。

讲义局是华族向博学之人学习法律等与其义务相关知识的地方；勉学局是负责华族子弟教育的地方；翻译局负责摘选国内外书籍和报纸中有用的信息，进行翻译后提供给华族学习，也可以作为世人启蒙的材料，因此得到了"发展实学机构"的赞誉。

实际上，华族会馆开馆后，华族学习的中心内容就是法律。讲义局的讲义课程内容包括"万国公法"、华族的义务与权利、法律、各国政治治乱改革以及风俗等。当时华族中的100多个家族都对这个计划表示十分赞成，并结成了有志者同盟，这一数字占当时华族总数（427个）的四分之一左右。

然而，正如前文所述，岩仓具视虽然希望华族承担起"皇室之藩屏"这一义务，但对伊藤博文提出的让他们成为上议院议员的计划却持反对意见。

对于让华族成为上议院议员并拥有立法权，甚至让华族学习法律一事，岩仓具视始终是不安的。他在将1000日元"会馆建设奖励费"交给柳原前光的同时，也将三大臣（三条实美太政大臣、岛津久光左大臣、岩仓具视右大臣）联署的一篇长长的意见书交给了他。意见书中提到，"如今，对于使华族以贵族之身份成为议员并拥有立法权之事，不得不说尚需考虑"。

岩仓具视因不希望华族成为上议院议员，甚至对设立会议局和翻译局一事也横加干预。结果，因岩仓具视的阻挠，华族会馆设立会议局和翻译局的计划被迫取消，最后只留下了书籍局、勉学局和讲义局三局。

其后，学习院于 1877 年建校。华族会馆设立之初最主要的目的就是"学术交流"和"子弟之教育"，这两点由学习院继承。此后，华族会馆成了一个仅供华族人员社交的场所。

开设学习院

学习院作为华族子弟教育机构，于 1876 年由华族会馆着手创立。学习院由会馆中的勉学局发展而来，并于第二年开校（"学习院"的名称源自幕末设立于京都的公卿学校，而同校已于 1868 年改为大学寮代，并与皇学所合并后成为京都府立中学）。

学习院是以英国贵族学校为模板设立的，也就是说，华族会馆在设立之初就对华族子弟的教育问题非常重视。同时，作为避免会员脱离的手段，华族会馆也在积极地召开学习会。

讲义课程每周两次，讲师的阵容包括加藤弘之、元田永孚、尾崎三良等一线学者，学习内容包含法律、儒学、历史等多个领域。这一学习会为开设学习院提供了保障。"作为华族应深思熟虑并拥有广阔的视野"，在这一理想的基础上，开设学校的诸般事务得以开始进行。

特别是在 1875 年（明治八年）10 月，因明治天皇第一次驾临华族会馆时有"相互勉励精研学术……尽忠于皇室之所"之语，开设学校的呼声空前高涨。在柳原前光提出的建学奖励以及立花种恭（原筑后三池藩主）等人的建议下，开设华族学校一事进入具体计划阶段。此后，在学习院初代院长立花种恭等人的运作下，明治天皇赐下经费（从1877年开始的15年，每年获得经费1.5万日元）及用地（位于神田锦町的8000坪土地），学校的运作经费定为每年2.4万日元，不足的部分从会员中征收。

工资方面，院长的年薪为350日元，学监（一等教师）的月工资为25日元，同时规定"从士族和平民阶层选取录用的人，除每月的工资外，还要发放补助金"（『華族会館史』）。这样一来，士族和平民出身的一等教师月工资可达70日元以上，五等教师的月工资也在10日元以上，高于华族出身的教员。这应该是为招募优秀人才而采取的策略。

学习院
开学时校址位于神田锦町

1886 年，刚上任的小学教员的月工资也只有 5 日元而已。可见，士族、平民出身的学习院教员的待遇还是很不错的。值得一提的是，若考虑到这些教员在教授身份地位比自己高的学生时所承受的精神压力的话，说不定这一待遇正合适。

当时的教育内容

从表 2-6 中可以了解到学习院开设之初的学制和学习科目。学习院采取男女分隔教学制度，分别设置了男子小学科、女子小学科和男子中学科。

小学科无论男女均从满 6 周岁开始入学学习，直到 14 岁，共 8 年时间，分为 8 个等级，第八级相当于现在小学的一年级。中学科只对男子开放，年满 22 岁毕业。

学习科目方面男女基本相同，另单独为女子设置了音乐和女红课程。除了上课的场所不同外，男女之间的差异并不大。

例如，"读书"课程所使用的第八级到第二级（即现在小学的一年级到七年级）的教科书均相同。此外，每周的讲义课程数也相同，从第八级到第五级每周 6 个小时，第四级到第一级每周 3 个小时。

不同之处在于，第一级中除了男女共通的"法国法律问答""初学人身究理""万国史略"和"十八史略"课程外，女子还需单独学习"家庭经济"和"育儿法"课程。这应该是为女子将来处理家务做准备。但话说回来，从让女子修习如"法国法律问答"等课程可以看出，当时对女子的教育也非常重视。

表 2-6　学习院开设之初的学制与教学科目（1877 年）

男子小学科 / 女子小学科（满 6 周岁至 14 岁，共计 8 年时间）
男子中学科（15 岁至 22 岁，共计 8 年时间）

●男子、女子小学科教学科目
　读书、温习、背诵、轮读、口授、问答、听写、作文、数学、记账、习字、画画、礼法、体操。仅女子小学科有音乐和女红
　注：礼法、体操、音乐课程的上课时长未做规定

○男子、女子小学科各学年"读书"课程所用教科书
　第八级　《小学挂图》《国名》《小学读本》
　第七级　《小学读本》《初级地理》《御谥号年号》《简史》
　第六级　《日本地理要略》《日本简史》
　第五级　《日本地理要略》《小学读本》《日本简史》
　第四级　《孝经》《三字经》《日本地理要略》《十八史略》
　第三级　《万国地理略》《物理阶梯》《十八史略》
　第二级　《经济书童子问》《万国简史》《十八史略》
　第一级　《法国法律问答》《初学人身究理》《万国史略》《十八史略》
　　　　　（此外，女子还需单独学习家庭经济和育儿法）

●男子中学科教学科目
　轮读、轮讲、讲义、外国学、数学、作文、习字、图画、记账、体操

○男子中学科中"轮读""轮讲""讲义"课程所用教科书
　轮读：《续十八史略》《史记》《八大家文集》
　轮讲：《十八史略》《皇朝史略》《日本文典》《物理全志》《续十八史略》《续皇朝史略》《生理学书》《动物学书》《再续皇朝史略》《史记》《动植物学书》《泰西农学》《化学书》《金石学书》《经济学书》《万国公法》《左氏传》
　讲义：《五十音义》《论语》《泰西修身说》《日本文格》《古事记》《文章规范》《孟子》《左氏传》《诗经》《万国公法》《国法泛论》《令义解》《书经》

资料来源：学习院百年史编纂委员会『学習院百年史　第一編』学習院、1981。

男女之间在课程设置上的差别还有一点就是，第一级的口授课程中，除了地球仪用法和道德属共通课程外，男子还需学习天文、化学和

经济，而女子则需学习育儿法。

男子中学科也分为第八级到第一级（相当于中学一年级到八年级），所学科目如表 2-6 所示。

值得注意的是，其中与外国相关的教学科目，学习时间在第八级时有 6 个小时，随着级数越来越高，学习时间也越来越长，到了第一级的时候，每周的学习时间长达 28 个小时。单从轮读和讲义所使用的教科书来看，学生不仅需要学习《史记》《古事记》等中日古典书籍，还要学习《泰西修身说》《万国公法》等西方相关的经典。由此可以看出，当时日本已经意识到了向西方学习的重要性。此外，学习院的学生甚至连《令义解》都要学习，这一点非常符合华族作为"皇室之藩屏"的身份定位。

其实学校的制度并非一成不变，学习院也经历了多次教学课程改革。1879 年，即开校两年后，学习院经历了第一次改革，除了确定"军事第一"的方针外，还设立了男女普通学、男女实学以及文学（和学、汉学及英学）科目。学习院在 1884 年成为宫内省管理的官立学校，在此之前的 4 年里，先后还经历了两次改革。

学习院的变迁

日本早在 1872 年就已经颁布了学制，并在全国范围内建起小学。华族则希望建立一套单独的教育体系，从这一点可以看出他们作为精英阶层特有的心气。但是反过来看的话，也可以认为这一举动扩大了子弟间教育的差异。

全国统一入学的学校制度如实地展现出学生们在出身家庭的经

济与个体能力上的差距，这让他们认识到了这个社会中存在的一些矛盾。虽然地主家的孩子和佃农家的孩子可以坐在同一间教室里学习，但无论是他们的穿着还是食用的便当必定大相径庭。对于一个上下学都需要人力车接送的华族女孩子来说，要与众多贫民子弟一同学习，无论对精神层面还是身体方面都是一种磨炼吧！

学校就是社会的一个缩影，社会中的矛盾也会出现在校园之中。在这样一个经济、地位差距显著的社会中，可以说"分校而治"的举措也是不得已而为之。

此后，学习院从华族会馆中分离出来，并于1882年（明治十五年）交由文部卿管辖，两年后又成为宫内省管辖的官立学校。在经历了种种变迁后，学习院的规模也得到了扩大。特别值得注意的是校址的迁移以及女子学部发生的变化。

当时有一些人认为应禁止男女同校，并且社会上要求设立华族专属女子学校的呼声也越来越高。因此，在1885年，女子学部被废止，在四谷仲町建立了新的华族女子学校（后来校址迁移到麹町区永田町）。1906年，华族女子学校并入学习院，成为学习院女子学部。1918年，女子学部迁至青山，重新成为独立的女子学习院。

学习院本校方面，校址从麹町区三年町迁至四谷尾张町，又在1908年（明治四十一年）迁至北丰岛郡高田村目白地区（即今丰岛区目白），也就是现在学习院的所在地。

这期间，学习院于1889年在三浦梧楼院长的主导下进行了学制改革，通过制定校规、规范服饰加强了同皇室的关联。1907年，乃木希典成为院长，在学习院推行全寮制等军事化教育。虽然很难说这种追求整齐划一的军人精神的教育方式是否曾被华族子弟接受，但这也体现了学习院教育方针的一个侧面。

然而需要注意的是，学习院作为培养下一代"皇室之藩屏"的教育机构，在实际运营的过程中并没有按照开学之初人们对其期待的一般发挥应有的作用。虽说的确培养了处于"国民中重要地位"的华族应有的特权意识，但很难说学习院所有的毕业生都将才华投入了守护皇室或成为国民之楷模这一理想之中。在学习院建立以来漫长的历史之中，不仅有人对皇室持否定态度，还有人因沉溺于奢靡华美的生活而引起国民的不满。

之所以会出现这种理想落空的情况，主要有以下几个原因。首先，华族集团内的人出身本来就多种多样，作为其子弟的华族自然也就不具备统一性；其次，学习院院长的选任也没有严格把控"华族出身"这一要求；最后，学习院的教育方针受时代影响变化幅度较大。

1945 年（昭和二十年）战败后，随着皇室地位的变化，华族制度也被废止，学习院便失去了存在的意义。然而在与占领军交涉后，学习院在保留传统的同时，得以以一所男女同校的私立学校的形式保留，其规模也扩大到从幼儿园到研究生院多个阶段，学科也有所增加。众所周知，皇族与旧华族的后代依旧就学于学习院，这一点也让学习院保留了独特的氛围。

历代学习院院长

表 2-7 罗列了直到华族制度被废除为止与学习院运营关系密切的历代院长。

表 2-7　历代学习院院长

姓名	在职时间	此前主要工作和经历	爵位
①立花种恭	1877~1884	陆奥下手渡藩主、外国奉行	诸侯，后叙爵子爵
②谷干城	1884~1885	土佐高知藩士、陆军中将	藩士，子爵
③大鸟圭介	1886~1888	于箱馆五稜郭投降	幕臣，后叙爵男爵
④三浦梧楼	1888~1892	长州藩奇兵队、陆军中将	藩士，子爵
⑤岩仓具定	1892	东山道镇抚总督、帝室制度调查委员	公卿，公爵
⑥田中光显	1892~1895	警视总监	藩士，子爵，后升至伯爵
⑦近卫笃麿	1895~1904	贵族院议长	公卿，公爵
⑧菊池大麓	1904~1905	东大校长、数学家	藩士，男爵
⑨山口锐之助	1906~1907	京大教授、物理学家	
⑩乃木希典	1907~1912	陆军大将	藩士，男爵，后升至伯爵
⑪ 大迫尚敏	1912~1917	陆军大将	军功华族，男爵，后升至子爵
⑫ 北条时敬	1917~1920	东北大校长、数学家	
⑬ 一户兵卫	1920~1922	陆军大将	
⑭ 福原镣二郎	1922~1929	东北大校长	
⑮ 荒木寅三郎	1929~1937	京大校长、生物化学家	
⑯ 野村吉三郎	1937~1939	海军大将	
⑰ 山梨胜之进	1939~1946	海军大将	
⑱ 安倍能成	1946~1966	一高校长、文部大臣	

18 名院长之中，军人出身的有 7 人，担任过帝国大学校长的有 5 人。考虑到皇族及华族所担负的军事义务以及学习院作为二者接受综合教育的机构的性质，可以说出现这种情况也是理所当然的。

军人出身者担任学习院院长的时代又可以进一步分为三个不同的时

期：一是日清战争爆发前由谷干城和三浦梧楼担任院长的时期；二是日俄战争结束后由乃木希典、大迫尚敏以及一户兵卫担任院长的时期；三是日中战争爆发后由野村吉三郎和山梨胜之进分别担任院长的时期。这三个时期之间的时间段，则是由宫内省高等官员或帝国大学校长等教育界出身的人担任院长的时期。

换句话说，从日清战争前到日俄战争前夕这段时间，岩仓具定（爵位局长兼侍从职干事）、田中光显（宫中顾问官兼帝室会计审查局局长）及近卫笃麿（贵族院议长）等公卿及宫内省高等官员出身的人接连担任学习院院长的职务。其中岩仓具定没干几个月就辞职了，而田中光显和近卫笃麿则有意在学习院内设立大学科，特别是建立了东亚同文会等组织的近卫笃麿有意将学习院打造成外交官的摇篮。

其他时期的院长更多的是由像菊池大麓、山口锐之助、北条时敬、福原镣二郎以及荒木寅三郎这样的学者或教育界人士担任，其中数学家、物理学家和化学家出身的理科学者占了一半以上。

山口锐之助是京都帝国大学的教授，他虽然是一名物理学家，但对陵墓管理也做出了贡献，著有《山陵研究》一书。可以说正是山口锐之助对皇室的崇敬之情，使他成了第一位"无爵位"院长。在辞去学习院院长的职位之后，山口锐之助还担任过宫内省图书馆馆长及宫中顾问官等职务。

从表2-7中我们可以看出，在山口锐之助辞去学习院院长10年后，也就是从北条时敬开始，不再有有爵者担任学习院院长了。在北条时敬就任学习院院长的前一年，也就是1916年的1月，学习院内新设置了"评议会"这一机构。评议会负责审议与学习院相关的诸多重要事项，并向宫内大臣提出建议。

从评议会会员的构成来看，1919 年（大正八年），宫内省高等官员及同待遇职员有 5 人，有爵者 10 人，有教育经验者 6 人，由德川家达公爵担任议长，除牧野伸显男爵（后晋升子爵、伯爵）、德川赖伦侯爵这两位有爵者之外，还包括秋月左都夫（外交官、巴黎和会全权代表团顾问）与山梨半造（陆军军人出身，后担任陆军大臣）等人。其实评议会的作用就是监督学习院的运营。北条时敬虽然也是评议会中的一员，但因受到评议会的限制，作为院长的权限缩小了很多。换句话说，正因为新设置了评议会这一机构，在院长人选问题上也就不必拘泥于"有爵者"这一条件了。

非华族出身的院长大多都很擅长教育行政工作。北条时敬担任学习院院长时，开创了学生海外游学的先河；福原镣二郎担任院长时则设立了宫内省在外研究院制度，使教授留学海外的机会有所增加。此外，教学制度得到了完善，教员人数也逐渐增加。

华族子女外的入学者

华族将子女送入学习院学习是其义务之一，但若获得宫内大臣的许可，也可将子女送入其他学校学习。另外，在第二次世界大战爆发前，学习院中还存在一些非华族出身的学生，其人数占总学生数的三分之一左右。

之所以如此，是受到岩仓具视在担任华族会馆馆长时就华族学校运营方针所做训示（1877 年）的影响。岩仓具视认为，华族学校接收学生尚有余力，若只接收华族出身的学生，会产生不良影响。出于此种考虑，他主张应在院长的裁定下，允许士族或平民出身的学生进入学习院学习。

1879 年（明治十二年）学习院的教学制度明文规定"非华族出身者请求入学时，应由其父兄或其他保证人向院长请愿。院长在得到华族会馆馆长的特别许可后，可允许其入学"，还规定士族、平民出身的学生定员为现有华族学生人数的三分之一。

顺便说一下，1877 年学校刚开设时，255 名学生之中，有华族出身的男子 161 人、女子 44 人，士族出身的男子 35 人、女子 15 人。在三十多年后的 1911 年，学生中有皇族出身者 11 人，朝鲜王族 1 人，华族 413 人，朝鲜贵族 2 人，士族出身者 156 人，朝鲜人 3 人，总数达586 人，不但学生的数量增加了很多，构成也更加多元化（女学生从1886 年开始转入华族女子学校）。

非华族出身的学习院学生中走出了吉田茂、东条英机、有岛武郎、志贺直哉以及三岛由纪夫等这些后来广为人知的人物。吉田茂从学习院大学科退学后，完成了在东京帝国大学法科大学政治学科的学习，东条英机则经历了从学习院到东京府立四中，从东京地方幼年学校到陆军士官学校，最后到陆军大学的学习历程。

军务教育

参军是所谓"贵族义务"中最典型的义务之一。这一时期的日本，不仅天皇作为大元帅肩负着统领海陆两军的重任，其他皇族也都必须加入军队。

1873 年 12 月 9 日发布的"太正官达"规定，"皇族从现在开始应加入海陆军"。此后至 1945 年帝国军队解散为止的 72 年时间里，皇族中的有栖川宫炽仁、朝香宫鸠彦、朝香宫孚彦、贺阳宫恒宪、贺阳宫邦寿、闲院宫载仁、闲院宫纯仁、北白川宫能久、北白川宫成久、北白川宫永久、久迩宫邦彦、小松宫彰仁、竹田宫恒久、竹田宫恒德、梨本宫守正、东久迩宫稔彦、东久迩宫盛厚以及伏见宫贞爱 18 人加入了陆军，有栖川宫威仁、华顶宫博恭（伏见宫博恭）、久迩宫朝融、东伏见宫依仁、伏见宫博义、山阶宫菊麿和山阶宫武彦 7 人加入了海军，海陆军共计 25 人。

除此之外，后来朝鲜王公族中的李垠、李键和李鍝等人也加入了陆军。昭和天皇的弟弟秩父宫、三笠宫也被分配到陆军，高松宫则被分配到了海军。

这些皇族出身的军人有的在战斗中受伤，有的战死沙场。比较有名的要数北白川宫一家三代人的悲剧：能久于 1895 年（明治二十八年）以近卫师团长的身份战死台湾；成久虽不是战死，却在 1923 年（大正十二年）访问欧洲时死于交通事故；最后永久于 1940 年日中战争时期在张家口进行的演习中因事故身亡。此外，朝鲜公族中的李鍝死于广岛的原子弹爆炸。

在那个全民皆兵的时代，皇族曾率先加入军队。但需要说明的是，他们在军队的待遇是比较特殊的。例如，高松宫在位于广岛县江田岛的海军兵学校里居住的宿舍，是一座被称为"御殿"的配楼。这些皇族在军队中的待遇与一般士兵或将校完全不同。

华族也被要求同皇族一样担负参军的义务。

1881 年 4 月 7 日，也就是向皇族下达参军指示的 8 年后，宫内卿德大寺实则向华族会馆馆长兼督部长岩仓具视发出通知，指示华族应尽量"加入陆海军"。虽然不同于皇族的强制性义务，但华族也曾被要求加入军队。

陆军预备士官学校

以岩仓具视为中心的一些人，因担心华族蜕化为文弱之流，也发出了建立相应机构，让华族接受军事教育的呼声。

在这样的背景下，1883 年，时任华族会馆馆长的伊达宗城收到了宫内省的传唤，获得了创立学校的许可，并从天皇处获得了为期 5 年，每年 3000 日元的下赐资金。这个学校就是为将华族子弟培养成陆军军人而创设的陆军预备士官学校。

按照规定，入学年龄为 18 岁到 30 岁，预毕业者之中年龄在 24 岁及以下的为士官学生，25 岁及以上的为预备士官。学校于五爵制度确立前一个月，即 1884 年 6 月开学。此陆军预备士官学校的校址就在陆军士官学校内部，落成之时召集了 30 余名华族子弟作为第一批志愿者。

然而，也有人对陆军预备士官学校采取的办学方式提出了批评。在学校开学之际，《东京横滨每日新闻》在其评论文章中对"军务中只有华族享受特殊待遇"一事进行了批判。华族中的一柳赖明（后成为子爵）、竹内惟忠（后成为子爵）以及德川达孝（后成为伯爵）等人虽认可华族因地位特殊而应肩负责任，但同时也认为强迫华族放弃发展至今的事业而转投军务会造成损失。

后来，不断有人以健康原因或能力不足为理由退学，最终陆军预备士官学校于 1885 年 9 月关闭。虽然获得了为期 5 年，每年 3000 日元的下赐资金，但学校开了 15 个月就关闭了，说到底，还是因为华族子弟中大多数人都缺乏从军的意愿。

公卿和诸侯出身的华族之中成为军人的也十分有限。要尽到"军务"这一贵族义务，等到经历了日清、日俄战争，通过将军人列入华族才得以实现。关于这一点，我们会在第三章中详细说明。

从这一点来看，对于以明治初期叙爵的原公卿和原诸侯为母体的华族阶层来说，他们尽到的贵族义务主要体现在于学习院中进行的"学术交流"和"子弟之教育"方面。此后，曾就读于学习院的华族子弟纷纷走向社会，也拿出了一些成果。华族子弟影响社会的方式各有不同。

此外，对于除军人外的财经界人士以及官僚出身者等以功勋授爵成为华族的人而言，可以说他们在各自的领域中尽到了所谓的"贵族义务"。

随着叙爵者身份逐渐多样化，他们带给近代日本社会的有"功绩"，也有"弊害"。关于这一发展的具体过程，我们将在后面的章节中叙述。

3 第十五国立银行的建立与华族农场

华族银行的建立

1876 年 8 月，根据《金禄公债证书发行条例》的规定，之前作为年金支付给华族和士族的家禄和赏典禄，今后将全部以公债的形式一次性发放，这就是所谓的"秩禄处分"事件。

所谓的"家禄"，是维新政府为保护因废藩置县等原因失去职务的华族而发放给他们的大米或现金。"赏典禄"则是以发放大米或现金的方式给维新运动中有功之人的奖赏。这些资金占了当时政府收入的三分之一，可谓相当大的负担。也正是因为如此，政府才决定以公债的形式将数年的金额一次性发放下去。

然而，从华族和士族的角度来看，这样一来前5年就只有公债的利息可以领取，想取走本金，要等待6年至30年时间。不难想象，获得公债的人生活会多么困苦。

现实中也正如大家知道的一般，一些士族获得公债后不得已开始从事他们并不擅长的商业活动。他们在这些活动中的所作所为被讥讽为"士族经商法"，很多家族也因此没落。那么同样获得公债的华族是如何应对这种变化的呢？

其实早在《金禄公债证书发行条例》公布之初，从大藏大辅松方正义（后授爵伯爵，进而升侯爵、公爵）处获得消息的华族督部长岩仓具视（后其子岩仓具定成为公爵）便向所有华族说明了不得已改以公债形式发放的理由，并预先告知了此举将对家庭经济造成的影响。此事发生时，《华族令》尚未公布，因此这一时期的华族大多是不擅长运用资产的公卿和诸侯家族。面对这样一群人，岩仓具视建议他们积极思考维持家计的方法。具体来说，他建议华族以节俭开支的方式应对接下来的收入减少，改变原有的生活习惯，以达到平衡家庭收支的目的，或者还可以通过购买不动产将家产集中起来，建立合作公司。

政府预料华族或士族中的一些人会将公债转卖给百姓，担心此举会造成公债市场暴跌，因此，在发布《金禄公债证书发行条例》的四天前，先对《国立银行条例》进行了修改。通过本次修改，金禄公债不仅获得了成为银行资本的资格，而且还被免除了兑换黄金的义务。这样一来，市面上开始陆续出现以公债作为原始资金而建立的国立银行。获得设立许可的 153 家国立银行中，在 1876 年至 1879 年建立的就多达 148 家。其中一家就是由华族建立的，他们将得到的公债集中在一起建立了"第十五国立银行"，也就是所谓的"华族银行"。

此事是岩仓具视从通晓国内外经济的宫内管理肥田邦五郎（旧幕臣）处获得建议，并且得到了华族重要人物之一岛津久光（后成为公爵）的支持，在参考了华族中其他人的重要意见后，将各人家产集中才取得的成就。

怪物般的巨型银行

那么第十五国立银行具体是如何建立起来的呢？

实际上此银行的设立是在半强制的情况下进行的。首先，岩仓具视在华族会馆内部设立了"银行创立事务所"，并做起了各方面相关人员的工作。然后，他将此计划传达给了住在京都的华族，并命柳原前光负责在东京建立银行的事务。

柳原前光在 1876 年 12 月 17 日召集了 31 名华族宗族长（即有着同一父系祖先的子孙中有威望者），给他们看了创立银行意见书，希望获得他们的首肯。此意见书中提出，将华族资金集中借给政府，用于偿还因建设铁路设施所背负的外债。修建铁路设施可以使交通运输更加便利，造福国家和人民，这也正是建立银行的目的。此外，意见书中还提到为了防止华族资产流失，要将公债统一管理，计算利息收益以充实华族各家族资产。此意见书获得了华族的一致认可，同时还委托岩仓具视处理建立银行相关的所有事务。

岩仓具视立即向时任大藏卿的大隈重信提交了建立银行的申请。虽然其中也有过一些波折，但第十五国立银行还是在第二年的 5 月 21 日成立了。成立之初由毛利元德担任总裁，德川庆胜担任副总裁，银行总行的地址则选在了东京京桥木挽町七丁目。银行的创立资金为 17826100 日元，股东总数为 484 人，股数 178621 股。这一规模要远远大于其他银行。

到 1879 年末，当时 148 家国立银行的总资产额为 37726100 日元，华族银行的资本占了 47.3%，相当于第二名第一国立银行 150 万日元资本的近 12 倍，这在所有国立银行中可谓怪物般的存在。

当时的股东依持股数依次是岛津忠义（7673 股）、前田利嗣（6926 股）、毛利元德（6425 股）以及细川护久（4526 股），武家华族中排在其后的是德川庆胜、德川茂承、山内丰范、浅野长勋、锅岛直大、德川家达、黑田长知、蜂须贺茂韶以及其他公爵、侯爵。

蜂须贺茂韶之后是公家华族岩仓具视（2929 股）。此外，九条道孝持有 354 股，嵯峨实爱 139 股，西园寺公望 137 股，柳原前光 104 股，德大寺实则 100 股，他们持有的股票数量同上面的那些人相比少了一位数。近卫忠熙等人只有 20 股，僧侣中的大谷光尊持有 8 股，大谷光盛只有 2 股。

第十五国立银行主要依靠武家华族的资本建立，因此将其利润中的大部分分配给武家华族也是理所当然的。

换句话说，武家华族成功地成为获取巨额利息的受益者，同时他们也以此为契机成功地顺应了近代资本主义的发展规律。然而，这种依靠利息的生活方式受到经济情况变动的影响，经常会出现基本盘不稳定的情况，而此种经济情况的变动也成为动摇近代华族制度之本的原因。

加入日本铁道公司

顺便提一下，虽然建立第十五国立银行的目的是投资由铁道组合负责的铁路建设事业，但由于大藏省和银行在对资本公债的评价意见上出现了分歧，原始资本萎缩，原计划并没能顺利进行下去。直到1881年，在岩仓具视的周旋下，日本铁道公司才得以创立，而第十五国立银行对参加创立此公司一事则表现得非常积极。

日本铁道公司的主要发起人之中，按照出资额排序，包括如下武家华族：池田章政（第一名，55万日元）、毛利元德（第四名，20万日元）、细川护久（第五名，19.8万日元）、前田利嗣（第八名，10万日元）、蜂须贺茂韶（第十一名，7万日元）以及岛津忠义（第十三名，6万日元）。此外，还有第十五国立银行股东中的一些武家华族。

像德大寺实则（第二名，35.1万日元）这样的公家华族以及大谷光胜和大谷光尊（同列第八名，各10万日元）这样的僧侣华族的排位也比较靠前。岩崎弥太郎（第三名，30万日元）和三井八郎右卫门（第十四名，5万日元）等士族和平民中的财经界人士也加入其中。

第十五国立银行

在公司成立后的 15 年中，其与第十五国立银行保持着密切关系这一点非常明显。这是因为到 1896 年 12 月末，日本铁道公司的股东几乎都是与第十五国立银行有关系的人。

具体的情况我们可以通过表 2-8 来了解，除了第一名浅野长勋侯爵为第十五国立银行总裁外，银行董事池田章政侯爵、井伊直宪伯爵、松浦诠伯爵以及津轻承昭伯爵（第十一名）也是公司重要的股东。从第十三名到第三十名的股东中，还有有马武、山本直程以及东调赖介等 14 名第十五国立银行员工。

除了他们以外，持股数较多的人还有德川茂承侯爵、尚寅（宜野湾王子）男爵以及德川义礼侯爵，他们大部分来自武家华族。此外，第二名岩崎久弥（三菱合资社长）和第四名岩村通俊（宫内省御料局长）也在同年 6 月被授予男爵爵位。

表 2-8　日本铁道公司股东前十名（1896 年）

名次	股东	持有股票数（股）	备注
1	浅野长勋	108318	第十五国立银行总裁
2	岩崎久弥	25796	三菱合资社长
3	池田章政	17996	第十五国立银行董事
4	岩村通俊	13632	御料局长
5	井伊直宪	13338	第十五国立银行董事
6	松浦诠	13087	第十五国立银行董事
7	德川茂承	9130	华族
8	宜野湾尚寅	9003	华族
9	三井银行	8891	
10	德川义礼	8440	华族

资料来源：星野誉夫「日本鉄道会社と第十五国立銀行⑶」『武蔵大学論集』、1972。

这一时期日本铁道公司的股票，除了三井银行和吉田丹左卫门（第二十三名，旭日生命保险、东海银行）所持有的部分外，几乎都被第十五国立银行的相关人员或华族占有。从这一点来看，他们之间的紧密关系昭然若揭。

铁道国有化与巨额利益

1897 年（明治三十年）5 月 21 日，第十五国立银行国有银行的资格到期，转型为一般银行，同时更名为十五银行（资本金额 1800 万日元，储蓄金 400 万日元，董事级别的成员有浅野长勋侯爵、池田章政侯爵等 10 人，分红占比为 14%）。半年后的 12 月 31 日，十五银行已经持有日本铁道公司 132 万股中的 304876 股，占比 23.1%，成为该公司第一大股东。

在铁道国有化后，十五银行因其持有的该公司股票而获得了巨额经济利益。

1906 年（明治三十九年），西园寺公望内阁从统一产业界铁道运输及军事上的必要性出发，制定了《铁道国有法》。作为日本铁道公司第一大股东的十五银行积极与当局交涉，双方以每股 120 日元的有利条件达成合作，十五银行因此获得了 31578505.44 日元（算上同一时期卖出的岩越铁道股票的总金额）的巨额利益。

1913 年（大正二年），银行的存款金总额达到 3091 万日元，是刚改组时的 6 倍左右。此后受到第一次世界大战的影响，到战争结束时，存款金额已经达到 7200 万日元，分红比例也从 9% 涨到了 10%。

1920 年（大正九年），十五银行将浪速、神户川崎和丁酉三家银行兼并，成了一家资本金额 1 亿日元、存款总额 3.2 亿日元、拥有 30 家以上支行的超大型银行。此时的十五银行规模远远超过同一时期其他的银行，依旧是怪物般的存在。

两年后，除了位于京桥木挽町的总行外，还有新桥、丸之内、吴服桥、蛎壳町、堺、和歌山、西宫、冈山、广岛、下关、福冈、熊本、鹿儿岛、川内（鹿儿岛县萨摩郡隈之城村，现川内市）等地的支行。

于同年 9 月竣工的福冈支行位于福冈市中心的片土居町（现博多区），占地 315 坪，建筑面积 226 坪，包括地下室和四层地面建筑。建设时使用了耐火抗震的钢筋混凝土构造，外墙使用了产自德山地区的花岗岩，卫生间采用了带有冲洗功能的欧式风格，从屋顶可以一览博多市内及博多湾的景色。可以说此建筑运用了当时最先进的建造技术。

20 世纪 20 年代初期，作为华族银行的十五银行不仅资本可观，而且从建筑外观到内部设备无不显示出其煊赫。十五银行对于一般平民来说，是一个"能把钱存在那里都感到光荣"的地方。

开设华族农场

武家华族大多是第十五国立银行或日本铁道公司的大股东。不过，华族中还有一些人选择将土地租给佃农，自己成为地主。

特别值得一提的是，在 1887 年前后，土地带来的经济利益变得非常可观。因此，武家华族及功勋华族中的一些人开始对皇家林地周边的官有土地、原领地和殖民土地进行开发，积极将这些土地纳入资产之中。

官有土地多集中在关东、东北以及北海道地区，因经济价值较高而被规划为皇家林地，其周边的土地则被分配给了华族。

例如，功勋华族中的大山严伯爵（后晋升侯爵、公爵）、松方正义伯爵（后晋升侯爵、公爵）、山县有朋伯爵（后晋升侯爵、公爵）、西乡从道伯爵（后晋升侯爵）、佐野常民伯爵、山田显义伯爵、青木周藏子爵、品川弥二郎子爵、三岛通庸子爵，以及武家华族中的原佐贺藩主锅岛直大侯爵、原大垣藩主户田氏共伯爵、原长府藩主毛利元敏子爵等人，均在栃木县那须地区开垦土地并租给佃农耕种。

官有土地之中数北海道的开拓规模大，而其中规模最大的是公家出身的三条实美公爵及原阿波德岛藩主蜂须贺茂韶侯爵等人主导开发的位于雨龙郡的华族组合农场。此外，原长州藩主毛利元德公爵、原尾张藩主德川庆胜侯爵、原佐贺藩主锅岛直大侯爵以及原加贺藩主前田利嗣侯爵也分别分配到了余市郡大江村、山越郡八云村、石狩郡当别村以及岩内郡前田村等地的土地，并加以开发。

以武家华族为中心进行的这一系列北海道开发活动，同时兼有针对原家臣士族施行"授产救济政策"的意义。

不仅如此，在 1900 年前后，华族中还出现了如原肥后藩藩主细川侯爵这样的从事殖民地经营的人。除了土地开发外，原萨摩藩藩主岛津忠义公爵以及原延冈藩藩主内藤政举子爵等人还经营矿山相关业务。

华族这般积极行动，大多是出于利益，其中不少人因此成为高额纳税人。

华族组合农场与蜂须贺家

在这次由华族主导的土地开发运动中，原德岛藩藩主蜂须贺侯爵家成了北海道地主中的代表性家族。

蜂须贺家在 1880 年前后的主要投资包括银行、运输、工业等领域的多家公司的股票以及政府所发行的公债。到了 1887 年，蜂须贺侯爵还与涩泽荣一、益田孝、大仓喜八郎、安田善次郎、浅野总一郎及马越龚萍等实业家一同创立了资本为 25 万日元（同年总理大臣的年工资为 9600 日元）的东京人造肥料公司。此后，蜂须贺家还与札幌麦酒酿造所、北海道煤矿铁道、北海道制麻以及札幌制糖等企业建立了紧密关系。

另外，前文中提到的华族组合农场成立于 1890 年。从当时的背景来看，由于成立帝国议会的时间迫近，此举可以理解为三条实美公爵为了巩固贵族院议员的构成主体，即原公卿（公家华族）的经济基础，以稳定财产为目的而采取的行动。

时任宫内省主马头 ① 的藤波言忠子爵向三条实美建议，让公家华族搬到北海道居住，并模仿欧洲农业经营方式在那里建造一个大规模的农场。三条实美与原公卿万里小路通房伯爵及农商务大臣井上馨伯爵（后晋升侯爵）等人支持藤波言忠的建议，身为资本家的蜂须贺茂韶也表示赞同。最后，由三条实美、蜂须贺茂韶及原公卿出身的菊亭修季（旧姓今出川）三位华族以发起人的身份组织了华族组合农场的建设，并将农场址选在了比札幌更北的雨龙原野地区。

1890 年，他们建立起了以大农直营方式经营的华族组合农场，面积达 5 万町步（15000 万坪）。农场中的种畜、农机具以及牧草的种子等都是从美国进口，从此在北海道这片土地上展开了大土地开发与直营农场的尝试。然而，临时工不足引起的劳动力短缺问题严重影响了农场的经营。虽然也采取过用罪犯作为劳动力等临时应对方法，但结果并不理想，最后农场的经营方式不得已从直营转变为承包。

不仅如此，由于日本国内的农产品市场还不够发达，并且资本参加者除三条实美、蜂须贺茂韶和菊亭修季外，只有原松本藩主户田康泰子爵、东本愿寺的大谷光莹（后晋升伯爵）以及原馆林藩藩主秋元兴朝子爵等几个人，出资额也十分有限。

此后，由于三条实美突然离世，加上议会对官有未开发土地分配中出现的不正当行为进行追究等原因，华族组合农场最终走向了分裂。三条家和秋元兴朝子爵选择了放弃，而蜂须贺茂韶、菊亭修季、户田康泰和大谷光莹则开设了各自的农场。其中蜂须贺茂韶所开设的农场虽繁荣

---

① 负责马和马车器具管理、马的饲养及调教、牧场及运输等工作的官职。

蜂须贺茂韶（1846~1918）
曾留学英国和任驻法国全权公使，历任东京府知事、
贵族院议长，同时也是经营华族农场的先锋

一时，但最终没能逃脱被"小作争议"这一新时代浪潮吞没的命运。蜂须贺一家因此事甚至被逼迫到放弃爵位的地步。关于这件事，我们在第四章中会详细叙述。

4 明治时期对华族的批判

来自在野者的批判

华族制度自建立伊始便遭到了社会各界的批判，其中在野的知识分子和文化人的批判尤为尖锐，他们的一些批判在社会中也引起了广泛的讨论。

例如，1875 年 9 月，净土真宗僧侣岛地默雷在《共存杂志》上刊登了一篇名为《华士族论》的文章，对华士族拥有家禄等特权一事进行了猛烈的批判。

此外，在第二年的 2 月至 4 月，深井了轩（笔名）、中田豪晴（电信工程师、投稿人）以及伊东巳代治（时任外务副课长）3人相继向《朝野新闻》投稿，围绕华族问题展开了批判与反批判的论战。首先投稿的深井了轩将华族称为"毫无用处的吃白饭的人"，他认为对华族的批判与主张共和制是互为表里的。那个时候，社会上对"好吃懒做"的华族颇有微词。中田豪晴和伊东巳代治投稿则是为了反驳深井了轩的观点，对其关于华族"好吃懒做"的批判毫不让步，并对此进行了政治解读，认为其实质是对天皇制的否定。

同样是在这一年，小野梓（曾任元老院书记官、会计检查院检查官，后参与了立宪改进党的创立）刊发了名为《华士族论》的文章。他在文章中指出，一般平民在华士族的统治支配下活得十分卑微，失去了独立自主的心气，因此主张废除华士族的称号及特权。

1880年9月，《朝野新闻》在其论说版块中刊登了《华族无人文之自由》一文，批判华族是无法独立自主、依赖他人保护生活的奴隶，已经失去了为人的自由。

第二年4月，《朝野新闻》同样在其论说版块分三次刊登了《应废除贵族制度》一文。此文章是以《朝野新闻》记者高桥基一（后加入自由党）于浅草井生村楼的演讲为基础改写而成。高桥基一认为，平等是文明社会的趋势，应废除华族制度。

福泽谕吉的华族论

在野势力的华族论中，引起社会广泛讨论的是福泽谕吉（1834~1901）的《军人华族论》。

1879年2月7日，福泽谕吉向右大臣兼华族会馆馆长岩仓具视提出了他的观点，认为应在华族内部培养军事风气。

福泽谕吉认为，华族阶层不但名声显赫，而且大多资产丰厚，若能让他们从事军务，在军队内部享受特权待遇，成为国民表率的话，于国家、于华族自身都是有好处的。此意见与其说是对华族的批判，倒不如说是对他们的激励。

岩仓具视将福泽谕吉提交的意见书抄写数份，交给华族各家广泛传阅，并收集他们的想法。华族各家对此意见书颇有反响，以醍醐忠顺侯爵为首的华族相继提交了反馈意见。《华族会馆志》中也提到了将这些反馈意见"整理成辑，独立成卷而藏"一事。

社会中也出现了批判福泽谕吉观点的声音。记者高井俊（笔名，疑为该报社社长浅野乾）在同年 5 月的《朝野新闻》中刊登文章，对福泽谕吉的意见进行了批判。他认为若此意见被采纳的话，民心必会流于卑微、屈辱。

同样是在这一年的 5 月，记者国泽会造在《东京日日新闻》的社论

福泽谕吉

版块中刊登了题为《质疑》的文章，对福泽谕吉进行了质问和批判。他认为福泽谕吉的意见书中不仅潜藏着贵族专制制度的危险，而且其内容对于华族阶层本身来说也非常有压迫性。

不仅如此，当时身为茨城县小学教员、后任职于警视厅的野手一郎还向福泽谕吉寄去了质问书，虽然质问书的内容我们无从得知，但可以推断应该是表达了对赋予华族军事权力一事的担忧。福泽谕吉回复野手一郎的信中有"与其让华族沉迷风花雪月，倒不如让他们去操控大炮，这样多多少少更有点男子气概。我也只是从此良苦用心出发而已""简单来说，我是想让他们卖掉小妾买来骏马，卖掉盆栽去修理大炮"等内容，认为"华族应明此理"。

为了回应这些驳斥文章和质询，福泽谕吉在同年8月出版了《民情一新》一书。

此外，他还将一些与华族相关的论述刊登于《时事新报》之上，其中包括《华族之资格》《华族应有何资产》（1884年）、《华族世袭财产法》《原藩主华族是否应回原领地居住》《原藩主华族回原领地居住带来的利益》（1886年）、《日本之华族》（1887年）、《华族之教育》《告华族》（1889年）、《爵位之使用与否》（1898年）、《爵位之使用》（1899年）等。

福泽谕吉的论述之中还包含与士族及贵族院相关的内容，可见其对华族制度的关注度颇高。

福泽谕吉最主要的观点可以总结为：华族本身是同皇族关系密切的高贵阶层，应对其集结国民憧憬的模范作用予以肯定，但这种肯定应是有条件的。

例如，华族的资产不断减少，负责管理家中财务的家扶和家令已由第二代人接手，他们对于"家族"的忠诚有所下降，因此应严格管理财务；若武家华族返回原住地居住，能减少浪费；爵位勋章的授予对象应该限定于为国家奉献一生的军人，并对其进行大力表彰，以树立名誉等。

福泽谕吉在赞同"传统家系"及"高度评价军人功绩"的同时，却不认同那些凭借在维新运动中的功绩得以授爵之人。换句话说，他并不认可像伊藤博文这种下级武士出身的官僚，以及单纯以资本家身份跻身华族之列者的价值。

福泽谕吉提倡的"军人华族"以及对华族资产减少的警示，在之后的历史进程中都成了现实。

日本既不是中国，也不是欧洲

不仅在野势力对华族进行了批判，连曾经参与创设华族制度的人，乃至华族阶层内部也出现了批判的声音。

在众多与创设华族制度息息相关的人之中，就有井上毅（1843~1895）。

井上毅出生于熊本藩士之家，曾留学欧洲学习司法制度，回国后受到了大久保利通和岩仓具视等人的重用。后来，井上毅再次远赴柏林，并首先将普鲁士宪法介绍到日本，是一位卓越的人才。在那以后，他又在伊藤博文的主持下起草了《大日本帝国宪法》《皇室典范》《教育敕语》等重要法律文书。

1881 年 5 月，正当岩仓具视与伊藤博文就"五爵论"问题进行讨论之时，伊藤博文和井上毅之间也发生了暂时性的激烈争论。

井上毅反对五爵制度，并在同年 9 月 12 日写给伊藤博文的信中列举了包括"公、侯、伯、子、男在日本并非耳熟能详之称谓"在内的五条反对理由。

伊藤博文也在两天后的回信中对井上毅说道："吾并非定要拘泥于此爵名，实乃无其他更好办法才参照了中国的爵名，若有良策，愿闻其详。"向井上毅表达了若他有更好的名称提案，也可以作为参考的想法，但希望获得他对此事的谅解。

然而，井上毅却在 11 月 21 日向岩仓具视递交《华族叙爵意见书》，并建议其阻止五爵制度的设立。《华族叙爵意见书》包括以下七点内容。

①公、侯、伯、子、男的称谓乃中国三千年前的遗物，并非出自日本的古典，日本也没有使用该称谓的习惯；

②欧洲的"贵族"之称谓也是封建制度的遗产；

③中国和欧洲的称谓结合其各自的风土文化来看固然不错，但在日本使用却未必好；

④此行为会使原本密切融合的人民之间出现隔阂；

⑤此举会使士族堕落，乃至失去守护皇室的理想；

⑥就算获得了爵位，华族也不一定会高兴，且叙爵中等以下爵位者说不定反而会不高兴；

⑦有功之人即便没有爵位也可以成为世界的模范，没有爵位反而不会与庶民隔绝，可以更好地引领庶民进步。

井上毅的核心论点一是强调日本同中国及欧洲的差异，二是华族

井上毅

制度的设立可能会导致士族的堕落，后者可谓一语成谶。井上毅从重视士族的角度出发，对仅将士族中一部分人列为华族享受特权一事表示反对。

围绕这一问题的讨论，因伊藤博文为进行宪法调查于 1882 年 3 月至 8 月远赴欧洲而暂时搁置。就在伊藤博文回国前一个月的 7 月 20 日，岩仓具视病逝。这样一来，身为宫内卿的伊藤博文就完全掌握了制定华族制度一事的主导权。

在伊藤博文动身前往欧洲之前，井上毅对伊藤博文"藩阀优先"的政治主义方向深感忧虑，从一种更理论化的角度对其进行了批判。

然而，在伊藤博文动身前往欧洲后，立宪改进党的大隈重信一面做原藩主出身的锅岛直大的工作，一面怂恿华族脱离政府监控自治。井上毅出于对此种情况的担忧，反而开始接纳伊藤博文的提案，并向政府提议应确保获得华族的积极支持，使其成为政府安定的基础。

井上毅作为支持政府势力中的一员，从对华族的培养、帝室制度的调整强化以及君主制下贵族阶层的社会重要度等方面考虑，开始赞同伊藤博文的五爵方案，并在伊藤博文的主导下负责起草了《华族令》。他本人也在《华族令》颁布的 11 年后，也就是在他离世的两个月前，被授予子爵爵位。可以说，井上毅感受到了来自民权势力的压力，出于这种危机感，他希望建立起一个能将"家族地位"和"功勋"融合为一的、具有现实意义的华族制度。

板垣退助的意见书

在这段历史之中，曾有一个人反对华族制度，一直拒绝接受爵位，甚至在叙爵后申请放弃爵位，这个人就是出身于土佐藩的板垣退助（1837~1919）。

板垣退助曾在戊辰战争中建功，却在征韩论问题上失败下野，其后又提出《民选议院设立建白书》，并组织建立"立志社"，积极推动"自由民权运动"的开展。

关于板垣退助，比较有名的逸事是 1882 年 4 月他在进行全国演讲时被暴徒袭击，大喊"就算板垣死了，自由也不会亡"。当然，他并没有死于那次袭击，明治天皇甚至特地差遣使节前往慰问。

板垣退助也曾游历欧洲各国。正如前文所述，回国后，他于 1887 年 5 月 9 日与大隈重信、后藤象二郎及胜安芳等人一起被授予伯爵爵位。

然而，板垣退助却在 6 月 4 日向天皇递交了"辞爵表"，他认为华族这一特权阶级的存在不仅将使维新事业归于徒劳，也不符合四民平等的原则。7 日，天皇再次下诏封爵时，板垣退助递交了"再辞爵表"。

从他两次拒绝封爵的举动不难看出其作为民权派的气概，但最终板

板垣退助

垣退助还是难拂圣意，于 7 月 15 日"奉呈叙爵御受书"。与此同时，板垣退助依然向政府提交了批判华族的意见书。

在意见书开头，板垣退助写下"私受荣爵非我志"，"私以为不可在一般国民间设阶级之藩篱，并数次表达此意，然时机尚未成熟"。

板垣退助的意见书中罗列着如"君民一体之美风""阶级制度之危害""皇室之藩屏为何物"等语句，他说："在上有天皇下有万民这一绝对制度之外，又设立华族这一中间阶级，特别是将其作为皇室藩屏之举，犹如在国民与皇室之间横亘一条鸿沟，隔开了两者间的亲爱之情。"他以此展开了其"一君万民"的论述。

板垣退助当然不是否定皇室，他只是觉得在皇室和国民之间设立华族这一特权阶级，反而会使两者之间产生距离，因此才表示反对。至于他自己的叙爵，是因为不能拂逆天皇的意思，他只是被抓住了这一弱点并被利用了而已（此事涉及伊藤博文对民权派的怀柔政策，以及板垣退助与怀柔政策的目标人物，即同为土佐出身的民权派后藤象二郎的关系。后藤象二郎在叙爵时，曾积极建议向板垣退助授爵）。

板垣退助将"一君万民论"进一步发展为"国防论"，展开了如下论述：

> 如今举国对抗列强之际，除举国一致、全民皆兵之主义外，不应为少数士族单独设立阶层以全国家之防卫。（中略）此等习武出身的士族已难以承担防卫国家之大任，国民中之一小部分的华族阶级单独担此大任更是不可能。

也就是说，板垣退助始终坚持国防必须"全民皆兵"。

板垣退助的民权主义是以天皇作为顶点的"一君万民论"，其中有些地方与昭和时期的"超国家主义思想"有共通之处。当然，板垣退助并非希望以夺取权力的方式实现军国化，这是他与超国家主义者最大的不同。他只是对存在于天皇和国民之间的特权势力嗤之以鼻。

对 850 家的质问书

1907 年，板垣退助时隔二十年再次提出了华族问题。他向全国 850 个华族家族送去了号召书，号召他们"废除华族称号，放弃世袭荣爵"。

有 37 家的家主对他的号召有所回应，其中 12 人表示赞成，18 人未明确表态，7 人表示反对（板垣退助『一代華族論』）。

各华族回应的详细情况如下（括号内为出身情况）。

"表示赞同者"主要有以下 4 种情况：

①"对号召书全部内容表示赞同"的人有子爵井上胜（长州藩

士）、森清（萨摩藩士）、一柳绍念（伊予小松藩）和土岐赖知（上野沼田藩主），男爵山名义路（但马村冈藩）、元田亨吉（熊本藩士）、笼手田龙（平户藩士）、伊达基（仙台伊达家同族）和常磐井尧熙（真宗高田派住持）；

②相良赖绍子爵（肥后人吉藩）"对号召书内容大体上表示同意"；

③大鸟圭介子爵（旧幕臣）"仅同意废止新华族世袭制度"；

④六条有熙子爵（公家）"虽表示同意，但因少数派的主张并无效果，因此希望人数达到一定程度时再实施"。

"未明确表示是否赞同的人"可以分为10种：

①表示"事关重大，需熟虑后回答"的人有伯爵野津道贯（萨摩藩士）和松浦诠（肥前平户藩主），子爵花房义质（冈山藩士）和柳泽光邦（越后黑川藩主），男爵野田豁通（熊本藩士）和堤正谊（福井藩士）；

②认为"一代华族论虽由来已久，但因无具体修改现有制度的方案，故难以明言赞成与否"的人为石黑忠惠男爵（旧幕臣）；

③没说明理由，只表达了"很遗憾不能赞同"的是中院通规伯爵（公家）；

④表示"圣谕要求军人不可参与与军务无关事务，故虽遗憾却不能表示是否赞同"的人是小笠原长生子爵（肥前唐津藩主）和松村淳藏男爵（萨摩藩士）；

⑤仆人回复"因主人正外出旅行，故难明确表态"的人是加藤

泰秋子爵（伊予大洲藩主）；

⑥"入爵日浅，只得服从多数意见"的是土仓光三郎男爵（冈山藩家老）；

⑦"公私事务繁忙，无暇执笔，恳请宽限时间"的是柳泽保惠伯爵（大和郡山藩）；

⑧"因未成年无明确意见"的是坊城俊德伯爵（公家）；

⑨"因身为学生无明确意见"的是青山忠允子爵（丹波篠山藩）和阿野季忠子爵（公家）；

⑩"因留学海外无明确意见"的是藤堂高绍伯爵（伊势津藩）和岛津久家男爵（萨摩岛津家同族）。

"反对者"可以分为以下两类：

①"全部反对"的有子爵八条隆正（公家）、永井直谅（摄津高槻藩主）、梅溪通治（公家）和谷干城（土佐藩士），男爵北畠治房（中宫寺宫人）和加藤弘之（出石藩士），

②"无理由却不能赞同"的人是松平乘承子爵（三河西尾藩）。

回应板垣退助号召书的人无一人是公爵或侯爵。值得注意的是，有9个华族家庭对他的"一代华族论"表示全面赞同。

此外，对一代华族论表示反对的谷干城（1837~1911）认为，板垣退助此观点"其目的不仅在于要使华族一代而终，更是要废止日本自古以来的家族制度，否认长子继承制，确立个人本位制度，即认可个人却不认可家族"（「板伯谷子論戦＜上＞谷子爵の反駁書」『東京朝日新聞』

谷干城
同样出身于土佐藩，板垣退助的盟友

1907 年 5 月 18 日）。

对于此种论说，板垣退助两天后在同一家报纸上反驳，"同样身为国民议员，一些人凭其父祖辈之庇护，即便不贤不肖，依旧可立于皇族近侧"，认为这是不折不扣的差别对待（「板伯谷子論戦＜下＞板垣伯の覆答書」）。其后，他又于 6 月 1 日刊登《板垣伯之再答复书》，2 日、3 日和 4 日连续刊发《板垣伯之再答复书（续）》。

实际上，板垣退助和谷干城都是土佐藩士族出身，又共同经历了维新运动，因此两人之间虽因意见不同有此论战，但都只是率直地表达自己的看法而已。期待有反响的板垣退助对于谷干城的回应是抱有感谢之情的。

与此同时，板垣退助对其余没有回应的 813 家华族进行了严厉的批判，他说："余下的 813 家对此问题不闻不问，也不发表意见。从他们的态度来看，好像此问题与其毫不相干。至此，我不得不对他们的爱国心和道义心产生怀疑。"

1919 年，板垣退助在离世的前一天留下遗言，嘱托后人要将《一代华族论》公开发表。此外，他不同意长孙板垣守正袭爵。

虽然曾与大隈重信一起组成隈板内阁，但与以回归政坛为目的活跃于言论界的大隈重信不同的是，板垣退助在晚年过着被世人遗忘的贫困寂寥的生活。据说，在他的葬礼上，有 5 名盲人希望代表全体盲人为他守夜。这是因为板垣退助曾从社会政策的角度出发，希望制定法律将按摩业的从业者限定为盲人，并为此四处奔波。

板垣退助虽然活到了 82 岁的高龄，却没能像大隈重信一样在 76 岁的时候完成第二次组阁，晚年依旧风光。但从另一个角度来看，板垣退助的一生都与权力保持了适当的距离。

如此这般，华族在其创设之初就存在着很多矛盾，曾有不少政治家及有识之士对其进行批判。

第三章
过度膨胀的华族——从明治到大正

1　日清、日俄战争与华族的"军人化"

重新开展军事教育

1885 年 9 月，陆军预备士官学校关闭，这说明华族子弟"军人化"的进展并不顺利。然而，华族中也有一部分人对军事化有相当高的觉悟，前田利为侯爵就是其中之一。前田利为侯爵从学习院毕业后进入陆军士官学校学习，在陆军大学等处学习后，开始负责军务方面的工作。但是话说回来，华族中这样的人毕竟是少数，同皇族比起来更是少之又少。

为了扭转这样的局面，1888 年，学习院迎来了第四代院长陆军中将三浦梧楼子爵，并在他的主导下进行了教学制度改革。三浦梧楼出身于长州藩奇兵队，此时正因与山县有朋不和而遭左迁，并被归入预备役。

三浦梧楼主导的改革方针中提到了"符合华族特殊身份的教育"这一点，他认为"应按照个人才学之所长，或成为陆海军之将校，或参与政治，或振兴国家产业，或为发展国家文明而努力。为了达成这一目标，必须学习必要的和、汉、西洋知识"。他还认为应培养多方面的人才。也就是说，三浦梧楼虽未否定参军这条路，但同时列举了除参军外其他报效国家的方式。可见三浦梧楼也认识到了让华族子弟参军这条路的局限性。

然而第二年，宫内大臣土方久元子爵再次向三浦梧楼院长提起了华族参军事宜及其应尽的义务，并督促三浦梧楼尽快落实。虽说三浦梧楼本人感受到了"华族子弟军人化"的艰难，但在这样的情况下，他也只好接受并在三年后制定了学校规章，加强对中等科以上华族学生军事方面的教育。

具体来说，主要是在中等科四年级以上学生的课程中增设"武课"，以"操练"为中心，还包括操典（规定了战斗的原则和法则的教条书籍）、体操、射击、骑马、野外勤务、诸勤务训诫、军事制度学、军事制图、马学以及战术学等内容（同时让现役或已退役的军人担任武课教学的学监、助手）。此外，学习院还为华族子弟安排了参观军队的机会，并请国防、军政等军务第一线人员来学校给他们讲课。

三浦梧楼希望可以通过贯彻军事教育的方式，让华族子弟重拾对军事的兴趣，提高其未来从军的可能性。可能是这种教育方式起了作用吧，此后华族开始慢慢地、更积极地参与军务。

华族出身的军人

出身于学习院的陆军军官，截止到昭和初期的 1928 年共有 235 人，其中包括久迩邦久侯爵及山阶芳麿侯爵这样的从皇族降籍到华族的人物，以及前田利为侯爵、佐竹义胜子爵、西竹一男爵等人。此外还包括毛利元道（公爵嗣子）、西乡从吾（侯爵嗣子）、西乡从龙（西乡从吾侯爵家旁支）以及山内丰秋（侯爵嗣子）等华族子弟。

他们都是在 1895 年至 1926 年（昭和元年）这 31 年的时间里陆续从学习院毕业的军人，平均下来每年超过 7.7 人。当然这里面也有非华族出身的人，但华族子弟还是占了大半。

还有一部分人，他们虽然也希望从学习院毕业后可以成为陆军将校，但遭遇了挫折。这一点可以从十三四岁开始便进入陆军幼年学校学习的人身上得到印证。他们之中病死在陆军幼年学校的就有 40 人之多，还有 20 多人选择了中途退学。

从陆军幼年学校退学的华族子弟里，武家华族出身的有岛津忠承（萨摩岛津家旁支，公爵家）、松浦厚（平户，伯爵家）、青山忠允（丹波筱山，子爵家）、小笠原长英（唐津，子爵家）、松浦治（平户新田，子爵家）和岛津忠备（萨摩岛津家旁支，男爵家）；公家华族出身的有中山满麿（明治天皇生母中山庆子的侄子，侯爵家）、甘露寺方房（伯爵家）以及慈光寺良仲（子爵家）；神职华族出身的有名和长元（名和神社，男爵家）；功勋华族出身的有山县吉朗（公爵家）。

这些人之中包括活跃于幕末维新时期的岛津久光的后人、有着海军中将军衔并曾任宫中顾问官等职位的小笠原长生的后人以及明治开国元勋山县有朋的后人。他们作为名门后裔曾备受期待。

再看海军方面，华族子弟军官到 1928 年共有 122 人（包括职位相当于军官的 25 名官员）。其中，出身于学习院的有 90 人，华族子弟但不是出身于学习院的有 32 人。例如，公家出身的一条实辉公爵、万里小路通雄（伯爵家旁支）、园周次（伯爵的弟弟），以及功勋华族出身的大久保利夫（大久保利通的第四子、大久保利和侯爵的弟弟）等人就是毕业于海军兵学校。

从学习院进入海军兵学校的人，有公家华族出身的岩仓具重（岩仓具视之孙、岩仓具经男爵第四子、鲛岛家养子），武家华族出身的岛津忠重侯爵（萨摩）、山内丰中（土佐山内丰景侯爵家旁支）、松平胖（赞岐高松松平赖寿伯爵家旁支）、堀田正路子爵（下野佐野）、松平保男子爵（陆奥斗南）、锅岛贞次郎男爵（佐贺锅岛家旁支），以及功勋华族出身的西乡从义（西乡从德侯爵家旁支、上村家养子）。

学习院出身成为海军将校的人有大炊御门重孝（一条家养子一条实孝公爵）、西乡从亲（西乡从德侯爵之弟）、德川达成（伯爵嗣子）、小笠原长生子爵、伊东纲丸（伊东祐麿子爵长子、伊东二郎丸子爵之兄）、高辻广长（子爵家旁支）以及仁礼景雄（子爵家旁支）等。

日俄战争中的阵亡者

在日清战争中，无论是陆军还是海军，华族子弟均无一人阵亡。但在日俄战争中，陆、海两军中分别有 12 名和 3 名华族阵亡（不计病死或因公殉职者）。

日俄战争时期从事军务活动的华族子弟，陆军中有 211 人，海军中有 47 人，共计 258 人。据说在这场战争中，日本军队方面总共阵亡84000 人（日清战争阵亡人数为 13309 人，其中 11894 人病死）。稍微夸张点说，日俄战争中平均每个家庭都有 1 人阵亡。从数值方面来看，日俄战争爆发的 1905 年，日本男性总人数为 2342 万人左右，也就是说平均每 1000 人中就有 3 人以上阵亡。

　　当时华族男性为 2547 人，如果将日俄战争中阵亡的华族人数按 15 人来计算的话，华族中每 1000 人就有 5 人以上阵亡。虽然从比例上来看似乎并不低，但再怎么说战死的 84000 人之中只有 15 名是华族，这一数字与华族作为"皇室之藩屏"展示给国民的模范形象实在不太相符。

　　日俄战争陆军方面阵亡的华族中，时任家族长的有武家华族出身的南部利祥伯爵（陆奥盛冈）、本多忠彦子爵（陆奥泉），以及功勋华族出身的河田景延子爵（鸟取）3 人。南部利祥是近卫连队的小队长，本多忠彦是近卫步兵第二连队的小队长，河田景延是近卫步兵第二连队的中队长。

　　阵亡者之中非时任家族长的嗣子有公家出身的高松公重（羽林家）和武家出身的长冈护全（肥后熊本细川家旁支）。按照辈分来说，长冈护全是细川护久侯爵的次子，也是细川护熙（"二战"后日本首相）的大伯父，被送到了旁支长冈家做养子。

　　除此之外，比较广为人知的事情就是因日清战争中的战功而被授予男爵爵位的陆军大将乃木希典在率领第三军围攻旅顺时，他的两个儿子乃木胜典[①]和乃木保典双双阵亡。以养子的身份从武家华族细川兴贯子爵家（常陆谷田部）被过继到广田家的广田健麿是以"一年志愿兵"的身份战死沙场的。除此之外，公家华族清闲寺经房伯爵（名家）的弟弟清闲寺爱房、武家华族松平武修子爵（石见浜田）的弟弟松平恒吉、功

---

① 实际上，乃木希典的长子乃木胜典并不是战死在旅顺围攻战中，而是阵亡于 1904 年 5 月"南山之战"的战场上。

勋华族出身的清冈龙子爵（土佐）的弟弟清冈五明、武家华族本多贞吉子爵（播磨山崎）的弟弟本多丰以及功勋华族大迫尚敏男爵（萨摩）的第三子大迫三次均阵亡。

海军中的阵亡者

海军方面，有身为家族长的功勋华族仁礼景一子爵（萨摩）、高崎元彦男爵（萨摩）以及子爵嗣子中的功勋华族伊东纲丸（萨摩）3人阵亡。

仁礼景一于1900年继承了子爵家族长之位，1904年5月15日，以海军少佐的身份战死沙场。其父仁礼景范曾担任海军大臣，而他的弟弟仁礼景雄则在进入海军兵学校后因病退学，后来成了一名昆虫学家，这一点我们将在后文中详细叙述。

高崎元彦1904年8月26日以海军陆战重炮队中队长的身份在进攻旅顺时阵亡。他的父亲高崎正风男爵以御歌所长的身份为人所熟知。高崎家因高崎元彦阵亡，在高崎正风去世后只得由高崎元彦的遗孤高崎正光继承家统，而高崎正光后来也加入了海军并晋升至大佐。

伊东纲丸于1904年12月13日搭乘巡洋舰高砂号执行封锁旅顺港任务时阵亡。伊东纲丸曾是伊东祐麿子爵（海军中将）的嗣子，后来他的弟弟伊东二郎丸继承了父亲的爵位，并成为贵族院议员，还先后担任陆军政务次官及外务省次官等。

出身于学习院的海军将校之中，除了战死的人之外，还有4人因公殉职，12人因病去世。其中，因公殉职的华族为公家出身的园周次（园基资伯爵家旁支），功勋华族中的大山高（大山严公爵长子，萨摩）、柴山直矢（柴山矢八男爵次子，萨摩）、瓜生武雄（瓜生外吉男爵长子，加贺大圣寺）。因病去世者中，华族出身的有公家华族的一条实辉公爵（摄家）、日野资谦伯爵（名家）、高松公冬（高松实村子爵次子，羽林家）、高松公秋子爵（公冬之弟），武家华族的锅岛贞次郎男爵（佐贺锅岛家旁支），以及功勋华族中的清冈八浪（子爵的弟弟，土佐）、仁礼景雄（萨摩）、大久保利夫（萨摩）、土屋光二男爵（冈崎）9人。

其中高松子爵家的高松公冬、高松公重和高松公秋三兄弟均因军务而亡，格外引人注目。他们的弟弟高松公春继承了子爵家统，后来也加入了海军成为中佐。高松家作为公家出身的华族是为数不多的一个军人家族。

后勤保障

在日清战争和日俄战争中，华族最主要的任务是负责后勤保障。

首先，在日清战争中，华族向陆海军的士兵寄赠了白砂糖、手帕及扇子等物品。此外，他们为救助陆海军下士官卒中的贫困家庭，特地募集了 488000 日元抚恤金，还响应号召购买军事公债以补充军备。不仅如此，以德川笃敬公爵等人为代表的华族还组成了"出征军人慰问团"，对出征军人进行慰问。

同样，在日俄战争中，以黑田长成侯爵为代表的华族对联合舰队进行了慰问，坊城俊章伯爵等人也慰问了陆海军医院并捐赠了 6350 日元"恤兵义捐金"。此外，他们还通过购买 2500 万日元国库债券等方式支援战争。

参与这种后勤保障活动的并不都是男性，还包括一些女性。为了救助西南战争中的伤病者，佐野常民以及原信浓龙冈藩主大给恒等人在1877年创立了"博爱社"，而日本红十字会正是以"博爱社"为母体，在1887年成立的。

日本红十字会的首任总裁是皇族出身的有栖川宫炽仁，其时明治天皇的皇后美子提供了资金，而皇族妃有的捐赠了绷带，有的去现场慰问伤员。华族的夫人、小姐也参与了日本红十字会的活动。华族女子学校的毕业生平时要在医院进行看护实习，以备战时之需。

在当时，后勤保障更像是女性的专属工作。此后日本也开始积极组织以皇族妃和华族女子为领导层的"女性战时协力体制"。

日清战争后的叙爵者

经过日清、日俄两场战争，学习院等华族社会机构的军事化倾向越来越明显。但要说起"华族军人化"，与其说是现有的华族成了军人，倒不如说是许多军人因为叙爵而加入华族之列。此举实际上提高了军人在华族中所占的比例。

表3-1罗列了日清战争结束不久后的叙爵者名单。在这41人之中，军人多达30人。其中大寺千代田郎是代替战死沙场的父亲接受爵位的。

官僚中的9人同前一年就被授予子爵爵位的陆奥宗光一样，都是因为在日清战争中的功绩而得以跻身华族之列。但其中公家和武家旁支的两人的叙爵则与日清战争并无关系，乃是因其父辈的功绩。

表 3-1　日清战争结束不久后的叙爵者（1895 年 5 月至 12 月）

军人 30 人	
陆军	26 人
子爵	桂太郎　川上操六
男爵	石黑忠惠　茨木惟昭　大迫尚敏　大岛久直　大岛义昌　大寺千代田郎 冈泽精　小川又次　奥保巩　川口武定　川村景明　黑木为桢　黑田久孝 儿玉源太郎　立见尚文　永山武四郎　西宽二郎　乃木希典　野田豁通 桥本纲常　长谷川好道　山口素臣　山泽静吾　山根信成
海军	4 人
子爵	伊东祐亨
男爵	相浦纪道　伊藤隽吉　坪井航三
公家、武家 2 人	
男爵	泽宣元（公家旁支）　岛津忠弘（武家旁支）
官僚 9 人	
子爵	渡边国武
男爵	伊东巳代治　川田小一郎　末松谦澄　铃木大亮　田尻稻次郎 锅岛干　西德二郎　林董

注：41 人中有 30 人为军人，除了公家和武家的两个旁支外，均因在日清战争中的功绩而叙爵。此外，陆奥宗光和井上毅分别在 1894 年和 1895 年 1 月叙爵。

综合来看，日清战争后叙爵的 30 名军人相当于战争前 1893 年华族家族总数（601 个）的 5% 左右。这些军人中，有 27 人所受爵位为男爵，这一数字是同年男爵总数（118 个）的 22.9%。

再看升爵方面。1895 年，伊藤博文、大山严（陆军）、西乡从道（先陆军后海军）和山县有朋（陆军）升为侯爵，桦山资纪（海军）、佐野常民、野津道贯（陆军）、陆奥宗光以及土方久元升为伯爵，而佐久间左马太和山地元治等人也得以升为子爵。在这 11 人中，有 5 人是军人。

可以说此次升爵的特点是"军人居多"。陆奥宗光作为文官仅用一年时间便从子爵升到了伯爵，是政府为了表彰他在"修订条约"和日清战争媾和过程中所做出的贡献，也是对其高超外交能力的肯定。另外，伊藤博文虽然是文官，却得以同大山严等军人一起升爵。

军人男爵增加后的反作用

似乎是日清战争结束时军人男爵增加的反作用，在日清战争后至日俄战争爆发前的这一时期，非军人出身的男爵数量有所增长。

如表 3-2 所示，在 1896 年叙爵的 48 人中，只有 4 名军人被授予男爵爵位，他们分别是陆军中村田枪的发明者村田经芳、佐野延胜以及海军中的安保清康和有地品之允。

其余 44 人有官僚出身的尾崎三良、九鬼隆一，财经界人士岩崎弥之助和三井八郎右卫门，僧侣出身的大谷光莹和大谷光尊（两个大谷家均升至伯爵。他们在 1872 年 3 月成为华族，但叙爵延迟了），以及像岩仓道俱这样的一些旁支或家老出身的人等。

在那之后，叙爵的人主要集于官僚、降为臣籍的皇族、武家同族以及家老等出身者。从 1897 年到日俄战争爆发前夕的 1902 年，叙爵者总数达 105 人（1903 年、1904 年无人叙爵）。其中也只有山本权兵卫这 1 位军人凭借其在缔结日英同盟时的贡献被授予男爵爵位。

特别引人注目的是，在 1900 年这一年中，光是男爵就新增加了 60 人。这些人大多是家老、诸侯同族或旁支出身，或是官僚或财经界人士。他们叙爵也都是因其父辈在维新运动中的功绩。

表 3-2　日清战争后至日俄战争前叙爵者人数一览

单位：人

年份	公	侯	伯	子	男	总数
1894				1		1
1895				5	37	42
1896			3	1	44	48
1897			2		19	21
1898				1	8	9
1899					2	2
1900					60	60
1901					1	1
1902	1	1			10	12
1903						
1904						
总数	1	1	5	8	181	196

这种叙爵的背后其实是考虑到了面对军人出身男爵的快速增加，非军人出身者所抱有的复杂的情感。对国家的战争行为进行援助的并不只有军人而已，公家及武家等上流社会阶层的子弟也有人随军出征，不可否认他们所做出的军事贡献。

除此之外，还得考虑三井、三菱（岩崎）等财阀的经济支援。另外，东、西本愿寺也承担起供养战死者等工作，与战争的关系也非常密切。因此，战争光靠军人是不行的。

另外，1902 年（明治三十五年），德川幕府最后的将军德川庆喜和西乡隆盛的长子西乡寅太郎分别被授予公爵和侯爵爵位。可以说这一时期的日本通过在对外战争中所取得的胜利，将原本存在于幕末维新到明治初期的国家内部矛盾消于无形，并且增强了自身作为一个国民国家的统一性。

日俄战争后的大量叙爵

因之前家老、诸侯同族以及旁支出身者中的许多人得以叙爵，所以在日俄战争结束后，再次出现了军人男爵大量增加的情况。

在日俄战争进行得如火如荼的 1905 年，松本顺、高木兼宽和鹰司信熙 3 人成为男爵。松本顺和高木兼宽均是因其所负责的陆海军医务卫生工作而叙爵，而鹰司信熙则是因其公家旁支的身份叙爵。

1907 年，许多军人因其在日俄战争中的功绩得以叙爵和升爵，军人出身的华族出现了人数激增的现象。

同年 9 月 21 日，有 75 人叙爵，而其中有 69 人是军人出身（见表3-3）。换句话说，这一时期因在日俄战争中的功绩而叙爵的军人达到了华族家族总数 807 家（1906 年）的十分之一左右，而且，大部分是叙爵男爵爵位。

不仅如此，在 10 月 2 日这一天还出现了一些因父辈的军功而叙爵者，包括陆军的新井清一、儿玉清雄、前田勇、松村务和山本信成，海军的佐双定雄、角田武雄和东乡安，共 8 人。说实话，他们之所以能够跻身华族之列，是因为其父辈在战场上阵亡或病殁。虽然他们中的一些人后来也加入了军队，但并不是所有人都如此。

例如，儿玉清雄的父亲儿玉德太郎作为第一军工兵部长随军出征，病死于辽阳，儿玉清雄后来虽担任过中国煤矿股份公司的董事长等，但从未从事过军务相关工作。

表 3-3　日俄战争后的叙爵者（1907 年 9 月 21 日）

军人 69 人	
陆军	42 人
子爵	寺内正毅
男爵	浅田信兴　有坂成章　安东贞美　饭田俊助　伊地知幸介　石本新六　伊濑知好成　井上光　上田有泽　上原勇作　宇佐川一正　大久保春野　大藏平三　冈崎生三　冲原光孚　木越安纲　黑濑义门　小池正直　阪井重季　佐藤进　鲛岛重雄　胜田四方藏　塚本胜嘉　土屋光春　外松孙太郎　中村觉　西岛助义　西村精一　原口兼济　平佐良藏　福岛安正　藤井包总　松永正敏　真锅斌　三好成行　村木雅美　矢吹秀一　山中信仪　山根武亮　山内长人　渡边章
海军	27 人
伯爵	东乡平八郎
男爵	有马新一　伊集院五郎　伊东义五郎　井上良智　内田正敏　瓜生外吉　片冈七郎　鹿野勇之进　上村彦之丞　肝付兼行　斋藤实　坂本俊笃　鲛岛员规　柴山矢八　出羽重远　富冈定恭　中沟德太郎　梨羽时起　桥元正明　日高壮之丞　三须宗太郎　宫原二郎　向山慎吉　村上敬次郎　饼原平二　山内万寿治
官僚等 6 人	
男爵	大浦兼武　久保田让　阪谷芳郎　珍田舍巳　田健治郎　波多野敬直

注：共 75 人，其中军人 69 人。

东乡平八郎之叙爵与"军人化"的完成

在日清、日俄战争中的军人叙爵浪潮之中，东乡平八郎海军大将的叙爵尤为引人关注。军人叙爵者中大部分人获得的爵位为男爵，有几个人获得了子爵爵位，而获得伯爵爵位的仅有东乡平八郎 1 人。授予其伯爵爵位，一方面是为了表彰他在击溃波罗的海舰队作战过程中做出的重大贡献，另一方面也有评价过高的成分。

从最终的结果来看，通过在日清和日俄战争中立功而跻身华族的陆海军军人一共有115人，其中110人获得男爵爵位。这一结果不仅造成了华族公、侯、伯、子、男比例的严重失调，还引发了贵族院中伯爵、子爵和男爵议员的定数问题。同时，由于军人华族的增加，贵族院中的萨长藩阀势力也随之扩大。

此外，如表3-4所示，在这些新叙爵者诞生的同时，以军人为首的诸多华族还获得了升爵的机会。除了这些军人外，伊藤博文从侯爵到公爵，松方正义从伯爵到侯爵，都获得了升爵。下级武士出身的伊藤博文在经历了日清战争和日俄战争后，获得了同原藩主毛利家同等的爵位。

表3-4 日俄战争后的军人华族升爵者（1906年4月至1907年9月）

陆军 （17人）	侯爵→公爵	大山严 山县有朋
	伯爵→侯爵	桂太郎 野津道贯
	子爵→伯爵	佐久间左马太
	男爵→伯爵	奥保巩 黑木为桢 乃木希典
	男爵→子爵	儿玉源太郎 大迫尚敏 大岛久直 大岛义昌 冈泽精 小川又次 川村景明 西宽二郎 长谷川好道
海军 （3人）	子爵→伯爵	伊东祐亨
	男爵→伯爵	山本权兵卫
	男爵→子爵	井上良馨

总之，日本在经历了日清战争和日俄战争后，军人叙爵者的数量有所增加。明治维新以来在履行军事义务方面对华族的要求，反而以"军

东乡平八郎（1847~1934）

人加入华族"的方式得以实现。

实际上军人子弟更倾向于选择职业军人道路。从明治维新开始到日俄战争结束的这段时间里，约有 180 人通过建立军功获得爵位跻身华族之列，其中有 68 人的嗣子或弟弟也成了军人，占总数的 37.8%。还有些家庭兄弟二人均加入了军人的行列，子弟中共有 84 人从军。可以说，这一比例远远高于公家和武家子弟。

有些军功华族子弟面对这一情况却十分头痛。乃木希典男爵的长子乃木胜典及大山严公爵的二儿子大山柏（1889~1969）似乎都是迫不得已加入军队的。乃木胜典考了两次才考上陆军士官学校，入校后成绩也不甚理想，不情愿地以军人身份奔赴日俄战场，最终战死。大山柏虽然后来作为考古学者有着突出的学术贡献，但在当时因受到周边环境的压力，不得不暂时放弃考古学而加入陆军，给上原勇作参谋总长当干事。

拉财阀入伙

在日清战争和日俄战争后，以财阀为中心的资产家成为华族的人数虽然没有军人华族那么多，但在逐渐增多（见表3-5）。在这里，我们结合对他们的人物评价进行一个简单说明。

首先，在日清战争结束后不久的1896年6月9日，三菱和三井各自的当家人岩崎久弥、岩崎弥之助以及三井八郎右卫门（高栋）三人被授予男爵爵位。

岩崎久弥（1865~1955）在庆应义塾幼儿园等地学习后远渡美国，从宾夕法尼亚大学毕业后回到日本，成为三菱合资公司的社长。1898年在高收入者中居首位，坐上了战前日本经济界的头把交椅。他的妻子是保科正昭子爵的姐姐，毕业于女子学习院。岩崎久弥的父亲岩崎弥太郎（1834~1885）创立了三菱商会，并积极发展海运事业，岩崎久弥之所以

岩崎久弥

被授予爵位，正是因其父之功绩。

岩崎弥之助（1851~1908）是岩崎弥太郎的弟弟，与岩崎弥太郎一起经营三菱商会（后改名三菱社），并积极扩张海运事业。此外，他们的业务还涉及铁路、矿业、土地、银行和造船等行业。岩崎弥之助在获得男爵爵位后，同一年又被任命为日本银行总裁。他的妻子是原土佐高知藩士后藤象二郎的长女岩崎早苗。后藤象二郎出身于原土佐藩，后来还参加过建立民选议院的建议书署名活动，最终获得了伯爵爵位。可以说，此时的岩崎家已经与华族保持着姻亲关系。

另外，众所周知，三井八郎右卫门（1857~1948）所在的三井家在江户时代就是有名的吴服商①和货币兑换商，而每一代家族长都叫八郎右卫门。明治维新后，三井家大兴诸般事业，并在高栋这一代任家族长时被授予男爵爵位。

表3-5 资本家叙爵者与叙爵时间

1896	岩崎久弥、岩崎弥之助、三井八郎右卫门
1900	涩泽荣一
1911	鸿池善右卫门、近藤廉平、住友吉左卫门、藤田传三郎、三井八郎次郎
1915	大仓喜八郎、古河虎之助、三井高保、森村市左卫门
1918	益田孝
1920	川崎芳太郎、安川敬一郎
1928	团琢磨

无论是岩崎家还是三井家，都在明治维新后对造船、银行等诸项事业的发展做出了应有的贡献，而他们自己也成为实业家并以高收入者的

---

① 绸缎商，也出售和服成衣。三井家的"越后屋"即今日三越百货的前身。

身份留名青史。在明治时期对日本经济发展做出的贡献是他们获得爵位最主要的原因。

1900 年，担任第一国立银行总裁并极力推行发展银行和股份公司制度的涩泽荣一（1840~1931）被授予男爵爵位。1920 年，涩泽荣一又因在教育、慈善和社会救济等事业中的卓越贡献升至子爵。涩泽荣一原本是德川庆喜的幕臣之一，明治维新后他获得了在近代化国家中一展才华、大施拳脚的机会。

1911 年，鸿池善右卫门、近藤廉平、住友吉左卫门、藤田传三郎以及三井八郎次郎叙爵男爵。

鸿池善右卫门（1865~1931）也是出身从江户时代就开始经营的代表性商业家族。明治维新后他开始从事金券兑换等业务，并通过设立鸿池银行等方式积极参与产业振兴等活动。

近藤廉平（1848~1931）是阿波德岛的医生近藤玄泉的次子，因受到岩崎弥太郎的提拔而成为日本邮船公司的经理，在日清战争和日俄战

三井八郎右卫门　　　　涩泽荣一

争中对军事运输有所贡献，事业规模也因此扩大。他的大女儿近藤荣子嫁给了大久保利武侯爵（大久保利通第三子，牧野伸显的弟弟），而他的第三个儿子近藤廉治的妻子近藤安子则是桦山爱辅伯爵的长女（白洲正子①的姐姐）。后来，近藤廉治和近藤安子之间的丑闻引起了社会的广泛关注，关于这一点将在第四章详述。

住友吉左卫门（1865~1926）一家在明治维新以后从事包括银行、矿业、金属工业在内的诸多事业，其家族长代代均称吉左卫门。德大寺公纯的第六子友纯（西园寺公望的弟弟）在 1893 年 4 月继承了家统。住友家的叙爵要晚于三井和三菱两家，但已经与公爵家有姻亲关系。

藤田传三郎（1841~1912）是长州萩出身的商人，以酿造业为生。后来他又加入奇兵队，并参加了倒幕运动。明治维新后，他开始从事军靴制造业，并且加入了井上馨的先收公司，负责陆军省进口业务等工作，在西南战争时期获取了巨大利益。1881 年，他创立了藤田组以经营农林及矿业。此外，他还是一位知名的古董收藏家。

三井八郎次郎（1849~1919）就是上文提到叙爵男爵的三井高栋之兄三井高弘。三井高弘在明治维新后开始涉足实业领域，并先后在三井矿山、第一银行和三井物产等机构中担任重要职位。

1915 年以后也有几名资本家叙爵，要么是像大仓喜八郎、古河虎之助及森村市左卫门这样同政府保持密切关系且对经济发展有所贡献的"政商"，要么是像三井高保、益田孝和团琢磨这样的三井系旁支或"重

---

① 白洲正子（1910~1998），日本散文家、能剧演员、收藏家，一生著有大量研究日本古典美术的作品，是日本近代著名的美学评论家之一。

量级"人物。

财经界人士所获得的爵位多为男爵，但他们坐拥的资产足以匹敌公爵或侯爵级人物，特别是岩崎、三井和住友三家的资产更是多到不在一个数量级上。这些财阀在经历了产业近代化和多次战争后，资产不断增多，而与此相对的是，曾拥有巨额资产的一些华族却由于经济形势的变化逐渐走向没落。

陷入经济困境的华族开始有意地与财阀建立姻亲关系，正如前文所述，无论是岩崎家还是三井家，早在叙爵之前就已经和知名的华族家族保持着姻亲关系。这种华族一方主动向财阀伸出联姻的橄榄枝、公家和武家华族同财阀建立姻亲关系的趋势也随着时代的发展愈加明显。

叙爵流程

话说回来，在日清战争和日俄战争时期，叙爵工作是通过怎样一种流程进行的呢？根据《明治天皇纪》的记载，明治天皇在日俄战争后的1905 年对时任枢密院议长的伊藤博文侯爵下达命令，"此次战争中的赏典事宜应与内阁总理大臣桂太郎伯爵一同商议"。

对于此次封赏，伊藤博文回复明治天皇："这次战役与明治二十七八年的那次战役有所不同，特别是国民对于媾和条约的不满还没有完全消除，因此我想应延后对文官的封赏。"也就是说，在伊藤博文看来，日俄战争不同于日清战争，国民通过日比谷纵火事件表达了对媾和的不满，因此对文官的封赏应适当延后。

不知是不是受此事影响，第二年的 6 月 1 日，明治天皇又特地将已从枢密院议长改任韩国统监的伊藤博文叫到御座所，命他"同元帅山县有朋侯爵、元帅大山严侯爵二人共同商议日俄战争中'伟勋者论功行赏'之事宜"。

伊藤博文领命后向天皇表示，除了山县有朋（1838~1922）和大山严（1842~1916）外，还想将此事转达给桂太郎伯爵（前首相，1847~1913）、山本权兵卫男爵（前海军大臣，1852~1933）、寺内正毅（陆军大臣，1852~1919）、斋藤实（海军大臣，1858~1936）、儿玉源太郎子爵（参谋总长，1852~1906）以及伊集院五郎（海军军令部次长，1852~1921）等人，获得了天皇的许可。随后，伊藤博文在 19 日拜托侍从职干事岩仓具定公爵将论功行赏的调查结果呈交明治天皇。明治天皇又通过侍从长德大寺实则侯爵向内阁总理大臣西园寺公望侯爵传达"将另行下诏决定发布之时期"。

叙爵的选定过程基本上应该与这种论功行赏相同。就是说，首先由天皇向伊藤博文发布圣令，伊藤博文领命后同桂太郎、山县有朋以及大

大山严

山县有朋

1909 年伊藤博文去世，叙爵工作改以此二人为中心进行

山严等人商议，再命令相关部门的领导进行调查并将结果整理成案递交天皇，天皇再通过宫内官僚转达给首相。这样看来，与其说伊藤博文是以枢密院议长或韩国统监的身份参与其中，倒不如说是以他维新元勋的身份为天皇行事。

这里有一点很值得注意，那就是伊藤博文考虑到国民对于日俄战争媾和的不满而建议推迟文官叙爵一事。实际上，日清战争是在媾和后不久的1895年就完成了叙爵工作，日俄战争则要等到战争结束两年后的1907年，且只有其中一部分人完成了叙爵。

根据《明治天皇纪》的记载，1906年9月11日，明治天皇命令时任韩国统监的伊藤博文负责"对明治三十七八年战役中有功绩之文武官员进行叙爵"的选考工作，伊藤博文在两天后便向明治天皇递交了考察结果。也就是说选考本身只用了两天时间，换句话说，其实方案早已准备好，只等待一个好时机提出而已。

就这样，9月21日在凤凰间，伊藤博文从侯爵晋升为公爵。除此之外，前文中提到的军人及官僚也分别得以升爵和叙爵。仪式过后，明治天皇赏赐伊藤博文交肴一折和清酒一樽，第二天皇后也赏赐给伊藤博文一些菜肴，俨然将其看作日俄战争中功绩最大之人。可以说，正是他的提议让许多武官苦苦等待的升爵和叙爵到来。

这一点暂且不提，但我们可以推测的是，在伊藤博文去世后，以山县有朋和西园寺公望等元老，包括首相和宫内大臣为中心的政治界的大人物是通过相互推选的方式进行升爵和叙爵工作的。

例如，政友会大人物之一的原敬（1856~1921）在成为首相之前，在1913年的山本权兵卫内阁、1914年的第二次大隈重信内阁以及其

原敬
以"平民宰相"闻名，据说他多次拒绝叙爵
的原因之一是不希望从众议院转移到贵族院

后的寺内正毅内阁时期，接连传出即将获封爵位的消息。然而，正如前文所述，意在保留众议院席位的原敬分别向山本权兵卫和西园寺公望等人表达了不希望叙爵的意思，并请他们帮忙从中活动。据说山县有朋等人并不了解原敬的真实意图，故向西园寺公望询问"为何原敬不希望叙爵"。通过他们之间的此种活动，我们不难想象伊藤博文去世后叙爵流程是如何进行的。

此外，我们还将在下一章对昭和大礼（昭和天皇即位仪式）上的叙爵流程进行详细说明。

2 从无业者到女电影演员——多样化的职业

何为真正的"贵族"

早在 1871 年，太政官便已宣告"华族有择业上的自由"，他们可以从事农工商职业，后来也出现了选择成为军人或官吏的人，到了 20 世纪 10 年代（大正年间），华族的职业种类已经相当丰富了。

柳泽统计研究所统计了截至 1915 年 12 月 31 日，家族长 926 人和家人 5172 人（其中女性 3007 人），合计 6098 名华族所从事的职业种类和具体人数（「爵及本業に依り分ちたる当主、嗣子及家族」『華族静態調査』）。

他们将职业种类大致分为农业及捕鱼业、矿业、工业、交通业、商业、公务及自由职业以及无职业七大类，并且对各类别进行了细分。

表 3-6 就是根据统计结果制作的华族家族长职业一览。我们来看一下其中的特别之处。

表 3-6　华族家族长职业一览（1915 年）

单位: 人

		公	侯	伯	子	男	计
农业及捕鱼业	园艺业	0	0	0	2	0	2
	山林业	0	0	0	4	3	7
	畜牧业	0	0	0	0	1	1
	其他农业	0	0	1	6	3	10
	计	0	0	1	12	7	20
矿业	金属采集业	0	0	0	0	2	2
	煤炭采集业	0	0	0	0	1	1
	石油采集业	0	0	0	1	0	1
	其他非金属采集业	0	0	0	1	0	1
	其他矿业	0	0	0	0	2	2
	计	0	0	0	2	5	7
工业	精炼及金属锻造业	0	0	2	0	1	3
	金属丝制造及细加工	0	0	0	0	1	1
	电气器械类制造业	0	0	0	0	1	1
	车辆制造业	0	0	0	0	1	1
	船舶制造业	0	0	0	0	1	1
	水泥制造业	0	0	0	1	1	2
	工业级卫生用药品制造业	0	0	0	0	2	2
	肥料制造业	0	0	0	1	0	1
	砂糖制造业	0	0	0	0	1	1

		公	侯	伯	子	男	计
工业	罐头、腌菜及其他副食品制造业	0	0	0	0	1	1
	烟草类制造业	0	0	0	1	0	1
	土木建筑业	0	0	0	1	1	2
	瓦斯生产供给及装置业	0	0	0	0	1	1
	电力生产供给及装置业	0	0	0	1	1	2
	其他工业	0	0	0	1	0	1
	计	0	0	2	6	13	21
交通业	轨道运输部	0	0	0	1	6	7
	船舶运输部	0	0	0	0	2	2
	其他运输业及运输相关行业	0	0	0	1	0	1
	计	0	0	0	2	8	10
商业	食物饮料、嗜好品①及原料销售业	0	0	0	1	1	2
	蔬菜及水果销售业（再揭）	0	0	0	1	0	1
	烟草销售业（再揭）	0	0	0	0	1	1
	图书发行及销售业	0	0	0	1	1	2
	银行业	0	3	1	13	13	30
	其他金融业	0	0	0	2	4	6
	保险业	0	0	5	1	10	16
	有价证券买卖中介行业	0	0	0	0	1	1
	游乐园、公演场所经营及其附属艺人	0	0	0	1	0	1
	其他商业	0	0	1	5	8	14
	计	0	3	7	24	38	72
公务员及自由职业	陆军军人及军属	0	5	5	23	28	61
	宪兵（再揭）	0	0	0	1	0	1
	海军军人及军属	2	2	4	7	6	21
	官吏及雇员	5	6	17	44	33	105
	宫内官吏及雇员（再揭）	4	1	9	24	10	48
	与祭祀、宗教及预言相关产业	0	0	2	7	13	22
	与医疗、配药及其他卫生相关产业	0	0	0	0	6	6
	教育相关产业	0	0	1	4	7	12
	计	7	13	29	85	93	227
无职业等	无职业、财产收入、恩给及其他	10	21	61	246	231	569
总计		17	37	100	377	395	926

注：标示"再揭"的项目是前面项目的一部分，不再计入总数。

资料来源：柳沢統計研究所編『華族静態調查』柳統計研究所、1919。

---

① 满足个人嗜好，给味觉、嗅觉等以快感的饮食统称，区别于维持生命所必需的营养食品。

首先应当注意的是，在华族家族长中有 569 人属于"无职业及未申告职业者"、"依靠财产收入或恩给者"以及"爵位、学位等其他尊称申告者"，这一范畴的人数占到了总体的 61.4%。也就是说，华族家族长的一大半都因拥有资产而未从事任何具体职业。

像他们这样拥有寄生性经济基础而不从事任何职业的人才称得上"贵族"吧。无职业者中，公爵有 10 人，侯爵有 21 人，他们凭借巨额地租或股票分红，以高收入者的身份享受着生活。

有职业的华族中，职业选择集中在公务员及自由职业这一类别，人数达 227 人。其中包括有职业公爵中的全部 7 人，16 名侯爵中的 13 人以及 39 名伯爵中的 29 人，可见选择此职业类别的人在上流华族中的占比非常高。其中在宫中做官的公爵有 4 人，可以说宫内官僚是有职公爵最主要的职业。

银行业的有职华族人数达到了 30 人，仅次于公务员，其中还包括 3 名侯爵。除此之外的有职华族，职业分布在农业、矿业、工业、交通业以及商业等领域，可以说职业选择颇为自由，种类颇为丰富多样。

在诸多项目之中，比较吸引眼球的要数自由职业中的"与祭祀、宗教及预言相关产业"。从业者包括 2 名伯爵、7 名子爵以及 13 名男爵，共计 22 名华族。从这一项目的名称来看，似乎也是非常适合华族做的工作。与此相对的是，"游乐园、公演场所经营及其附属艺人"这一项目包含 1 名子爵，就是说也有人从事与华族印象相去甚远的职业。

爱鸟华族

华族之中有不少人不分出身和职业，全身心地投入他们的兴趣爱好之中，完全不输给专业人员，甚至有些人将爱好变成了自己的职业。其中比较有名的有前文提到的大山柏伯爵的考古学、德川家达公爵的相扑、大河内正敏子爵的陶器以及杉溪言长男爵的书道等。

此外，由于华族有大把的时间和金钱，其中出现了不少学者。一些人受益于良好的家庭教师教育与丰富的藏书资源，在研究方面颇有成就。

话说回来，原本江户时代所谓的"老爷""大人"之中喜欢搞研究的就不少，而作为他们子孙的华族之中有研究昆虫学的，有研究植物学的，还有研究生物学的，可谓广泛活跃于各个领域。即便他们并非专业人士，但如果算上作为兴趣爱好取乐的人的话，人数还真不少。

在表3-7中，我们对华族从事的丰富多彩的研究进行了整理。其中，被称为"华族之学问"的鸟类研究，与许多华族出身者都有关联。

在这里，我们通过山阶芳麿这位颇具代表性的研究者来了解一下。

山阶芳麿是一位非常著名的鸟类研究者，他出生在皇族中的山阶宫菊麿家，是家中次子。山阶芳麿从少年时代便展现了对鸟类的兴趣，据说在他满6周岁的那天，收到了一个被装入玻璃箱的"鸳鸯标本"。他在进入学习院初等科后，还曾在动物标本社购买过喜鹊、猫头鹰以及冠鱼狗等鸟类的标本。

山阶芳麿的母亲山阶宫妃范子在其两岁的时候突然病逝，他的父亲山阶宫菊麿王对自然及科学非常感兴趣，在官邸的屋顶上建造了一座用于观测气象的观望楼，也许山阶芳麿对鸟类的喜爱正是因为受了父亲的影响。

表3-7 华族丰富多彩的研究内容

从事鸟类研究者	生卒年	生平及主要研究内容
山阶芳麿侯爵	1900~1989	曾为应成为军人还是学者感到苦恼，1942年创立山阶鸟类研究所
鹰司信辅公爵	1889~1959	关于鸟类的著作颇多，被称为"鸟之公爵"
黑田长礼侯爵	1889~1978	冠麻鸭的发现者，日本鸟类学会名誉会长
蜂须贺正氏侯爵	1903~1953	灭绝鸟类渡渡鸟的研究者，同时也是位于冲绳本岛和宫古岛间的鸟类分界线"蜂须贺线"的发现者
清栖幸保伯爵	1901~1975	山岳鸟类研究的先行者
松平赖孝子爵	1876~1945	因对鸟类的兴趣，在官邸内建立了松平家标本博物馆
黑田长久侯爵	1916~[①]	黑田长礼的长子，山阶鸟类研究所所长，我孙子鸟类博物馆馆长
池田真次郎男爵	1910~1981	曾担任负责朱鹮保护工作的农林省林业试验场鸟兽研究科科长
从事其他研究者		
田中芳男男爵	1838~1916	曾修习医学、西洋学、本草学，为召开博览会奋斗，被称为"博览会男"
高千穗宣麿男爵	1864~1950	英彦山天台修验座主，在自然研究方面造诣颇深，发现了黑脊蛇等物种
德川义亲侯爵	1886~1976	创立德川生物学研究所（太平洋战争期间担任昭南博物馆馆长）
原宽男爵	1911~1986	在学习院高等科时代就发现了新物种，活跃于该领域
久松定成伯爵	1926~[②]	曾担任爱媛大学农学部昆虫学讲师，是昆虫研究界的权威
仁礼景雄男爵	1885~1926	昆虫学者，收集的标本送给了九州大学农业部
高木正得子爵	1894~1948	昆虫学者，三笠宫百合子妃的父亲，藏书和标本在空袭中被烧毁
岛津忠秀公爵	1912~1996	水产学者，进入农林省后曾担任淡水区水产研究所副所长等职，专业是香鱼研究，对于确立养殖法的基础研究有过贡献
井伊直爱伯爵	1910~1933	生物学家，著有《大人的生物学谱系》等

资料来源：此表根据《科学朝日》编纂的《大人的生物学系谱》（朝日选书，1991）制成。

---

① 本书完成于2006年，黑田长久侯爵于2009年2月26日离世。
② 久松定成伯爵于2008年4月3日离世。

如前文所述，由于皇族出身者身负从军之义务，山阶芳麿也于 1910 年加入了陆军，15 岁在学习院中等科学习到第二学年时，转学到了陆军中央幼年学校预科，从此开始勤勉从事军务。但他似乎并没有失去对鸟类的兴趣，在他当时的日记中记录有他观察不忍池中的小鸭、青颈鸭和庭院中的山斑鸠，以及照顾小鸟的事情。

1919 年，山阶芳麿从陆军中央幼年学校本科毕业后，被分配到了野战重炮兵第二连队。第二年因降为臣籍失去了皇族的身份，成为侯爵，后来从陆军士官学校毕业后成为陆军炮兵少尉。在如此复杂的身份变换过程中，他始终没有放弃对鸟类的爱好，有时候去捕捉一些，有时候趁着演习的间隙对鸟类进行观察，有时候晚上还会对鸟类进行解剖。在他这一时期的日记中，出现了啄木鸟、三道眉草鹀、胡锦鸟、紫寿带鸟、红颈苇鹀、青红鸟以及红寡妇鸟等众多珍稀鸟类的名字。此外，他还在日记中记录"购买了两只风鸟（一只 50 日元），这样一来便可以组成一套共 11 只的极乐鸟科鸟类贵重标本了"。

1924 年（大正十三年），山阶芳麿在日本鸟类学会的杂志《鸟》上

山阶芳麿

发表了他的第一篇论文《静冈县东部产鸟类》，此后每年都会发表数篇论文。山阶芳麿从没有放弃对鸟类的研究，1929年，29岁的他从军队退役，随后进入东京帝国大学理学部动物学科，并多次前往北海道和小笠原群岛等地采集标本。此外，他还前往伊豆鸟岛对信天翁的繁殖状况进行观察，在大学毕业后还前往密克罗尼西亚（Micronesia）进行采集工作，有时也会发现新品种。

他在1932年（昭和七年）开设了山阶家鸟类标本馆，1942年战争进行得如火如荼之时，他建立财团法人山阶鸟类研究所的计划也得到了文部省的认可。他本人通过《关于鸟类杂种不孕性之论文》获得了理学博士学位。

战后，山阶芳麿依旧继续着他的研究。他将染色体技术导入了鸟类的分类方法之中，执笔了《基于细胞学的动物分类法》（1949年）这篇论文，并以此获得了日本遗传学奖。此外，为了改善战后日本蛋白质供应不足情况，他接受了文部省的研究委托对鸡的品种进行改良，以图培养出多产且肉质较好的品种。

山阶芳麿在鸟类保护方面也倾注了大量心血，他曾先后担任日本鸟类学会会长、日本鸟类保护联盟会长、国际鸟类保护会议副会长以及国际鸟类保护会议亚洲部会长等职位。1977年（昭和五十二年），他荣获被称为鸟类学诺贝尔奖的让·德拉库尔（Jean Delacour）奖。1981年，晚年的他又因山阶鸟类研究所的研究人员在冲绳本岛上发现了山原水鸡而扬名于世。山原水鸡被认定为新物种，第二年又被日本认定为天然纪念物。

山阶芳麿于1989年以88岁的高龄离世。1993年，以他的名字命名的"山阶芳麿奖"设立，以表彰那些为鸟类学发展和鸟类保护活动做出贡献的个人及团体。如此一来，他成了名副其实的"鸟类研究第一人"。

宫中走读的女演员

令人吃惊的是，有很多华族涉足电影界。说起华族和电影界的渊源，应该说小笠原长隆、长英（小笠原长生子爵的长子和次子，因沉溺于电影被废除嫡子之位）两兄弟是先驱者。

哥哥小笠原长隆在 1923 年前后，以"小笠原明峰"的名字创立了小笠原制作公司。他的公司培养出了片冈千惠藏以及古川绿波等人。弟弟小笠原长英则以"三善英芳"的艺名当起了小笠原制作公司的专属导演。到了昭和时代，他又改名为"小笠原章二郎"，涂白脸部演起了大老爷。此外，入江隆子[①]（东坊城德长子爵三女儿东坊城英子，与田村道美结婚后又离婚）、久我美子（久我通显侯爵长女，原名古贺晴子[②]）以及河内桃子（大河内正敏子爵的孙女）等少数人成了女演员。

这里，我们以入江隆子为例来看一下。

1922 年（大正十一年），入江隆子（1911~1995）刚 10 岁父亲就过世了，第二年发生的关东大地震还毁坏了一家人在千驮谷的房屋，他们无奈只能将其卖掉，不久便陷入了身无分文的悲惨境地。

后来一家人搬到了高圆寺附近的一个狭小的文化住宅中，仅靠入江隆子的哥哥东坊城光长（东坊城德长的次子）画一些展示在橱窗中

---

① 原文为"入江たか子"。
② 原文为"こがはるこ"。

的广告画来贴补家用。当时就读于神田骏河台文化学院的入江隆子已经交不起学费，母亲东坊城喜美[①]也因操劳过度而神经衰弱。

后来，曾在小笠原长隆（明峰）经营的小笠原制作公司帮忙、入江隆子的另一个哥哥东坊城恭长在1925年进入了"日活"工作，以"出身名门的新人"的身份拿到了60日元的月薪（后来涨到100日元，据说当时公务员刚入职的工资也只有75日元），这才让东坊城一家陷于困境的生活有所改善（后来东坊城恭长成了导演，这与武者小路实笃对他的帮助有关）。

此后，入江隆子的母亲搬到了东坊城恭长处与其共同生活，而入江隆子也开始与身为大正天皇权典侍的姐姐敏子生活在一起。顺便提一句，敏子被称为"小百合女官"，正是战后成为人们议论焦点的长田干彦作品《小说天皇》中女主人公"早乙女典侍"的原型。据说她容貌娇美，被称为"宫廷一枝花"。

入江隆子同姐姐一起住在宫内省内部的女官宿舍中，每天经过坂下门去上学。正是从这一时期开始，入江隆子希望能够拥有供自己自由支配的金钱，并因此考虑选择职业女性的道路。虽然她也考虑过成为女演员，但因为身边的人都说那是一个"花花世界"，使得她自己对这方面也比较冷淡。

入江隆子从文化学院毕业后，来到她哥哥东坊城恭长所在的京都。有一次，原本要上台表演的女演员突然病了，入江隆子临时代替她出演了《万尼亚舅舅》。此举一出，全国哗然，竞相传言"子爵女儿初次登

---

① 原文为"東坊城キミ"。

20 岁出头的入江隆子
《雁来红》（1934 年）

台"大小姐女优"，这让入江隆子成了小剧场中小有名气的演员。随后，她收到当时的新晋导演内田吐梦的邀请，于 1927 年进入电影界。她的哥哥东坊城恭长喜爱作家武者小路实笃，"入江隆子"的艺名是由小说《青年》（原名《他们与她们》，1925 年 1 月至次年 3 月分 15 期连载于杂志《女性》）中女主人公的名字"隆子"与另外一个人物的姓氏"入江"结合而成。

仅 1929 年这一年，入江隆子就担任了 13 部电影的主演。在其中一部社会派电影《活人偶》中，她扮演了一个"轻薄又聪慧的都市女性"，赢得了大众的好评。这可谓是一位遭遇了地震和"一家离散"命运的华族女性的华丽转型。

像小笠原兄弟及入江隆子这样的涉足电影界的华族及华族子弟不在少数，如喜剧演员古川绿波便是加藤弘之男爵的孙子。古川绿波最初出演的电影是由小笠原制作公司制作的教育电影《爱的指导》（1923 年），而从早稻田中学时代便酷爱电影的古川绿波还曾以记者的身份为《电影旬报》工作并赚取稿费。1926年，古川绿波在菊池宽的关照下进入《电影时代》杂志社担任编辑，而当该杂志在1931年停刊后，他又在菊池宽的建议下成了一名演员。

其他电影制作部门之中，后藤象二郎伯爵的嗣子后藤猛太郎担任过"日活"的前身，即日本活动胶片公司的第一代社长；陆奥宗光伯爵的孙子陆奥阳之助也曾担任电影公司的社长；继承了土井利与子爵之位的土井利孝购入了当时日本唯一一台动画摄像机，并用于小笠原制作公司出品的电影的拍摄工作。

艺术家

一些在时间和金钱方面都比较富足的华族，在艺术的世界中找到了属于他们的舞台。

除了曾担任帝国美术学院院长的黑田清辉子爵（其养父黑田清纲子爵曾担任枢密院顾问官等职位）之外，还有担任过日展审查员的大河内信敬（大河内正敏子爵的次子，同时也是河内桃子的父亲）等许多华族出身者，均成为西洋画画家。

其中比较有意思的是石见浜田松平子爵家的后裔松平武龙。松平武龙曾在20世纪60年代以前卫画家"交乐龙弹"的身份为人所知，他的母亲是松平铃子（石见浜田松平武亲子爵的妹妹），父亲则是西洋画家松岛正幸。松岛正幸于1910年出生于北海道雨龙郡一已村一户屯田兵家中，20世纪30年代以关东军从军画家的身份，多次前往哈尔滨及周边地区进行写生。松岛正幸与栋方志功和藤田嗣治等人也有交流。战争结束后，他的工作是创作带有法国、意大利风格的明快的风景画。

在音乐方面，近卫秀麿子爵是一位著名的作曲家，同时也是一名指挥家。白桦派的武者小路实笃、木下利玄等人也涉足了音乐领域。女性歌人中有九条武子、柳原白莲等人。仅仅作为兴趣摆弄摆弄相机、写写俳句的华族更是数不胜数。

初代华族家族长的职业选择以官僚或职业军人为主，生活方面相对安定。相比之下，第二代中则出现了很多生活方面不安分之人。如果说靠上一代人的功绩"吃老本"的生活方式本身就不够安分的话，华族子弟没有选择这种"中坚正道"，可以说也是一种必然的结果。他们中的大多数人能够从一种自立自强的角度出发，涉足演艺和艺术事业而没有感到有何不妥，就是最好的证明。

女性杂志中的华族

当时，很多华族夫人和小姐虽然没有进军演艺圈，但拍摄过一些女性杂志的封面写真。

例如，1905 年 10 月，月刊《女学世界》（1901 年 1 月 1 日创刊，博文馆）的定期增刊号中以《社交界贵妇人》为题，分数页刊登了岩仓具定公爵夫人岩仓久子、九条道实公爵夫人九条惠子、黑田长成侯爵夫人黑田清子、山内丰景侯爵夫人山内祯子、板垣退助伯爵夫人板垣绢子、伊东祐亨子爵（后升至伯爵）夫人伊东美津子以及田村丕显子爵夫人田村贞子 7 个人的照片。

此外，女性杂志中的月刊《妇女画报》（1912 年 4 月创刊，1913 年1 月改名为《淑女画报》，博文馆）也曾积极地刊登华族夫人和小姐的照片。该杂志在 1912 年（明治四十五年）6 月分别以《二条公爵千金敬

《妇女画报》（1912 年 6 月号）中位于影
印页面的华族小姐们
依次是"二条公爵千金敬子小姐"（左上）、"岩
仓具张公爵之妹花子小姐"（右上）和"岛津忠
重公爵之妹为子小姐"（左下），她们被当成偶像
看待

子小姐》、《岩仓具张公爵之妹花子小姐》、《岩仓具张公爵之妹季子小姐》和《岛津忠重公爵之妹为子小姐》为题，刊登了她们的照片。每个人的照片都独占一页，虽然上面还附了"学习院女子学部在籍"等说明，但这俨然一部相亲照合集。

此外，1921年（大正十年）9月，月刊《妇人世界》（1906年1月创刊，实业之日本社）刊登了一篇题为《平民主义的二荒伯爵夫人》的文章，文中附带了从皇族北白川宫家嫁入二荒芳德伯爵家的伯爵夫人二荒扩子及其孩子的照片。在题为《居于陋室的侯爵夫人》的文章中，附带了西乡寅太郎夫人西乡信子的照片。两张照片各占了一整个页面。

说到为什么要刊登这些华族女性的照片，想必原因之一就是希望将这些华族女性的生活方式作为女性的模范。此外，杂志通过这种展示与上流女性关系的方式也能提高自身的价值。

那个时代的女性杂志对明治以来女性生活各方面所发生的变化给

题为《居于陋室的侯爵夫人》的影印页面
（《妇人世界》1921年9月号）
"怨恨与憎恶号"的头版文章中描绘了西乡寅太郎夫人
信子与她弟弟间的斗争。华族也是庶民八卦的对象

予积极评价。直到江户时代，女性还被要求遵从"三从之教诲"，做一名顺从的妻子。到了近代，女性守护及构筑家庭的"母性"职能受到重视，她们需要担负起成为在外打拼的男性的贤内助和养育下一代国民的时代责任。也就是说，不同于以前那个只要对夫君顺从的时代，她们还必须成为从事家庭劳动，同时能管理家政的"贤妻良母"。

近代化以后的日本，为了成为一个"国民国家"，对"男工作、女家庭"的分工十分重视，因此自然要求女性具备独立管理家庭内部事务的能力。特别是从日清战争后的 20 世纪初（明治三十年代）开始，女性在独立掌管后勤和家政方面所起的作用非常受重视，而女性杂志界也正是在这样的背景下，抱着教育女性的目的相继刊发杂志。其中，前文提到的三本杂志以及《日本妇人》（1899 年创刊，帝国妇人协会）、《女学杂志》（1885 年创刊，万春堂）、《妇人俱乐部》（1908 年创刊，紫明社）、《新家庭》（1909 年，《东京每日新闻》附录）、《淑女镜》（1911 年创刊，万朝报社内入念社）等杂志，将华族家族的夫人和小姐、皇后和皇族妃等当作新时代女性的典范，积极推广。

实际上，当时的上流社会女性也意识到了作为新时代女性的意义。举例来说，佐贺锅岛侯爵的二女儿，也就是后来成为皇族妃的梨本宫伊都子就不是一位只知道顺从的女性。她作为武家出身的女子，在丈夫出征时，积极进行包括笃志看护妇人会活动在内的后勤支援活动，已经具备了"男工作、女家庭"分工所需的自立性。

在当时的皇族妃中，除了伊都子以外，还有很多人出身于活跃在幕末维新时期的公家和诸侯家族，也就是说她们都是华族出身。山阶宫菊麿的原配是九条道孝公爵的次女九条范子，继室是岛津忠义公爵的三女儿岛津常子；久迩宫邦彦妃是岛津忠义公爵的第七个女儿岛津俔子；闲院宫载仁妃是三条实美公爵的次女三条智惠子。这些女性都非常积极地从事后勤支援工作，气性毫不输于她们的先辈，在具备此种自立性的同时，又对夫君十分顺从、谦卑。

这种形象成了女性的模范并被当时的社会广泛接受。特别是作为军人的妻子，她们在后方保卫国与家的形象备受好评。

到了 20 世纪 20 年代（大正十年代），人们对于皇族和华族女性的照片被刊登于杂志一事已经习以为常了。1924 年，梨本宫伊都子在银座伊东屋（文具店）购物后于丸之内写字楼处被记者发现，虽然她已尽力逃走，但还是被拍下了一张照片。此外，当时伊都子的二女儿规子已与山阶宫有了婚约，但《妇女界》（1910 年创刊，同文馆）和《妇人画报》（1905 年创刊，近世画报社）依旧来找她拍摄各种流行造型的照片。女儿规子拍了太多照片，连她跟山阶宫的婚约也被大书特书，伊都子因此还向杂志社提出过警告。

平民的理想

顺便提一句，曾于 20 世纪 10 年代担任茨城县龙崎町町长的海田英二（1822~1937）家中的老仓库中，保留了大量前文介绍的刊登过华族夫人和小姐照片的杂志。海田英二是大地主出身的银行资本家，曾先后担任县议会议员及在乡军人会分会长等职位，是一位在地方上颇具名望的人。

前面介绍过的《女学世界》《妇人世界》《淑女画报》《妇女界》《妇人画报》等，均是海田英二的妻子海田奈美子[1]定期购买阅读的杂

---

[1] 原文为"なみ子"。

志。除此之外，她还购买了一些其他的夫人杂志。当时的海田奈美子既是町长夫人，又是"爱国妇人会"的会长，肩负着指导该地区女性的责任。

她购买收藏的这些杂志，经常会刊登皇后、皇族妃以及华族夫人和小姐的照片及相关文章，有时还会刊登华族夫人本人的文字。海田奈美子正是通过这些夫人杂志中的照片与文章，学习作为一个地方名流的夫人应具有的理念与形象的。

除此之外，海田奈美子还特意将1924年3月19日至25日分7次连载于《万朝报》的"梨本宫妃殿下之日常"剪下来保存，可能是她对从锅岛侯爵家嫁入梨本宫家的伊都子的生活方式产生了共鸣吧！

宫中女官的供给源

华族夫人和小姐原则上是不去工作的。在那个"男工作、女家庭"的时代，出去工作的女性本身就少之又少，而上流社会女性中的大多数人更是把"守护家庭"当成第一要务。当然，上流社会女性中也有一小部分人从事过教师职业，但这种情况在华族中基本不存在。举例来说，华族女性最熟悉的职业女性要数学习院女子学部的教师了，但这些教师并非华族出身。也就是说，负责华族小姐教育工作的是非华族出身的女性。

像入江隆子这种成为演员的人少之又少，对于她们来说，和普通人一起工作既粗俗又不检点。

唯一的例外就是在宫中工作，也就是成为所谓的"女官"，有时还可能因此成为皇族的侧室。但对于她们来说，能在宫中侍奉天皇和皇族，更多的是获得一种名誉上的优越感。

如果说是宫内省承担了天皇家公共事务的话，那承担天皇家私人事务的就是后宫了。如果说公共事务方面是男性占主导，那后宫自然是女性的主场。

男性禁止进入后宫，就算他们退休后依旧受到"缄口令"的限制，不可以将在工作过程中获知的后宫情况透露给外界。在后宫工作的女子被称作"女官"，她们都来自与天皇家有渊源的家庭。但需要注意的是，这些与天皇家有渊源的家庭之中，与公爵和侯爵相对应的摄家、清华家、大臣家出身的女子是不会做女官的。这是因为，以她们高贵的身份，进宫不是要做女官，而是要成为"后妃"的。

按照惯例，女官一般出身于地位逊于大臣家的羽林家及其以下的家族。羽林家是过去曾做到大纳言、中纳言和参议之位，身兼近卫中、少将的家格，在近代的华族制度下，获得伯爵爵位者居多。也就是说，在明治维新后，伯爵以下家族出身的女性才会去做女官。羽林家包括四辻、中山、飞鸟井、冷泉、六条、四条和山科等家族。其中中山家是明治天皇的外戚，四条家是功勋显赫的幕末七卿家族之一，他们也因此获得了侯爵爵位。

女官按照典侍、掌侍、命妇、女嬬等不同等级排列，职务也不相同。其实典侍的上面还存在尚侍这一最高职位，但长期处于空缺状态。此外，典侍、掌侍、命妇以及女嬬这几个职位分别配有权典侍、权掌侍、权命妇和权女嬬等副官。那些成为女官的人，除了一小部分外，原则上也是有身份等级区分的。也就是说，伯爵家的女子担任上级女官，而子爵和男爵家的女子则被分配下级职位。

侧室与侍寝

士族和平民家出身的女官并不多。能列举出名字的，士族中只有明治时期担任过权掌侍的税所敦子和担任过权命妇的下田歌子，平民出身的人只有担任过比权女嬬地位还低的十五等出仕的岸田俊子。下田歌子和岸田俊子两人在几年后便辞官不做，下田歌子成了一位女性教育家，岸田俊子则以自由民权运动家的身份活跃于社会之中。

华族出身的女官之间大多数有亲戚关系，要么是姑侄，要么是姐妹，要么是表姐妹，甚至还有母女关系的。例如，侍奉过贞明皇后的竹屋津根子典侍与侍奉过昭和天皇的竹屋志计子女官长就是姐妹关系，也就是说，她们姐妹俩分别侍奉了皇太后和天皇。另外，她们的父亲竹屋光昭子爵是一位出身于公家的宫中官僚，担任过宫内省雅乐部部长等职位。像竹屋家这样一家人都在宫中工作的华族家族不在少数。

另外，明治时期，由于美子皇后无所出，明治天皇有不少侧室，其中生下孩子的就有 5 人，她们都来自原公家家系的伯爵或子爵家。作为"皇室之藩屏"的华族女性，同时也担负起维系皇室血统的任务。

顺便提一下，为明治天皇侍寝的人选是由当时担任典侍的高仓寿子决定的。高仓寿子来自一个子爵家族，被称为"新树典侍"。她的工作就是监视明治天皇，不让他在未得到皇后允许的情况下染指其他女官，这也是为了避免产生身份不符的侧室。

1900 年前后，典侍获得了敕任官待遇，除了有 250 日元的月工资外，还能获得额外的赏赐。考虑到当时小学教师的初始工资只有 10 日元，女官作为当时女性职业之一，可谓获得破格待遇了。

后宫是华族特别是中坚层的公家华族出身的女性为了怀上天皇孩子的"闺房",是她们专属的"职场"。

3 朝鲜贵族们的苦恼

被遗忘的"华族"

实际上战前的日本除了 1011 个华族家庭外,还存在一个由 76 个被称为"朝鲜贵族"的家族构成的准华族阶层,这一点直到今天知道的人都不多。

随着 1910 年《日韩合并条约》的公布,大韩帝国皇室中的王族与公族(李王家)获得了与日本皇族相当的地位。朝鲜贵族令规定"有爵者按照其爵位,与通过《华族令》获得爵位者享有同等地位"(第五条),他们通过这种方式获得了与华族相当的身份地位。

根据《明治天皇纪》中的记载,"李家之懿亲及其邦家中有大劳者应予以优待,叙其为朝鲜贵族"(1910 年 8 月 29 日),可以推定当时选出了李王家的近亲和对李王家有功劳的人作为朝鲜贵族。

在朝鲜贵族被废 60 多年后的今天,对于这 76 个家族的情况还是有很多不清楚的地方,只能通过在日本吞并韩国后不久的 1910 年出版的大村友之丞编撰的《朝鲜贵族列传》(战后作为《原韩末日帝侵略史料丛书》再版)等资料,对叙爵家族长的经历进行一个简单的了解。除了家族长们的一些简略经历外,不明之处还有很多,例如,他们与华族家族的交流,他们所拥有财产的数量以及袭爵情况等,几乎是一片空白。

随着日本的战败以及 1947 年《日本国宪法》的实施,这些人与日

与吞并韩国事宜相关的穿着朝鲜服饰的伊藤博文（中），以及
后来以朝鲜贵族身份位列伯爵的李址镕（后排右一），1906 年

本的华族一同失去了贵族的身份，而在那之后，他们也逐渐被遗忘在日本历史的长河之中。《平成新修　原华族家系大成》之中记载了朝鲜王公族三家的谱系，但对朝鲜贵族只字未提。虽然从日文刊物及史料中多少能够获得一些相关的信息，但也只不过是一些碎片。

　　韩国在 2004 年颁布了《日帝强制占领下反民族行为真相纠明相关特别法》，2005 年又通过了《亲日反民族行为者·财产还收特别法案》，开始对曾经与大日本帝国政府合作过的"亲日派"（并非单纯的对日友好人士，而是带有"卖国"的含义）进行弹劾。特别法案中规定，可以将曾经在日本统治时期亲日家族后人的财产没收，分配给为民族独立贡献了力量的有功者的子嗣，这可谓一石激起千层浪。韩国代表性报纸《朝鲜日报》在 2005 年 4 月 19 日将签订《日韩合并条约》时的首相李完用列为亲日派代表人物，将宋秉畯列为亲日反民族主义者，而他们都曾是朝鲜贵族中的一员。

当然，并不是所有的朝鲜贵族都是亲日派，讨论这一问题必须考虑到当时复杂的政治环境。关于李完用，也有人认为在当时的时代背景下，他是不得已而为之，要求对其重新进行评价。

对于这样的朝鲜贵族，弄清楚其全貌对于本书来讲任务过于繁重，但笔者还是想通过史料介绍其中的一个侧面，为今后展开研究贡献一份力量，至少弄清楚这些贵族在华族制度中的地位。

此外，表3-8列出了通过朝鲜贵族令而得以叙爵的76人的爵位及姓名，其中并没有公爵。据推测，朝鲜方面并没有家族能和五摄家或德川宗家等华族叙爵内规中规定可以获得公爵爵位的家族相提并论，而身份属于"诸亲王"的家族被列入了公族之中，因此才没有人叙爵公爵爵位。

表3-8　朝鲜贵族之爵位及姓名（1910年公布朝鲜贵族令时）

侯爵（6人）	李载完	李载觉	李海昌	李海升	尹泽荣	朴泳孝
伯爵（3人）	李址镕	闵泳璘	*李完用*			
子爵（22人）	李完镕 金允植 尹德荣 金声根	李琦镕 权重显 赵民熙	朴齐纯 李夏荣 <u>李秉武</u>	<u>高永喜</u> 李根泽 李根命	<u>赵重应</u> *宋秉畯* 闵泳奎	闵丙奭 <u>任善准</u> 闵泳韶	李容植 <u>李载崑</u> 闵泳徽
男爵（45人）	尹用求 成岐运 赵东润 闵泳达 郑洛镕 金宗汉 郑汉朝	洪淳馨 金春熙 崔锡敏 闵泳绮 闵种默 赵鼎九 李青荣	金奭镇 赵同熙 韩圭卨 李钟健 李载克 金鹤镇 闵炯植	韩昌洙 朴箕阳 俞吉浚 李凤仪 李允用 朴容大	李根湘 金思浚 南廷哲 尹雄烈 李正鲁 赵庆镐	赵义渊 张锡周 李乾夏 李根澔 金永哲 金思辙	朴齐斌 闵商镐 李容泰 金嘉镇 李容元 金炳翊

注：楷体字为"乙巳五贼"，下划线为"丁未七贼"。两者皆包括李完用，朴齐纯有时会替换掉李夏荣。

亲日高级两班像

正如前文所述，朝鲜贵族的爵位虽然与日本爵位有同等价值，但原则上他们是不享有如出任贵族院议员等特权的。

这些人得以授爵，是因其李王家亲族的身份，是为了表彰其在缔结《日韩合并条约》过程中对李王家所做的贡献，但并非所有朝鲜贵族都是亲日的，尹用求、洪淳馨、金奭镇、韩圭卨、俞吉浚、闵泳达、金嘉镇、赵鼎九以及赵庆镐9人，要么拒绝叙爵男爵，要么立刻放弃了爵位，更有甚者视叙爵为一种耻辱而自杀。

如果说这些人有什么共同之处的话，那就是他们都是属于朝鲜高级两班中的官僚。所谓的两班，原本是始于高丽时代的官僚制度，实际上是文官（东班）和武官（西班）的统称。到了朝鲜王朝（李氏）通过改革，这个词也演变为有资格参加科举（文科和武科）之人的代称，而这些人最终都成了最上层的贵族阶级。

顺便说一下，朝鲜王朝的身份等级分为良民和贱民，而良民又可以分为两班、中人和常民3个类别。人们评价两班阶层的人"跌倒了凭自己都站不起来""拿不起比筷子和书更重的东西"，他们信奉儒教，鄙视劳动。两班的数量在朝鲜王朝初期占总人口数的3%左右，而随着阶层间身份的流动，这一比例到朝鲜王朝末期达到了30%。

总之，韩国人对朝鲜贵族的一般印象就是亲日的高级两班。这些贵族之中的一些人被称为"乙巳五贼""丁未七贼"，直到今天在韩国依旧是如过街老鼠人人喊打。

"乙巳五贼"和"丁未七贼"

所谓的"乙巳五贼"，指的是协助日本在 1905 年通过《第二次日韩协约》(韩国方面称《乙巳条约》) 接收韩国外交权的"卖国官僚"，具体指以下 5 人（括号内为其当时的职位）：李址镕（内部大臣）、李根泽（军部大臣）、李夏荣（法部大臣）、李完用（学部大臣）以及权重显（农商工部大臣）。此外，也有朴齐纯（外部大臣）代替李夏荣出现在其中的说法。

所谓的"丁未七贼"，即在 1907 年逼迫当时的皇帝高宗退位，并同日本签订《第三次日韩协约》(韩国方面称《丁未条约》)、交出韩国内政权的官僚，具体包括以下 7 人：李完用（内阁总理大臣，同时也是"乙巳五贼"之一）、任善准（内部大臣）、高永喜（度支部大臣，即大藏大臣）、李秉武（军部大臣）、李载崐（学部大臣）、宋秉畯（农商工部大臣）和赵重应（法部大臣）。

李秉武（左一）、李完用（右二）、朴齐纯（右一）

无论是"乙巳五贼"还是"丁未七贼",他们都成了叙爵的朝鲜贵族,这一点不免让人感叹历史伤痕之深。

然而,先不说这些"卖国两班",在前文中提到的曾经拒绝叙爵的两班、"非亲日"两班最终也接受了爵位,这又是出于什么原因呢?

这些人虽然想放弃爵位,但还是违心地成了朝鲜贵族。其中金允植子爵由于后来参与了"三一独立运动"(于1919年3月1日爆发的朝鲜独立运动)而被剥夺爵位。据他所述,之所以会有这样的结果,是因为"君臣一体"理论的束缚。换句话说,在他们看来,曾经的皇帝高宗和纯宗既然已经成为德寿宫李太王(熙)、昌德宫李王(坧),与日本皇族同列王族之位,那么作为高级两班如果不接受爵位的话,对于李王家而言便有破坏"君臣一体"这一传统之嫌,并有可能导致君主李王失去其地位。因此,他们虽然很想放弃爵位,但还是不得不遵从"君主之命"而接受叙爵。

无论是李王家还是朝鲜贵族,曾经都属于地位在朝鲜民众之上的阶层,为民众所敬畏。韩国被日本吞并后,这些人获得了新的特权地位和身份,为日本所支配,也因此失去了同民众的深刻联系。他们被贴上了"亲日"的标签,成为民族主义觉醒后的朝鲜民众憎恶的对象。在日本方面看来,李王家和朝鲜贵族等则是用来防止朝鲜民众因"反日""排日"而团结在一起的棋子。

六名侯爵

虽然有一部分朝鲜王公族不得已移居日本,但朝鲜贵族被允许继续居住在朝鲜半岛。我们根据1910年发行的《朝鲜贵族列传》等著作来看一下这些人的经历。这些高级两班出身的人，大部分在叙爵前是大臣级别的政治家或军人。

首先，我们来看一下最高位的 6 位侯爵。

李载完（1855~1922），是兴宣大院君（大院君是国王父亲的称号，兴宣大院君就是高宗的父亲）的侄子，除担任宫内府内大臣、陆军副将等官职外，他还担任过汉城银行的行长，可谓当时韩国举足轻重的人物。他"性格奇拔而见识俊迈"（后文引号内的内容主要出自《朝鲜贵族列传》），曾从清朝和日本购入武器并加以比较研究，还发明了步枪，据说此举是为了备国家之不测。李载完被称为"名门中出色一人物"。

李载觉（1873~1935），曾担任王太子宫侍讲官、宫内府特进官以及军部炮工局长等官职，后来还做过特命日本国大使和韩国红十字会总裁。人们评价他"宽容仁恕，有大人之风"，作为朝鲜名流之一曾游学于日、英两国，"体会到了近代文明之神髓"。后李载觉逝世于"京城"（首尔），他的继承人李德荣袭得侯爵爵位。

李海昌（1865~1945），曾担任中枢院（大韩帝国的政府机关）议官等职，后成为汉城银行总裁。世人评其曰"实直端正之人"，有"敬虔严格之风""谦让之态"。

李海升（1890~1945），为李氏王家亲族，20 岁便获授爵，是当时"贵族中最年轻之人"。他曾担任侍讲院侍从官等职，在叙爵后又担任了朝鲜贵族会会长及国民总力朝鲜联盟评议员等职。在日本战败那年的 3 月 2 日，李海升在位于"京城"的官邸中离世，年仅 55 岁。

尹泽荣（1866~1935），为纯宗妃之父，被称为"国舅"，曾担任侍讲院侍从官、英亲王（李垠）府总办（总务）以及陆军副将等职。世人

朴泳孝

评其曰"淡薄势权，温良恭顺"。

在6位侯爵之中最为日本人所熟知的要数朴泳孝（1861~1939）了，甚至在日本的历史教科书中都能找到他的名字。

朴泳孝有着贵族血统，他的妻子是第25代国王哲宗之女永惠。他在很年轻时就已身处政治中枢，是主张朝鲜近代化的"开化派"人物之一。1882年，他曾与金玉均等人一同到日本考察，并共同策划了两年后的"甲申政变"（以"京城"为舞台，以日本的武力协助为背景发生的政变）。在政变失败后，他选择流亡日本，可以说是一位与日本有着深刻渊源的人物。朴泳孝还曾在福泽谕吉等人的帮助下展开培养留学生的工作。

1894年，在井上馨的支援下，金弘集内阁成立，朴泳孝成为内部大臣。后来因在高宗废位阴谋之事中遭连坐，朴泳孝不得已再次逃亡日本。此后，他还担任过李完用内阁的宫内大臣。

朴泳孝在叙爵后历任朝鲜贵族会会长、殖产银行理事以及朝鲜总督府中枢院副议长等职，并于1932年成为贵族院敕选议员。他的孙女朴赞珠成了公族李鍝之妃。

在朴泳孝去世后，《朝日新闻》刊登了如下讣报，"在日韩合并中功绩显赫，历任贵族院议员、中枢院副议长，从二位勋一等朴泳孝侯爵，因肾脏疾病曾于京城崇仁洞家中休养（9月），于21日上午10时55分薨逝"，享年78岁。朴泳孝的一生可谓跌宕起伏，近年日本重新兴起了对他的研究。

3 名伯爵

接下来我们看一下被授予伯爵爵位的李址镕、李完用和闵泳璘这3人。如前文所述，李址镕和李完用被列于"乙巳五贼"之中，他们是作为"卖国亲日派"而为人所知的。

李址镕（1870~1928）与李垠是远房堂兄弟关系，他曾在1904年以外部大臣署理（代理）的身份与日本特命全权公使林权助签订了《日韩议定书》，第二年又签订了《第二次日韩协约》。李址镕通过这种方式展开了同日本的合作，而他也因此遭到了报复，如家里被人放火等。在他去世后，《朝日新闻》刊登了讣报，称其为"朝鲜之元勋""自始至终为日本效力的韩国人"。

李完用（1858~1926）既是"乙巳五贼"之一，又是"丁未七贼"之一，作为为日本统治朝鲜服务的代表性人物而为人所知。不仅如此，在"海牙密使事件"（1907年，韩国皇帝高宗派遣密使前往荷兰海牙，向在该地举行的和平会议请求允许密使作为韩国全权委员出席）后，他还曾作为首相追究高宗的责任，并逼迫其让位于纯宗。因为此事，李完用的官邸也被人放火，他本人也因此受伤。《日韩合并条约》正是在他担任首相时签订的。

此外，在 1919 年"三一独立运动"时期，李完用对韩国方面的态度非常强硬，并因此晋升侯爵。

闵泳璘（1873~?）是纯宗妃的哥哥，曾以特命全权公使的身份访日，并担任过宫内府特进官等官职。他为人温顺，从不"疾言厉色"，能谦抑而维持自己的责任与体面，后来因吸食鸦片被剥夺爵位。

"三一独立运动"与剥夺爵位

与侯爵、伯爵这些地位较高的朝鲜贵族不同，子爵和男爵这种地位比较低的贵族之中，有很多人是反日的。其中有些人甚至因不当言行而被剥夺了爵位。下面，我们来看一下这些人的情况。

首先看一下曾被授予子爵爵位的李容稙与金允植。

李容稙（1852~1932）是因进谏《第二次日韩协约》愤慨而死的赵秉世的女婿，曾担任学部大臣。就其人格来讲，"就算是对李完用这种人，还是能经常保持谦让和敬意"。日本吞并韩国后，李容稙因在 1919 年"三一独立运动"期间向日本政府和朝鲜总督府请愿韩国独立而被剥夺爵位。

甲申政变中，金允植（1835~1920）曾在袁世凯援军的帮助下驱逐开化派金玉均等人，后来还担任过外部大臣等职。同样，金允植也是因为在"三一独立运动"中向日本政府和朝鲜总督府请愿韩国独立而被剥夺爵位。此外，他还是一位学者，写得一手好文章。

拒绝叙爵与返还爵位者

正如前文所述，男爵中有 9 个人曾分别表示拒绝接受爵位或在叙爵后要返还爵位，其人数占到了男爵总数（45人）的20%。其中金奭镇（1843~1910）曾任政府高官，他对签订《第二次日韩协约》一事非常愤慨，要求处决"乙巳五贼"。对于叙爵一事，金奭镇认为被日本方面授予爵位是一种耻辱，最终吞食鸦片自尽以明志。直到现在，金奭镇依旧被称为"抗日忧国志士"，在韩国他的评价颇高。

曾担任宫内府要职并负责王室礼仪的赵鼎九（1862~1926）也对所谓的"日韩合并"一事表示反对，并先后两次尝试以死明志，但最终都未成功。从那之后，他过着隐居、放浪的生活。

除此之外，有些人还曾积极地参与独立运动。

金嘉镇（1846~1923）虽曾担任中枢院议长及宫内府特进官等职，但他始终以韩国之独立为目标，并积极地参与大韩自强会、大韩协会的活动。他在返还了男爵爵位后曾出任大同团总裁，在上海继续从事韩国独立运动。在大同团解散后，他选择作为大韩民国临时政府要人继续从事相关的活动。

韩圭卨（1856~1930）曾在1905年组阁，但因对日方胁迫签订《乙巳条约》表示反对而遭免职。在那之后，他还担任过中枢院顾问以及宫内府特进官等职，在拒绝叙爵后过上了蛰居的生活。后来韩圭卨还创立了朝鲜教育会，并将其发展为民办大学期成会。人们称其为"爱国志士"。

还有就是俞吉浚（1856~1914），他是第一位进入庆应义塾学习的韩国留学生，也是韩国留学生中第一位留学美国的人。他曾伙同出身于日本陆军士官学校的韩国青年策划政变，但以失败告终。俞吉浚也反对"日韩合并"，并拒绝叙爵。

尹用求（1853~1939）在"闵妃暗杀事件"发生后曾接到十几次出任大臣的命令，但都拒绝了。他在日本吞并韩国后过上了隐居的生活，终日与围棋、书画为伴，直至逝世。

在当时日韩关系的背景下，他们这些被时代浪潮无情牵引之人在拒绝叙爵后，纷纷选择了自杀、反抗或隐居等道路。不用说，这些人在今日的韩国依旧受到很高的评价。

76 个家族的后续

成为朝鲜贵族的 76 个家族之人，后来又经历了怎样的命运呢？有很多事情我们不得而知，就连袭爵的情况也有很多不清楚之处。

根据《原敬日记》记载，在李王家的王世子李垠与梨本宫方子女王即将联姻之际，即 1916 年 12 月至 1918 年 12 月，朝鲜贵族升爵一事成了人们热议的话题。

也不知是不是为了庆祝两家联姻，朝鲜总督长谷川好道为三四名朝鲜贵族申请升爵，原敬与宫内大臣波多野敬直就此事进行了商议。然而，婚礼却因李垠之父高宗（1852~1919）的突然逝世而延期。1919 年，斋藤实成为朝鲜总督后，再次与原敬商谈升爵事宜。此时升爵者名单中出现的正是我们前面提到的李完用（伯爵）和宋秉畯（子爵），而他们也顺利地完成了升爵。

顺便提一下，宋秉畯（1858~1925）曾在伊藤博文的授命下与李完用一同策划了胁迫高宗让位事件，还曾对桂太郎说可以将韩国以 1 亿日元卖给日本，他也因此遭到了韩国国民的责骂。从这些事不难看出，宋秉畯是一个不折不扣的"亲日反民族主义者"。在日俄战争时期，以宋

宋秉畯

秉畯为中心建立了"一进会",而此会的目的正是营造亲日氛围。他的一系列活动得到了日本方面的认可,后来因原敬推荐而升至伯爵。不仅如此,在他去世后,他的儿子宋钟宪袭得了伯爵爵位,后改名"野田钟宪"(需要说明的是,宋秉畯在日本吞并韩国前就自称"野田平治郎",在 1940 年的"创氏改名"前就被称为"野田伯爵"),并于 1944 年(翌年 4 月正式公布)通过敕选的方式成为贵族院议员。

根据 1925 年 10 月 1 日《朝鲜贵族名簿》(国立公文书馆所藏)的记载,朝鲜贵族中的侯爵人数因李完用(中枢院副议长)的升爵,从原来的 6 人变成了 7 人。

伯爵名簿之中少了升爵的李完用和因处罚而被剥夺爵位的闵泳璘的名字。李址镕(中枢院顾问)的名字仍在名簿中,新增了高义敬(李王职事务官)和宋钟宪(中枢院参议)的名字。

子爵人数从原来的 22 人变成了 18 人,其中有 2 人因被处罚而丧失爵位。

男爵由原来的 45 人减少到 33 人，虽然新增了 1 人，但有 8 人返还爵位，有 2 人丧失爵位，还有 3 人子嗣没有袭爵。

总体来看，朝鲜贵族从创设当时的 76 人经过了 15 年减少到了 61 人。虽说这背后确有因由，但不管怎么说还是有 16 人要么返还了爵位，要么没有子嗣袭爵，这一数字约占总数的五分之一。从这一点我们也可以看出朝鲜贵族叙爵情况之复杂。

不仅如此，根据《朝鲜贵族授爵者及现袭爵者姓名》（国立公文书馆所藏）的记载，在太平洋战争末期的 1944 年 3 月底，朝鲜贵族中有侯爵 7 人，伯爵 3 人，子爵 17 人，男爵 32 人，共计 59 人。从一开始就在此名单中的只有 3 人，分别是伯爵李海昌和李海升以及子爵李琦镕（男爵李恒久和李康轼也是最初就在此位，但他们并非两国合并后的第一批叙爵者）。次代袭爵的家族有侯爵 4 人，伯爵 1 人，子爵 8 人，男爵 20 人，共 33 人，占了总数的一半以上。孙辈袭爵者中，有侯爵 1 人（李完用之孙李丙吉），伯爵 2 人，子爵 6 人，男爵 6 人。到了曾孙辈中，有子爵 1 人，男爵 2 人。玄孙辈中仅存男爵 1 人。经过 35 年的时间，朝鲜贵族的成员发生了不小的变化。

基于此种情况，内务省管理局记录道，"如今朝鲜贵族之中，合并当时的叙爵者已经极少，不过两三人而已"，并指出朝鲜贵族袭爵子嗣缺乏气概，感叹曰"着实心寒"。

贫困的经济状况

在"日韩合并"前的 1910 年 7 月，日本政府通过阁议制定了《韩国皇室及功臣待遇》（国立公文书馆所藏）。根据该规定，"对于义亲王

（纯宗）以下的皇族，按照其班位享受相应的皇族待遇。此外，授予其公、侯、伯（朝鲜贵族）之爵位，并发放相应的公债证书"，"对于功臣，授予其伯爵（朝鲜贵族）以下爵位，并发放相应的公债证书"。这样一来，李王家及朝鲜贵族们便按照各自的身份地位领取了相应的公债证书，获得了经济上的恩惠。

《合并当时贵族恩赐金》（《昭和财政史资料》）显示，在设立朝鲜贵族之时，尹泽荣侯爵所领取的金额是最高的，有504000日元之多，其余侯爵的领取金额在168000日元至336000日元，伯爵的恩赐金在10万日元至15万日元，子爵为5万日元至10万日元，男爵则为25000日元至5万日元。授予朝鲜贵族恩赐金的总额达到了4554000日元。

此外，在朝鲜贵族中的二代开始袭爵之时，朝鲜总督斋藤实起草了一份名为《关于制定朝鲜贵族世袭财产令之事宜》（1925年11月18日，国立公文书馆所藏）的文件，并提交给当时的宫内大臣一木喜德郎。从此文件的内容来看，因朝鲜贵族享受华族同等礼遇，为了让其继续保持家族的地位与品格，并使其继续祭祀先辈，应比照《华族世袭财产法》来制定《朝鲜贵族世袭财产令》。此外，该文件中还请求由朝鲜总督代替宫内大臣执行审议管理之职责。

实际上朝鲜总督府在起草该案之前已经对朝鲜贵族的财产状况进行了调查，并整理了当时61个朝鲜贵族家族长的总财产和不动产的信息。根据这次调查，其中51名有爵者拥有不动产（算上家人共有107人），1名朝鲜贵族名下无不动产但有其他财产（算上家人共有11人），此外还有9人名下无任何财产。朝鲜总督府一直担心朝鲜贵族发生财产流失，以致其家族地位下降，实际上这样的情况已经发生了。

此外，朝鲜贵族中还有两人的总资产达到了 100 万日元以上。从当时的货币价值来看，日本将韩国吞并后每年支付给高宗和纯宗的费用也只有 150 万日元而已，所以说这 100 万日元已经是相当可观了。

在"日韩合并"之时，伊藤富贵子（伊藤染物工厂厂主的夫人）以朝鲜观光团成员的身份访问了李址镕伯爵邸，她在笔记中记录了宅邸的情况：那是一座宫殿式的大宅邸，有着纯日本风格的庭院，还有各种西式家具和日常用品，好一座豪宅（《访问朝鲜贵族家庭后感想》，《妇人世界》1910 年 12 月 1 日）。不难推测，身为资本家的朝鲜贵族之中有些人同日本资本家华族一样，拥有大宅邸、美术品、别墅及证券。

1927 年 2 月 2 日，上述《朝鲜贵族世袭财产令》获得裁可。其中第四条规定"世袭财产继承为家族男性专属特权"，与《华族令》一样严格遵守了男性继承的传统。

第二年还颁布了《朝鲜贵族保护资金令》。这一法令规定，将分别向侯爵、伯爵、子爵和男爵中家计困难的朝鲜贵族发放不超过 5000 日元、4000 日元、3000 日元和 2500 日元的保护金。另外，还向在家产整理、子弟教育以及冠婚丧祭①等方面有资金需求者低利放贷。从当时的情况来看，61 名朝鲜贵族之中有 41 人需要领取保护金。

第二年的《朝日新闻》也向民众传达了这一情况。报纸上写道："现在朝鲜共有 61 名贵族，其中能称得上过贵族日子的有十五六人，有几人尚可勉强度日，而剩下的人已经贫困到了极点"，"大部分人都背负着 30 万日元左右的债务，而债务最多的已经达到了 300 万日元"。

---

① 成年礼、婚礼、葬礼及祭祀礼仪，泛指人生的各种仪式。

在日本战败前的 1944 年，内务省管理局对朝鲜贵族的历史和现状进行了调查并对得到的信息进行了整理（《朝鲜贵族》,《朝鲜及台湾在住者政治境遇调查会（二）》）。他们记录了为救济极度贫困的朝鲜贵族而成立的"昌福会"多年间对朝鲜贵族的物质援助，同时为了让这些人摆脱贫困，还提议有必要起用地方郡守及中枢院中的贵族子弟。然而，此时正值战败前夕，日本政府已经没有余力救济朝鲜贵族了。

王族与公族

虽说有些偏离华族这一话题，但我们还是来看一下与朝鲜贵族密不可分的李王公家的情况。在"日韩合并"后，韩国皇室分为王族和公族，并获得了与日本皇族基本相同的地位。其中王族中的前皇帝高宗被封为李太王，其长子纯宗成为李王坧，而纯宗之弟、身为皇太子（王世子）的李垠后来继承这一位置。公族分为两家，一是高宗的弟弟李熹及其继承人李埈和养子李鍝之家，一是高宗的第五个儿子李堈与其子李键之家。需要注意的是，李埈公的养子李鍝本就是李堈公的儿子，因此可以说李公一族是由李堈公的两个儿子继承，所有王公族均为高宗的子孙后代。

这些王族、公族的妃子和子嗣也获得了王族、公族相应的待遇。王族之中，纯宗妃尹妃、李垠妃方子及其子李晋（夭折）和李玖也都是王族，但李垠的生母，也就是高宗的侧室严妃（正室为闵妃），没有迹象表明被列入王族之中。我们现在能断定的是，曾经的王族之中只有高宗、纯宗、尹妃以及李垠等 8 人。

公族方面，李堈的正室金妃为公妃。李堈与金妃之间并无子嗣，

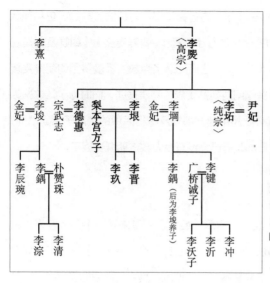

朝鲜王公族谱系略图

注：加粗为王族，此外（除宗武志外）为公族。李德惠与李辰琬在结婚后脱离王公族身份。◇内为庙号

资料来源：金英達「王公族　日帝下の李王家一族」『KOREA TODAY/ 今日の韓国』アジアニュースセンター　1999 年 8 月号

而侧室所生子嗣之中，李键和李鍝分别被授予公族的身份。广桥诚子（松平赖寿伯爵弟松平胖的大女儿，成为广桥伯爵家的养女后嫁给李键）在同李键完婚后，身份由华族小姐变成了公妃，他们之间的 3 个孩子也获得了公族的身份。李鍝妃朴赞珠（朴泳孝的孙女）与其两个孩子也属公族。此外，李鍝还有一个名为"李寿吉"（战后曾担任韩国政府旧皇室财产事务总局局长）的儿子，但他似乎并未被列入公族。也就是说，公族中包括李堈与金妃、李键一家以及李鍝一家共 15 人。

李王家家族长的苦难

接下来，我们简单地看一下王公族中主要人物的情况。

首先来看李王家的家族长李垠（1897~1970）。他 10 岁的时候就被伊藤博文带到了日本留学，完全是在纯日式环境中长大的。嘉仁皇太子

李垠与方子
1920 年 4 月结婚时

（即后来的大正天皇）非常喜欢李垠，据说李垠坐在蒲团上用于学习的桌子就是嘉仁皇太子赠送给他的。当时，竹田宫恒久、北白川宫成久、朝香宫鸠彦以及东久迩宫稔彦等人每周轮流到李垠的府邸拜访并与其闲聊，以帮助他学习日语。

1916 年，19 岁的李垠与 15 岁的梨本宫方子订立婚约，梨本宫家已经着手进行定制宝冠等婚礼准备工作。但正如前文所述，这门婚事因李垠的父亲高宗的突然离世而延期。1920 年，两人终于完成了婚礼仪式，当时的首相原敬在日记中记录道："故伊藤公终于得偿所愿，他在地下也一定倍感欣慰吧。"

第二年，李垠与方子的第一个孩子出生，取名李晋。李垠与方子为了向朝鲜王族请安，带着出生不久的李晋回到了朝鲜，然而李晋却因发烧突然病逝。李晋的外祖母梨本宫伊都子在其自传《三代天皇与我》中写道"只可能是毒杀"，她认为李晋成了当时朝鲜内部复杂权力斗争的牺牲品。

1923年9月，在关东大地震发生后，有不少朝鲜人因流言蜚语而惨遭杀害，李垠也同方子一起躲入了梨本宫邸内，在警察和军队的严密保护下得以平安无事。

李垠同方子两人刚刚结婚就背负了不幸的命运，但两人之间的感情一直很好，据说他们有时还会同李垠的妹妹李德惠等人一起打打网球，聊以度日。

李垠在日本被授予王族之地位，而他作为王族成员必须同日本皇族一样履行从军的义务。

1935年，李垠先是成为宇都宫步兵第五十九连队长，随后又先后担任近卫步兵第二旅团旅团长和第五十一师团师团长，1943年升任第一航空军司令官，并最终做到了军事参议官（中将）。此外，他还曾在战争中到明治神宫及靖国神社等地参拜，并多次前往工厂等地视察。身为王族的他可谓尽到了同日本皇族一样的责任。

然而，他在战后却不得不面对悲惨的命运。战争结束后，李垠不仅失去了王族的身份，当时韩国的李承晚政权也因他原王家的身份及其亲日立场对李垠异常冷淡。李垠一家人有国难回，只能时而在日本度日，时而到其子李玖所在的美国居住。随着朴正熙政权的建立，李垠一家终于在1963年被允许返回祖国。然而此时的李垠已疾病缠身，在1970年便离开人世。

随患病的李垠一同返回反日风潮下的韩国的，正是他的妻子方子（1901~1989）。此后，方子选择加入韩国国籍，并逐渐为韩国社会所接受。在李垠病逝后，方子积极从事建立残障儿童教育设施等活动，为建造"明晖园"及"慈惠学校"等机构打下了基础，此等举动使她在韩国受到了广泛好评。

另外，李垠的妹妹李德惠（1913~1989）在1931年成为对马宗武志伯爵夫人，但由于精神上的疾病等原因，两人最后以离婚收场。李德惠原本就有些神经衰弱，曾拒绝到女子学习院上学，还患有睡眠障碍疾病，在她成婚的前一年就被诊断出患有早发性痴呆。

李德惠在1946年到都立松泽医院治疗，1955年与宗武志离婚，于1962年回到韩国，后于1989年在昌德宫乐善斋（1847年建立的后宫宫殿之一，王之遗孀等人生活的地方。因晚年的李方子生活于此而闻名）逝世，享年76岁。在"日韩融合"的时代背景下，并不只有成为李王妃的方子，罹患精神疾病的日本华族夫人李德惠也不应被遗忘。

公族成员的后半生

朝鲜公族虽然同王族一样被赋予了同日本皇族相当的身份并获准参加皇族仪式等活动，但其中不乏让日本政府和朝鲜总督府头痛的人物，李堈（1877~1955）就是其中之一。李堈并没有前往日本居住，而是住在了"京城"的官邸之中，他曾趁1919年"三一独立运动"时期偷偷逃离官邸并试图逃往上海，可见其具有一种自立的气概。不过最终他的逃亡计划失败，被警察抓获并送返至"京城"的家中。时任朝鲜总督府政务总监的水野炼太郎向首相原敬建议，将李堈召至日本居住。

原敬开始时有些担心向他提供相应待遇的费用过高，但在与宫内省商讨后还是同意了此提议。这时充当中间人的，正是我们先前提到的宋秉畯。

根据宋秉畯所述，李埱为李垠之兄，虽贵为王族，却不怎么受待见，他本人对此也时常感到不平，因此非常容易发展为"不安分分子"。而且，在明治天皇驾崩时，只有李埱一人曾着丧服一年，足见他的"忠诚"之心。宋秉畯称，此人虽然游手好闲，但"对皇室绝无异心"。然而，李埱的性格向来粗犷，他的侧室都生了好几个孩子，花钱还是大手大脚。1930年应日本政府要求，李埱因"养病"被迫过上了隐居的生活。在这期间，密探事无巨细地向朝鲜总督斋藤实报告着李埱方面的动静，这一点自不必多言。

此外，正如前文所述，李鍝（1912~1945）死于广岛原子弹爆炸之中。他的儿子李清则在9岁时继承了其公族地位，而此地位也随着1947年新宪法的实施被取消。

李键（1909~1990）在战争结束后以"桃山虔一"之名加入日本国籍。因他家在战后陷入经济困难，他的妻子李诚子又是到以前的佣人在涩谷开的地下小豆年糕汤铺子帮忙，又是在社交俱乐部和小酒馆打工。在这期间，她同李键的婚姻也走到了尽头。诚子曾使用"松平诚子""广桥诚子""李诚子""李佳子""松平佳子"等姓名，还曾多次变更国籍，可谓度过了跌宕起伏的一生。

4　贵族院

大日本帝国宪法下的两院

众所周知，在《大日本帝国宪法》支配下的帝国议会是由众议院和贵族院两院构成。除了众议院拥有"预算先议权"之外，两院的地位基本平等，但议员的参选资格和选举方法却大相径庭，而这也决定了两院在性质上的不同。

其中，参选众议院议员的资格，除了需满足年满 30 岁拥有日本国籍的男子这一条件外，当初还设置了年直接纳税额在 15 日元以上的限制，但这一限制在 1900 年后被取消了。此外，选举权方面要求投票人必须是居住在日本本土（从北海道到冲绳，不包括台湾岛、朝鲜半岛及桦太地区）的 25 岁以上男性，最开始同样设置了"年直接纳税额在 15 日元以上"这一限制，但后来逐渐放宽，并在 1925 年（大正十四年）撤销。

众议院的定员人数最初为 300 人，这一数字随着时代的变化有所增减，最多的时候曾达到 468 人。任期原则上为 4 年（1914 年后有一段时间任期被延长到 5 年），但如果众议院被解散的话，议员在任期结束前就会失去议员资格。

众议院议员的参选资格虽然限定为男性，但可以说是从全国范围内选取国民之代表。与此相对的是，贵族院是由皇族、华族和敕任议员（天皇任命的原官僚等敕选议员及多额纳税议员）等特定集团的特权人物构成的。贵族院议员的任期有两种，即终身制（公爵、侯爵、敕选议员）和七年制，任期比众议院要长，而且不可解散。

占据了贵族院绝大部分席位的正是华族，从表 3-9 中可以看出，贵族院是以他们为中心构成的。此外，从表 3-10 中也可以看出，从第一任伊藤博文伯爵到贵族院废止时的第八任德川家正，历史上的贵族院议长全部为华族议员出身。可以说，伊藤博文在《华族令》制定之初计划让华族担任上院议员的构想变成了现实。

表 3-9　贵族院议员的构成

单位：人

	1900 年	1910 年	1938 年
皇族	10	14	17
敕选议员	60	119	124
多额纳税议员	45	45	65
学士院会员议员	—	—	4
华族议员总数	135	186	201
（公爵）	10	13	17
（侯爵）	21	30	36
（伯爵）	14	17	18
（子爵）	70	70	66
（男爵）	20	56	64
总数	250	364	411
华族议员占比	54%	51%	48.9%

资料来源：『貴族院制度調査資料』貴族院制度部、1939。

表 3-10　贵族院历代议长

	议长	爵位	任期
①	伊藤博文	伯爵	1890~1891
②	蜂须贺茂韶	侯爵	1891~1896
③	近卫笃麿	公爵	1896~1903
④	德川家达	公爵	1903~1933
⑤	近卫文麿	公爵	1933~1937
⑥	松平赖寿	伯爵	1937~1944
⑦	德川圆顺	公爵	1944~1946
⑧	德川家正	公爵	1946~1947

注：至贵族院被废止前，所有议长均为华族议员出身。

顺便说一下，皇族中的男性在成年（皇太子、皇太孙满 18 岁，其他的皇族满 20 岁）后自动成为终身制议员，皇族议员不存在定员限制，但无年薪待遇。出于避免政争之考虑，皇族议员中并没有人以议员的身份参加过帝国议会的议事。

华族议员选举方式

华族议员因爵位不同，选举方式也不同。其中公爵和侯爵为同一种方式，而伯爵、子爵和男爵为另一种方式。

公爵和侯爵出身者只需年满 25 岁即可自动获得终身制议员之职位，并且无定员限制，但无年薪待遇。在其年满 30 岁时，可以在天皇的允许下选择辞去或继续获得议员职位。

伯爵、子爵和男爵出身者在年满 25 岁后通过家族长间互选的方式成为贵族院议员。他们的任期为 7 年，定员数因时而异，若因死亡等情况出现空缺则可进行补选。据说有些经济困难的家庭需依靠议员年薪（1920 年以后，众议院和贵族院的年薪相同，议长为 7500 日元，副议长为 4500 日元，议员为 3000 日元）度日。也正因为如此，才出现了为选举议员而私下结成的选举集团和社团等组织。

随着时间的推移，"研究会""木曜会"等政治团体逐渐发展为强有力的政治势力。他们对于修改定员数等问题非常敏感。围绕这些问题，伯爵、子爵和男爵议员间发生了激烈的论战，而这也成为贵族院的问题之一。

另外，与华族地位相当的朝鲜贵族之中，朴泳孝侯爵、尹德荣子爵等一部分人也成了议员，但他们成为议员并不是因为华族的身份，而是通过敕选的方式。1945 年规定，在居住于朝鲜或台湾地区的年满 30 岁的男性中，选取 10 名有名望的人成为议员。朝鲜贵族中的野田钟宪伯爵（宋秉畯伯爵之子宋钟宪）与李琦镕子爵等人曾当选，但他们也属于敕选议员。

　　贵族院议员之中，除了皇族和华族议员外，还有敕选议员。敕选议员由天皇通过内阁辅弼的方式，从国家功臣及学者中任命（任期终身制，定员为 125 人以内）。另外还有多额纳税议员（互选，任期 7 年，66 人以内），津村顺天堂社长津村重舍就是其中之一。到了 1925 年以后，又增加了像美浓部达吉这样的帝国学士院会员议员（任期 7 年，定员 4 人）。总的来说，贵族院议员的任期要长于众议院。与其说他们代表国民，倒不如说他们代表的是国家以及一部分特定集团。

1891 年至 1925 年 9 月位于内幸町的贵族院主会场，后因火灾烧毁

此外，华族户主既没有众议院议员的选举权，也没有被选举权。这正是为什么原敬在众议院取得了稳固地位后会拒绝接受爵位。

贵族院的叛逆

虽然贵族院在日本政治史上被提到的次数并不多，但随着时间的推移，当立宪政友会（以下简称"政友会"）等以众议院为基本盘的政党势力不断扩大，要求实现普通选举等民主化运动势头不断高涨之时，贵族院却扮演起了作为既得权力者的反政党势力角色。

接下来我们通过以"调整定员数"为主要内容的贵族院改革问题回顾一下这段历史。对于下级华族来说，调整定员数可谓生死攸关的大事，这也是他们开展运动和抵抗最激烈的改革。

话说回来，伊藤博文等人决定设立贵族院的初衷，就是希望可以利用其对抗以自由民权运动势力为代表的众议院。正因为如此，我们对"贵族院成员均为国家特权阶层出身"这一点也无可厚非。这样一来，初期贵族院自然站到了拥护政府势力的一边。

然而，自日清战争爆发后的 1895 年以来，伊藤博文内阁、松方正义内阁与以众议院为基本盘的自由党、改进党达成妥协并寻求合作。这时候，为了阻止政党影响力的进一步扩大，贵族院的"研究会"以及"茶话会"等有别于众议院的政治会派势力也不断增强。

贵族院改革要追溯到 1900 年 8 月，伊藤博文组建以众议院为母体的政党组织——政友会一事。

贵族院对于建立政友会一事持反对态度。特别是贵族院中以子爵议员为中心的政治会派"研究会"，不仅通过协议方式禁止会员加入任何政党，还将这一点写进了研究会的规约之中。实际上，研究会原本就是伊藤博文为了对抗自由、改进等政党而创设的组织。此时伊藤博文又试图建立一个以众议院这一代表民意的机构为主体的政党，也难怪研究会会反对。

另外，当时也不能排除会发生大量人员为了加入政友会而脱离研究会的情况。实际上，隶属研究会的敕选议员金子坚太郎男爵和渡边洪基就曾为担任新党创立委员，在政友会成立前便已申请退出研究会。

时任首相的山县有朋鉴于伊藤博文的动向提出了内阁总辞职，并且精心思考对付伊藤阀即政友会的方案。他通过下属清浦奎吾（后荣升男爵、子爵、伯爵）、平田东助（后荣升男爵、子爵、伯爵）等人，展开了团结贵族院的工作。从结果来看，政友会虽然得以成立，但这也成为贵族院开始主张自我意志的契机。

1900 年 10 月，成为政友会总裁的伊藤博文接替山县有朋成为内阁总理大臣，负责组织第四次伊藤博文内阁。第一个站出来对此内阁公然表示反对的，正是政治会派"庚子会"中的谷干城子爵。谷干城给伊藤博文写了一封长信，信中将牵涉东京市会腐败案的星亨递信大臣称作"公盗巨魁"，强烈要求其辞去职务。不仅如此，谷干城还召开了东京公民会大会，发起了批判政友会的运动。

关于东京市会腐败案，就连政友会内部也出现了批评的声音，这使伊藤内阁陷入了十分被动的境地。贵族院中，研究会、茶话会、庚子会、木曜会、朝日俱乐部以及丁酉会六大反政友会系政治会派更是汇聚一堂，向伊藤博文提出了免去星亨职务的要求。同年 12 月 20 日，星亨递信大臣辞职。

面对试图以民意为基础展开政治活动的伊藤博文，贵族院以华族议员为中心，通过追究星亨腐败案，表达了对他这一做法的强烈反对。

对伊藤博文的进一步反抗

在星亨辞职后的 1901 年 1 月，日本政府以处理义和团运动为由向国会提出了增税案，并通过了众议院的决议。2 月 23 日，此案被提交到贵族院。按照之前的传统，此案在原本立场就偏向政府的贵族院应该很容易获得通过，但"研究会"却对伊藤内阁发难，此案的审议也陷入麻烦之中。贵族院对伊藤内阁开始采取强硬姿态。

彼时，担任政友会总务委员兼干事长的原敬接替了辞职的星亨成为新的递信大臣，他在日记中写道："最初院中反对增税者颇多，有传言说各派将联合反对，或是在 25 日的委员会上将此案即刻否决。"

正如原敬所预料的那样，贵族院在 2 月 25 日成立了专门委员会，用于审议包括增税案在内的"酒税法改正案"等 7 项法案，并在当日即表示了否决。这个特别委员会由黑田长成侯爵（研究会）担任委员长，谷干城子爵（庚子会）担任副委员长，委员中除了正亲町实正伯爵（研究会）等华族议员外，还包括茶话会、丁酉会以及朝日俱乐部中的敕选议员和多额纳税议员等 15 名成员。察觉到委员会对议案的否决动向后，伊藤博文曾多次向众位委员恳请通过增税案，甚至激动地争执说要是此案通不过的话，"会给政治带来极大的困难"。然而，谷干城认为处理义和团运动的资金可以通过行政整顿的方法凑足。曾我祐准子爵（庚子会）也对谷干城的说法表示赞同，他对伊藤博文的意见批判道："将这么多钱用在军事上面还为时过早。"

面对这样的状况，伊藤博文只有低头求情，甚至在演说中说出"即便粉身碎骨，也在所不惜""卑躬屈膝"等，并在15名委员面前下跪请愿。

即便如此，曾我祐准和谷干城依旧不为所动，连延后决议的动议也遭到了否决。原敬在这一天的日记中记录道，贵族院反对全是研究会挑的头。伊藤博文率领政友会组阁后，贵族院议员觉得被伊藤排斥，甚至有一部分人试图让近卫笃麿组阁。

当然，贵族院的这一举动引起了政友会的强烈反抗。此后，包括"缩短贵族院议员任期"等内容在内，要求对贵族院改革的呼声越来越高。贵族院改革之渊源正在于此。

男爵人数增多问题

由于增税案的纠纷，修改《贵族院令》之动向也逐渐明显。随后，《贵族院令》在1905年至1918年经历了3次修改。

这3次修改的主要目的在于对华族议员定员人数进行调整，特别是对其中的子爵和男爵议员的比例进行调整。

颁布于1889年的《贵族院令》第四条规定："伯、子、男各爵位人数不应超过总数的五分之一。"但正如本章第一节所述，在经历了日清战争和日俄战争后，许多人通过战争中的功绩获得了男爵爵位，这使得男爵人数大大增加，导致了必须对伯、子、男爵议员定员数做出修正（之前虽然有"五分之一"的规定，但并没有规定各爵位议员的具体人数，具体人数在每次选举时通过御诏的形式公布）。

从表3-9中我们不难看出，凭借战争时期的功绩跻身男爵之列的新人，如果按照其增加比例入选贵族院议员的话，连敕选议员人数也必

桂太郎（1847~1913）
两次内阁期间均曾试图控制华族议员人数，
但每次都在议会引起争议

须相应增加才行，这样一来无疑会打破两院议员数的平衡。此外，在第一章中我们说过，公爵和侯爵均为终身制议员，不受任期限制，但因人数较少，甚至都没能成为人们关注的对象。

《贵族院令》的 3 次修正

伊藤内阁因阁内不统一而倒台，在 1901 年接替伊藤内阁的正是以"研究会"为根基而成立的第一次桂太郎内阁。另外，"研究会"在反对增税案后，其一部分势力开始向政友会靠近，内部出现了对立。

1905 年，第一次桂内阁试图对议员的人数做出限制，规定伯爵为 17 人，子爵 70 人，男爵 56 人，并将此修正案提交议会。

然而，这份议案没有考虑到日俄战争带来的男爵人数增加问题，因此遭到了男爵议员的强烈反对。本议案也因一票之差而遭否决，其代替方案却表决通过了。代替方案中规定，伯爵、子爵和男爵议员的总人数不得超过 143 人，而各爵位所占比例则与其总人数的比例相同，这就是第一次修正案。

《贵族院令》的第二次修正是在第二次桂内阁时期进行的。1909 年，改革方案又一次被提交到了议会审议。这次的议案获得了男爵议员的同意，男爵议员的上限人数增加了 7 人，从上次的 56 人变成了 63 人。作为代价，该议案对定员人数也做出了规定，这是为了防止将来人数继续增加。

然而，此改革案并没有解决伯爵、子爵和男爵的占比问题。在当时的贵族院议员构成中，每 5.94 人之中有 1 名伯爵议员，每 5.38 人之中有 1 名子爵议员，而每 6 人之中才有 1 名男爵议员。因子爵议员的比例尤其高，此改革方案被戏称为"子爵保护法"并受到批判。

男爵议员中的西五辻文仲（兴福寺明王院住持）以及千家尊福也强烈反对此案，并向委员会提议将男爵议员数调整为多于子爵议员数。

结果，围绕此案，无论是委员会还是正会都发生了争论，其间也提出了主张增加男爵人数的修正案，但若是按照此修正案增加男爵人数的话，贵族院议员的总人数就会达到 387 人，这会打破贵、众两院的平衡（当时贵族院人数为 371 人，众议院人数为 381 人），而且敕选议员与华族议员的人数会差距更大。因此，田健治郎男爵的这一修正案备受批判，最终还是以投票的方式通过了政府提出的原案。

在差不多 10 年后的 1918 年，寺内正毅内阁提出了第三次《贵族院令》修正案。原因是第一次世界大战期间，军人、官僚及财经界人士等因功勋叙爵，男爵人数再次增加。

这一次的修正案并没有引起太大的争论，简单来说，修正案规定伯爵议员人数不超过 20 人，子爵、男爵各不超过 73 人。此议案的中心就是将伯爵、子爵和男爵的总人数增加 16 人并分配至各爵位。

正如前文所述，这 3 次修正的目的是解决许多人在日清战争、日俄战争和第一次世界大战后因功叙爵，男爵议员数大幅增加而引起的伯爵、子爵和男爵议员数不平衡问题。然而此举也导致了伯爵、子爵和男爵议员间的利益纠葛。在此期间，以子爵议员为中心的"研究会"成为贵族院内的最大多数派，并逐渐掌握了重要话语权。

瓦解华族议员计划

1924 年 6 月，随着加藤高明内阁的成立，贵族院改革进入了一个新的阶段。之前改革的着眼点都在调整华族议员定数方面，而从这一年 12 月至第二年 3 月召开的第 50 次会议开始，改革开始向组织方面倾斜。换句话说，新阶段的改革对象变成了华族制度本身。原因是经历了第一次世界大战，民众的力量在提升。

加藤高明首相在第 50 次会议上发表的"施政方针演讲"中说明了会将贵族院改革一事"提交本次会议审议"，明确了他希望在本次会议

加藤高明（1860~1926）

中进行改革的目标。加藤内阁是由所谓的"护宪三派"（政友会、宪政会、革新俱乐部）共同组成的，而这个"护宪三派"早前就批判清浦奎吾内阁，称其为"以贵族院为母体的特权内阁"。因此，新政权成立后所制定的"三大支柱政策"之中，除了《治安维持法》和《普通选举法》外，还包括贵族院改革这一内容。

1926 年 2 月 22 日，在东京两国地区的国技馆召开了"普通选举与贵族院改革断行国民大会"，此次大会将贵族院改革与普通选举运动联系在一起扩展开来。

在这样的背景下，加藤高明内阁提出了自己的《贵族院令》修正方案，内容如下：第一，将公爵、侯爵、伯爵、子爵和男爵议员的年龄从 25 岁提高到 30 岁；第二，伯爵、子爵和男爵议员定数分别减少一成，并将其总数定为 150 人；第三，将帝国学士院会员间互选产生的议员数增加 4 人；第四，多额纳税议员增加到 66 人；第五，将勋劳学识议员人数定为 125 名；第六，撤销敕选议员总数不可超过华族议员之限制。换句话说，加藤高明内阁提出的改革案，最大目标在于限制华族议员的总数，以期瓦解被因循守旧的既得权益保护着的华族议员集团。

然而，1925 年最终实际执行的第四次修正案仅实现了"将华族议员年龄从 25 岁提高到 30 岁"以及"子爵议员的定员人数减少 4 人"这两点，并没能从根本上缩减华族议员的特权。这是因为修改《贵族院令》需要贵族院投票表决，也意味着需要得到贵族院最大派阀"研究会"的同意，而"研究会"对加藤高明的贵族院改革案自始至终持反对态度。

贵族院中的政治会派

这里，让我们简单地介绍下贵族院中以"研究会"为首的政治会派。

华族之所以在贵族院中有着极其重要的地位，除了在人数方面占了一半以上外，还有就是许多政治会派都是以华族议员为中心组成的。

当然，也存在一些非华族议员会派，但这些会派也是受到华族议员的影响成立的。政治会派在贵族院的审议决议过程中起到了非常大的作用，甚至可以说华族议员围绕政治会派的离合集散，可以直接左右贵族院的动向。

贵族院之中除了政治会派外，还存在选举集团以及社交团体（政治团体）等势力。其中特别是伯爵、子爵和男爵议员，由于他们作为贵族院议员存在任期的限制，所以更需要在选举等活动中结成政治同盟，因此他们更加活跃。

将贵族院内此种政治会派的主要离合集散经过总结一下，可以得到如下的派系图。其中长期占据中心位置的，正是在各种重要场合展现其影响力的"研究会"。"研究会"是以子爵议员为中心，包括侯爵、男爵以及敕选议员在内的，贵族院中常年凌驾于其他组织之上的最大的政治会派组织。

贵族院议员的组织化要追溯到被任命为贵族院议员的华族，特别是其中需要通过互选形式成为议员的伯爵、子爵和男爵分别成立伯爵会、子爵会、男爵会或伯子男爵协议会等组织的时候。

1890 年，第一次伯、子、男爵议员选举在东久世通禧伯爵等选举管

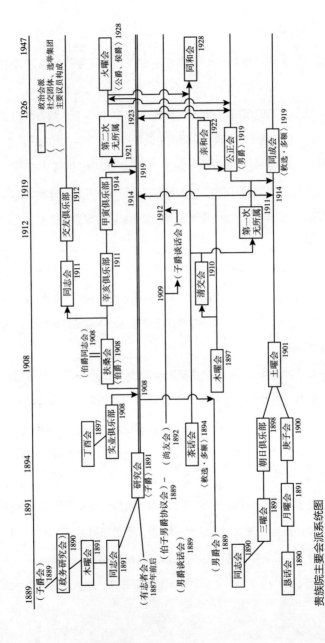

贵族院主要会派系统图

资料来源：此表据『研究会政治年表』（尚友俱乐部，1975 年）制成。

理人的主持下于华族会馆举行。在这一过程中，"子爵会"改编为"木曜会"等组织，而后继续发展并于 1891 年 11 月成立研究会，当时有 37 名会员。

后来，以山县有朋一派中的敕选议员为中心，加上若干华族议员一起组成了可与"研究会"抗衡的"茶话会"。以千家尊福男爵为中心的一些人为了对抗"茶话会"，又组成了"木曜会"。

此后，正如前文所述，原本立场偏向政府的贵族院政治会派在伊藤博文选择以政友会为基础组建内阁之际开始出现反政党倾向，逐渐重视自身权力的同时不断发展扩大。后来还出现了以二条基弘公爵为中心的"土曜会"以及由伯爵议员组成的"扶桑会"等组织，而"研究会"则继续发展壮大，此种情况一直持续到第一次世界大战结束。

1918 年，政友会总裁原敬出任首相并开展了应对"研究会"的工作，而"研究会"方面也有所回应，转变立场并支持原敬内阁。这样一来，"研究会"迎来了发展鼎盛期，一些其他会派的议员也纷纷加入"研究会"。到 1924 年，"研究会"已拥有 174 名会员，占贵族院议员总数的一半左右，"研究会"也成为贵族院中最大的会派。与此同时，以男爵议员为中心建立了"公正会"以对抗"研究会"。

原内阁以后，以华族议员为主体的贵族院的政治势力继续扩大，在占据其中心地位的"研究会"的影响下，先后建立了加藤有三郎及清浦奎吾等内阁。

1925 年，作为对贵族院议员的怀柔政策之一，加藤高明护宪三派内阁将 1924 年设置的敕任政务次官职位让与华族议员担任。在贵族院内部，以近卫文麿为首的公爵、侯爵议员对追随政党内阁的"研究会"

展开了批判，并成立了"火曜会"。"研究会"的人数逐渐减少至 150 人左右。

先提一下，在 1932 年发生的"五一五事件"中，犬养毅首相被杀，此后政党势力开始衰弱，华族议员却十分积极地支持战时议会。

在 1940 年"大政翼赞会"成立之时，以担任总裁的近卫文麿公爵（火曜会）为首，许多华族议员都成了其主要干部。此时"研究会"的会员人数再次超过 160 人，而"火曜会"的人数也达到了 46 人。从他们不断重提对军人的感谢决议等行为可以看出，他们始终展示出亲军队的倾向。贵族院的政治会派在政党势力逐渐没落后，最终都选择了继续支持现有体制。

两位华族提出的改革案

贵族院内部对于贵族院改革的呼声也越来越高。早在 1924 年加藤高明内阁成立之前，华族议员中的德川义亲侯爵、藤村义朗男爵、中川良长男爵、池田长康男爵，敕选议员中的江木千之，以及多额纳税议员中的镰田胜太郎等人就已经分别提出具体的改革方案。

其中具有划时代意义的是德川义亲和藤村义朗在其提出的改革方案中，主张应缩小华族议员所属组织的权限。

最早提出这一主张的是藤村义朗，他在 1921 年就将改革案整理成册，并且自己花钱出版，在贵族院内外发放。

藤村义朗在其提出的方案中主张将除皇族以外的议员分为华族（有爵）和敕选两类，且两类人数相同。在此基础之上，废除公、侯爵议员的世袭制度，改为互选制，废除多额纳税议员，新设朝鲜皇族（王公族）及朝鲜贵族代表议员等。

按照"藤村案"之主张来计算，皇族议员人数保持不变，但华族议员人数会减少（公爵由 14 人减少到 5 人，侯爵由 34 人减少到 10 人，伯爵保持 20 人不变，子爵由 73 人减少到 50 人，男爵由 73 人减少到 50 人），敕选议员人数增加（由原来的 125 人增加至 150 人），而多额纳税议员（现存 7 人）则一个不剩。以前没有议席的朝鲜皇族（王公族）将获得 2 个席位，同时新增 5 名朝鲜贵族议员。贵族院议员总数将减少 94 人，从原来的 401 人变成 307 人。除此之外，藤村义朗还主张废除议员年薪制度，并针对敕选议员导入推荐制度等。

藤村义朗之父藤村紫朗为原熊本藩士出身，后成为地方官，在历任山梨和爱媛两县知事后成为贵族院敕选议员，后因功勋得以叙爵男爵。藤村义朗正是继承了其父之爵位。藤村义朗在三井物产工作后袭得爵位，当选男爵议员，在清浦内阁时期担任递信大臣一职。他提出的改革方案，反映了他常年在地方政界和实业界打拼而积累的经验和务实的判断力。

与"藤村案"相比，"德川案"更加让人耳目一新。德川义亲在 1924 年的《法律新闻》（5 月 10 日）上刊登了一篇名为《贵族院改造私见》的文章。在此文中，他主张以选举团体按照职业类别选出的议员代替敕选议员和多额纳税议员，成为贵族院的一部分。也就是说，德川案主张采用"职能代表制"。不仅如此，他还主张承认女性的参政权。他认为不仅应该承认女性在选举职业议员时的选举权和被选举权，还应让皇族之中的成年女子也加入议员行列。另外，德川义亲还主张大幅减少华族议员人数，将现有的 214 人（公爵 14 人、侯爵 34 人、伯爵 20 人、子爵 73 人、男爵 73 人）减少至 100 人以内。

然而，周围人还是将德川义亲这样的身为华族却否定华族的举动视为"异端"。

不管怎么说，对于华族而言，贵族院是他们可以用来公开守护既得权益的场所。

随着时间的推移，敕任议员（敕选议员、多额纳税议员、学士院会员议员的总称）有所增加，华族议员所占的比例虽然逐渐减少，但这并没有动摇其在贵族院中压倒性之地位。这样一来，只要贵族院改革的条件依旧是须获得贵族院本身即华族的同意，这些拥有诸多权益的华族就不会出现全面倒向一方的情况。

当我们说起日本近代政治史的时候，很多人都是从"民众权利不断扩大"这一角度说明的，华族作为既得权益的代表一直是通过操控贵族院的方式扮演着抵抗势力的角色。此后，在 20 世纪 30 年代后期，政党政治的局限性逐渐显露，此时，身为五摄家之首的、最具代表性的华族成员近卫文麿以贵族院作为资本，开始在历史的舞台上施展拳脚。

第四章
通向毁灭之路——从大正到昭和

1 经济基础的瓦解

武家华族所持美术品外流

　　日清战争和日俄战争中一些人因军功叙爵，华族总数有所增加，而与此相对的是，随着资本主义经济的发展，华族成员间的经济实力差距却逐渐拉大。特别是在被称为资本家阶层的武家华族之中，有些家族为了渡过经济难关甚至不得不变卖"传家宝"，更有甚者将自己的官邸变卖，或者放弃爵位。这样的情况逐渐严重特别是在第一次世界大战期间出现的暴发户购买这些东西的时候。后来，特别是20世纪20年代（大正末期）至30年代（昭和初期），这种现象被看作华族家族名望没落的象征而备受世人关注。

　　根据在第一次世界大战前的1913年发表的《日本之资本家》（《大阪朝日新闻》1月29日）的内容来看，资产在1000万日元以上的资本家一共有24人，其中大部分为上层武家华族以及随着资本主义发展而

藤田传三郎（1841~1912）

具备了一定实力的实业家。顺便说一下，此时的岩崎家、三井家、住友家以及藤田家都已授爵，成了男爵家族。大仓和古河两家也将在两年后成为男爵家族。

这些实业家中的大多数同时也是美术品收藏家。他们依靠资本的势力搜集贵重的美术品、使用名贵的茶具和挂轴开茶会，有些人甚至建造了美术馆。

其中最具代表性的人物要数藤田传三郎和大仓喜八郎了。关于藤田传三郎，我们已经在第三章中简单地介绍过他的经历，他对于名贵物品有着强烈的兴趣，别号"香雪"。他位于大阪纲岛（现都岛区）的家中有超过 40 间茶室，他的儿子藤田平太郎也是有名的收藏家。藤田家还有"椿山庄"和"箱根小涌园"这两座别墅庄园，现在大阪的藤田美术馆中还收藏着他的许多藏品。

大仓喜八郎（1837~1928）为越后巨贾出身，曾在江户开设枪炮店，成为幕府御用商人，因此财源广进。大仓喜八郎还创立了土木、矿业等领域的财团。他在 1915 年叙爵男爵爵位后，于 1917 年开创了日本首家私立美术馆大仓集古馆，并在此将收藏品向一般民众公开展出。

除了他们两人之外，原富太郎、安田善次郎、村井吉兵卫和久原房之助等实业家也曾以美术品收藏家的身份，频繁出入美术品拍卖会。这样一来，这些实业家与变卖先祖茶器和画卷等名贵珍品的武家华族之间便成了买卖关系。

"大拍卖时代的先驱"

在第一次世界大战爆发后，随着"暴发户"的登场，实业家与武家华族之间的"传家宝"交易也进入了新的阶段。"暴发户"的经济实力使这些"传家宝"的价格一路飙升。

时间来到 1916 年，此时的日本经济正随着第一次世界大战的爆发进入景气期，这一年也被日本美术界称为"订单大爆发"的一年。其中，伊达宗基伯爵（仙台）于 5 月 16 日和 7 月 5 日举办的两场拍卖会（拍卖美术品）拉开了华族家族美术品流向市场的大幕，他被称为"大拍卖时代的先驱"。

伊达家在计划之初就预见到拍卖会会受世人瞩目，因此附带预览会门票的拍卖品目录只印刷了 12000 份，以方便控制入场人数。然而这一行为反而让拍卖会的人气更加高涨，并创下明治以来美术品拍卖价格的最高纪录。

第一次拍卖会于东京美术俱乐部召开，由马越龚平（大日本啤酒社长）担任责任人，卖方为伊达家家族长伊达宗基伯爵等人。根津嘉一郎（实业家）、三井八郎次郎（高弘）男爵及三浦梧楼子爵等人作为买方也出现在了会场之中。

此次拍卖会中，有名的"岩城文琳茶入 ①"以56000日元的价格落锤，此后更是以158000日元的高价为藤田德次郎（藤田传三郎的次子、藤田平太郎男爵之弟）所收藏。

第二次拍卖会更是聚集了来自全国各地的400多名商人，此次拍卖会也因此广受好评。在这次拍卖会中，拍卖价格最高的商品为著名的"唐物福原茄子茶入"，传说是住友家以57000日元的出价中标。此外，据说伊藤传右卫门（福冈地区的矿主，曾因与以美貌著称的柳原白莲再婚后又离婚而受到人们的关注）也以18000日元的价格购买了"黑地布袋泷莳绘砚箱"。

佐竹侯爵家《三十六歌仙》的流转

1917年也举办过拍卖品超过50件的拍卖会，其中有三场拍卖会的拍卖额超过了100万日元，而拍卖额在100万日元以下50万日元以上的拍卖会也有两场，可谓盛况空前。华族家族也多次举办拍卖会，除了佐竹侯爵家以外，伯爵有山田和津轻两家，子爵有黑田、毛利（佐伯）、秋元、川上、本庄、石川（龟山）、冈泽以及松平（石冈）等8家，男爵有高桥和富冈两家，总计有13个家族举办了拍卖会。

其中最引人注目的要数佐竹侯爵家举办的拍卖会了。此次拍卖会的总成交额超过100万日元，同时还创下了战前美术品交易最高成交价的纪录。

此时的佐竹侯爵家中，佐竹义春刚刚继承了佐竹义生的地位，成为

---

① 茶叶罐。

一家之主。佐竹义春的母亲是德大寺实则公爵的二女儿柞子，妻子是九条道实公爵的大女儿兼子（大正天皇皇后节子是其姑母），无论是母亲还是妻子都是名门公家出身。

此次拍卖会在原秋田藩出身并担任过东京美术学校教授的寺崎广业以及佐竹家家令大绳久雄等人的提议下于 11 月 5 日举办，由益田孝男爵和高桥帚庵两人担任中间人。

佐竹家拍卖会中最引人注目的拍卖品要数藤原信实的真迹《三十六歌仙》了。益田孝男爵曾试图说服三井家拍下此画，但没有成功。结果，此画最终以 353000 日元的价格成交，占总拍卖金额 1111000 日元的三分之一左右，创下了美术品成交金额的最高纪录。

拍下此画的是松昌洋行的老板山本唯三郎。松昌洋行依靠船舶运输

佐竹侯爵家家族长佐竹义春与
出身九条公爵家的兼子
佐竹拍卖会后依旧苦于维持家庭生计

业起家并迅速壮大。山本唯三郎本人还有一个"虎大尽"的绰号，他在这一年的 12 月 30 日邀请了 200 余人到帝国酒店一起分享他在朝鲜半岛猎到的老虎。

然而仅仅在两年后，随着第一次世界大战的结束，船舶运输业遭受了巨大的打击，山本唯三郎也不得不将《三十六歌仙》转手。虽说如此，但那时没有人能支付得起 35 万日元的高价。因此，京都的土桥嘉兵卫与服部七兵卫经过商议，最终决定将此画做拆分处理。

拆分工作由益田孝男爵和田中亲美（日本美术研究家，后还曾参与分割《源氏物语绘卷》）负责，他们将"源宗于"部分赠送给了原主山本唯三郎，剩下的部分则由有意愿购买的人通过抽签的方式分取。最终，以"柿本人麻吕"为首的《三十六歌仙》经过拆分，被分别交给不同买家。"纪贯之"部分归服部七兵卫（古美术商）所有，后来又先后归于伴良太郎和耕三寺（本姓金本）耕三，现藏广岛县耕三寺博物馆。如此这般，佐竹侯爵家藤原信实的真迹《三十六歌仙》几经转手，流散各处。

拍卖会盛况的意义

对现存的拍卖目录依照年份整理后可以发现，在第一次世界大战爆发后的 1916 年至太平洋战争开始前的 1940 年这 25 年中，每年都会举办百余场拍卖会。这些拍卖会的会场大多集中在东京和大阪地区（经过确认的 4134 场拍卖会中，东京有 1508 场，大阪有 905 场）。

其中，拍卖会举办得特别多的年份要数第一次世界大战中的 1917 年（132 次）、关东大地震后的 1925 年（129 次）、金融危机后的 1928

年（156 次），以及从九一八事变爆发的 1931 年至二二六事件发生的 1936 年这 6 年时间（分别为 123 次、118 次、146 次、163 次、143 次和 141 次）。

这些年份正是平衡需求和功绩的时期，换句话说，这一时期以武家华族为首的、陷入经济困难的家族集中出售他们拥有的美术品。在关东大地震以及金融危机时期，为了缓解灾害和经济不景气造成的经济困难，出售美术品的现象有所增多。

九一八事变发生后，随着军需的增长，出现了一些军需行业的"暴发户"。这一时期拍卖数字的增加体现了这些人对美术品的需求。他们之中大部分人都分辨不出拍卖品是真品还是赝品，因此有些人就盯上了这一点大量制作赝品，赝品横行成为这一时期的特征之一。

不管怎么说，这一时期华族社会的经济基础发生动摇，这一状况体现为美术品市场的繁荣。话说回来，这些手握"传家宝"的人还是属于受到命运眷顾的一方的。武家华族之中，一些经济困窘的人甚至不得不卖掉自己的房子。例如，田安德川伯爵家在进入昭和时期后家计吃紧，不得不将位于三田地区的主宅卖给庆应义塾，一家人搬到了位于千驮谷德川本家的别邸中居住。

尾张德川家的家族财政改革

面临如此困难的经济状况，华族中的不少人都抱有危机意识，其中就包括继承了尾张德川家的德川义亲（1886~1976）。

德川义亲的父亲就是幕末维新时期的政治领袖之一越前福井藩主松平庆永（春岳）。后来支藩越后丝鱼川藩主松平茂昭继承了越前松平家系并晋升至侯爵爵位。松平庆永的第三个儿子松平庆民在分家后获得了子爵爵位（曾担任式部长官等职位，在 1946 年到 1947 年担任最后一任宫内大臣），而他的四个姐姐也嫁入了不同的华族家庭。

德川义亲排行第五，因此没有分家的资格，一直过着"吃冷饭的生活"。后来他被尾张德川家的家族财政顾问，也就是后来成为首相的加藤高明男爵（后晋升子爵、伯爵）看中，被接到尾张德川家做他们女儿米子的婿养子，并在之后继承了尾张德川家成为家族长。

德川义亲曾在东京帝国大学从事尾张德川家所有的、位于木曾地区的林场应如何经营管理等方面的研究，是一位"理财天才"，对于经济问题非常关心。在大正末期到昭和初期的这段时间，德川义亲曾前往美术俱乐部等拍卖会参观，他惊叹于原大名家拍卖品的种类之多，并感叹道："难保我家不会沦落至此。"（德川義親『最後の殿様』）

受此危机感影响，德川义亲于 1931 年创立了财团法人"德川黎明会"，并将尾张德川家的"传家宝"保管于此。黎明会由德川林史研究所、德川美术馆、蓬左文库等机构组成，负责保管古籍和其他"传家宝"。

德川义亲将上上代家族长德川义胜开垦的北海道八云村及著名古战场之一的爱知县小牧山等地捐赠出去，还因此被华族众人戏称为"撒手不管的尾张侯"。然而，他的这个英明的举措使尾张德川家成功地重整家计，在许多华族家族逐渐走向没落之时，尾张德川家却将损失降到了最低。

德川义亲的先见之明集中体现在德川美术馆的建造计划上。他通过变卖一部分尾张德川家"传家宝"凑够了建设美术馆的资金，继而又将《源氏物语绘卷》等价值颇高的美术品放在美术馆中保管、展示。

此外，德川义亲还在 1933 年（昭和八年）通过拍卖会购买了《丰国祭礼图屏风》（阿波蜂须贺侯爵家之拍卖品）和"加藤清正公兜"（纪州德川侯爵家之拍卖品）等传世之宝，扩大了德川美术馆的"秘宝"收藏规模。其中，"加藤清正公兜"是与细川侯爵家竞价后买到的。此时的华族之中有经济实力的家族已经开始争夺那些家境不济家族的宝物了。

此外，德川义亲还干预身为同族的德川一门及其姻亲华族家的家计问题，以图方便。德川义亲干预过的华族家族包括德川宗家旁支的德川厚男爵家、纪州德川侯爵家、田安德川伯爵家以及佐竹侯爵家等。

如前文所述，佐竹侯爵家虽然通过变卖《三十六歌仙》等宝物获取了大量资金，但这些钱没过多久就被花光了。佐竹侯爵家的夫人是九条道实公爵的长女兼子（贞明皇后的侄女），要改变习以为常的生活方式，对她来说想必并不容易。顺便说一下，后来德川义亲的三女儿百合子嫁给了佐竹侯爵家的继承人佐竹义荣，成了侯爵夫人。

然而，对于那些没能改变原有生活方式的华族来说，主导了这一系

德川义亲（1886~1976）
在华族走向没落之时感受到危机，因此尝试了多种改革。20世纪 20 年代，他与南方地区的关系变得密切，战争时期担任负责管辖马来地区的第二十五军顾问以及昭南（新加坡）博物馆馆长等职，还曾策划包括"三月事件"在内的多次政变

列家族财政改革的德川义亲很招人烦。德川义亲在日记中记录道，"华族都是这样走向没落的"，展现出强烈的危机意识。

财富向财阀华族集中

正如第二章中列出的"武家华族高收入者一览"（见表2-4）所显示的那样，1898年收入前十名之中有一半是武家华族出身。到了1913年，从《日本之资本家》的统计来看，武家华族还能占据三分之一的席位，并没有发生太大的变化。然而到了20世纪20年代（大正末期到昭和初期），随着经济形势的变化，与大财阀不断发展形成鲜明对比的是武家华族的不断没落。

举例来说，将《帝国金满家大排名》（1922年）和《全国金满家大排名》（1933年）中列举的前几名对比一下，我们不难发现：武家华族中的德川赖伦侯爵（和歌山）和毛利元昭公爵（山口）等人的名字一个接一个地消失了。

纪州德川侯爵家除了维持奢侈生活方面的花销，在1923年的关东大地震中损失严重，而1925年家族长德川赖伦去世后缴纳的遗产继承税更是让家族的资产情况雪上加霜。

毛利公爵家在20世纪20年代以后将持有的土地从世袭财产中剔除，并转化为国债及有价证券，通过此种方式将原本的地租收入转变为利息分红，并以此改变经济基础。但到了20世纪30年代后期，在经济危机后，一家人的收入锐减。

通过《帝国金满家大排名》和《全国金满家大排名》可以看出，作为新兴华族的岩崎、三井以及住友等财阀家族占据了收入前几名的位置。1922 年，山下龟三郎、内田信也以及山本唯三郎等人也通过第一次世界大战后船舶运输业的兴盛取得了相应的排名。1933 年，从财阀华族的资产额来看，占据首位的岩崎家族中，岩崎久弥为 5 亿日元，岩崎小弥太为 4.3 亿日元。紧随其后的三井八郎右卫门也坐拥 5 亿日元的资产，而第三位的住友吉左卫门的资产为 2 亿日元，这些人的资产之庞大让人瞠目结舌。

此外，在排名最靠前的岩崎、三井和住友之后，还有古河、根津、安田、野村及鸿池等实业家家族。虽说排名靠前的资本家中大部分是财阀，但其中还包括金泽的前田利为侯爵（7000 万日元）、佐贺的锅岛直映侯爵（7000 万日元）以及高知的山内丰景侯爵（3000 万日元）等 3 个武家华族。这三家在关东大地震及十五银行事件中遭受的损失不多，通过将基本收入转变为国债收入等方式，对资产进行了相对顺利的整理，关于这一点我们会在后文中详细说明。然而，这三个家族只能算是例外，曾经在华族中以资产庞大著称的武家华族，从整体上来看经济实力正不断衰退。

世袭财产的流动化

在经济形势变动的背景下，日本于 1916 年对《华族世袭财产法》做出了修改。

在新的法律中，世袭财产的范围虽然有所扩大，但同时也允许华族在获得宫内大臣许可的前提下放弃世袭财产。换句话说，旧法中规定的世袭财产只包括"田地、山林、宅地、盐田、牧场、池沼"（第一类）等土地财产，建筑、庭院等属于其附属物；而新法之中将范围扩大至"传家宝、不动产、已登记国债或记名有价证券"等，附属物也被纳入了世袭财产的范围。这样一来，华族就拥有了几乎可以自由决定世袭财产的权利。

随着新法的公布，华族之中有不少家庭着手变更或放弃世袭财产。在1920年至1931年这11年中，华族世袭财产审议会共受理了91件华族家族提交的"世袭财产废止申请书"（每件中包括多个华族家族的申请，也有同一家族数次申请的情况）。

申请者除了前面提到的毛利元昭公爵外，公爵家族还有一条实辉、二条厚基、三条公辉、鹰司信辅、九条道实、岩仓具荣以及岛津忠重等人，侯爵家族还有德川义亲（名古屋）、松平康庄及松平康昌（福井）、德川赖伦及德川赖贞（和歌山）、前田利为（金泽）、池田宣政（冈山）、黑田长成（福冈）以及佐竹（秋田）一家等。除此之外，还有酒井、津轻、堀田和井伊等有名的伯爵、子爵和男爵家族。

这些人申请放弃世袭财产的理由之一是为了还债，但并非所有人都是为了清理债务，也有的人是将不动产转变为有价证券以获得更多收益，并以此重整家族财政。包括前文中提到的，以德川义亲一家为首的武家华族家族，如松平（福井）、前田（金泽）、池田（冈山）和黑田（福冈）等家族，在家族财政改革方面都比较成功，顺利地渡过了经济难关。

在关东大地震中的损失

在1923年9月1日发生了关东大地震，以东京下町为中心的地区遭受了巨大的破坏。地震引起的火灾给一般市民造成的损失超乎想象。

此时担任摄政的裕仁皇太子有感于受灾人民的苦境，向社会各界请求对受灾人员进行救济。在此背景下，华族会馆成立了"震灾同情会"，除了自身捐赠 30 万日元外，又从会员处募集了 693420 日元的救济款，此外还筹集了 24 万件棉质罩衫用于发放。

华族会馆馆长德川家达公爵担任"震灾同情会"的会长，副会长则由蜂须贺正韶侯爵和前田利定子爵担任，一条实辉公爵等 9 人共同组成特别委员会。

此次震灾也给华族造成了不小的损失，在震灾中丧生的华族及其丧生地点如下：本所地区的京极高义子爵（贵族院议员）、叶山地区的松冈康毅男爵（检察总长、农商务大臣）、神奈川县二之宫的园田孝吉男爵（伦敦总领事、横滨正金银行及十五银行总裁）以及大矶地区的片冈恒太郎男爵夫妇等 9 人。被烧毁的房屋包括西园寺公望公爵宅邸在内有 58 处，地震中倒塌的房屋包括米仓昌达子爵府邸在内有 5 座。

地震发生后，华族世袭财产审议会收到了 56 家华族提出的放弃世袭财产的申请，从这一点也可以看出华族家族在地震中的损失之大。

提出申请的华族中，公爵家有一条、二条和三条 3 家；侯爵家包括武家华族的德川（和歌山）、松平（福井）、黑田、佐竹，公家华族的中山、嵯峨及花山院等 7 家；伯爵家有 9 家，子爵家有 32 家，男爵家有 5 家。

其中，松平（福井）家提交的"放弃申请"的数额最大，为 383 万（千位数以下省略）日元，华族因震灾损失放弃世袭财产的总额度达 1763 万日元。经调查，1920 年世袭财产的总额（不包括不动产和传家宝）中，国债和证券合计金额达 2313 万日元，也就是说，华族资产总额的 76% 在此次震灾中化为乌有。

蜂须贺农场的出路探索

让我们把目光转向地方。兴起于 19 世纪 90 年代的华族组合农场因遇到困难而分裂，而在 1893 年，蜂须贺茂韶一人就掌握了其中的一大半。开始的时候，他尝试了以种畜和大农具为中心的大农式直营方式，但效果并不好，后转而采用以水田为基础的小作经营，收取租金，并借 1910 年大米价格持续上涨之机，将农场逐渐转为主打水稻栽培与小作经营。

《雨龙町史》及《雨龙町百年史》记载，"那时候人们对于（在北海道）进行水稻栽培是否合适，从常识角度出发还抱有疑问，直到今日我们才深深地感受到（蜂须贺）茂韶的慧眼和英明决断"，对蜂须贺农场坚持水稻栽培一事的评价颇高。实际上，在农场全盛期的 1921 年，小作户的总收入为 890998 日元，租金为 248575 日元，约占 28%。扣除当时农场的各种经营费用总额约 90875 日元，蜂须贺侯爵一家约有 15 万日元的纯利润收入。

当时雨龙村总经费也只有 41300 日元而已，也就是说，蜂须贺家在农场中投入了村子总经费 1 倍以上的资金，获得了接近 4 倍的利润。

也许正因规模如此之大，小作户都称蜂须贺农场为"御农场"，"连村子的管理者都不得不按照农场长的意思办事，他的势力大到甚至可以要求解雇小学职员"。农场主蜂须贺侯爵每次来村子，对整个村子来讲都是一件大事。

农场小作户数量在 1893 年为 13 户，其后逐渐增加，到了 1912 年已经有 785 户，到了 1920 年更是增加到 949 户。蜂须贺农场也因此获得了稳定的收入，蜂须贺家作为"居住在异地的地主"，收益颇丰。

然而，这种收益并没能持续太久，这是因为从 1920 年开始，几乎每年都会出现"小作争议"的问题。

小作争议频发

1920 年的争议是由农场方面根据土地登记调查的结果，向小作户增收租金引起的。在此时期，农家的生计本就因米价过高而难以为继，因此这些小作户集体请愿，希望可以推迟一年再涨租。蜂须贺家拒绝了他们的请愿。虽然小作户举行了抗议集会，但由于农场方面叫来了警察，集会被解散。一小部分小作户因心怀不满而酗酒，并借着酒劲袭击了办公室，最终被警察拘留。此时，农场方面也做出了一些相应的让步，表示"今后将改善小作户的待遇"。对此，一些小作户特地上京向蜂须贺正韶侯爵表达了感谢，此事才告一段落。但是在此后的 1926 年、1927 年和 1929 年，类似的争议问题不断上演。

在争议的过程之中，甚至出现了"我们打倒蜂须贺一家，象征着打倒日本的地主。我们的胜利就是全日本百姓的胜利""打倒小偷小六（蜂须贺家祖先）"这种过激的口号。

1930 年争议发生的背景，是从小作户转型为自作农民的人本就要负担转移登记费和不动产取得税等费用，还因旱灾等天灾遭受损失，雪上加霜。这些农民要求农场方面提供补水设备，农场方面也答应帮忙。

蜂须贺农场之所以选择通过"分割土地"的方式创立"自作农"制

度，是想借助此举分裂瓦解小作农民之间的联合，以便永久地解决争议问题。例如，小作农民中的平松富次郎夫妇二人就非常想拥有自己的土地，他们原本希望通过两年的努力支付全部土地费用，但当他们把所有的收成变卖后依旧付不起分割费，平松富次郎只好外出务工赚钱补足差额。这样一来，他也没法参与小作争议了。后来他回忆道："'土地分割'实为地狱分割。"（『蜂须贺の女たち』）

以 1931 年爆发的争议为界，此后再没发生过大规模的争议事件。1932 年虽然收成非常不好，又发生了大洪水，但农民依旧按时缴纳了地租，农场和农民间的关系渐渐回归融洽。需要指出的是，这种"融洽"关系背后真正的原因，是日本为满足战争的需要进入了统制时代。华族所拥有的大部分农场都同蜂须贺农场一样，慢慢走向了衰败。

十五银行停业

导致战前华族经济走向没落的决定性因素，是发生在 1927 年 4 月21 日的十五银行临时停业事件。

十五银行因第一次世界大战后经济不景气，不良债权有所增加，后来又在关东大地震中损失严重，除了丸之内支行外，东京和横滨地区的一共 10 处总行支行和两个办事处都因火灾被毁。

这次停业也是受到所谓"金融恐慌"的影响，除十五银行以外的其他银行发行的"地震票据"出现了贷款难以回收的情况，而市场上得知此事后发生了不小骚动，人们都争相跑到银行取钱。

实际上，十五银行在 1915 年由松方严公爵担任总裁后，开始为与松方家族关系紧密的企业进行巨额融资，其中包括川崎造船所，而担任川崎造船所社长的正是松方严的弟弟松方幸次郎（松方公爵家旁支）。十五银行因这次融资而遭受了不小的打击。

川崎造船所的前身是鹿儿岛出身的川崎正藏（继承了川崎正藏地位的川崎芳太郎后因功勋得以叙爵男爵爵位）创立的筑地造船所（1939年改称"川崎重工株式会社"）。在松方幸次郎成为社长后，川崎造船所正式涉足军舰制造等军工领域，并趁着第一次世界大战带来的经济效益一路高歌猛进。然而，由于十五银行的停业，川崎造船所受日本邮船所托制造的"旧金山港航路优秀船"中一艘船的订单被迫取消，川崎造船所因此陷入了经营危机。在那之后，虽然依靠战时经济发展得以东山再起，但因十五银行停业造成的损失，花了将近10年的时间才弥补上。

顺便提一下，松方幸次郎在此次经营危机爆发之前，非常热衷于在欧洲收集美术品。战后，他创立的"松方集"成为国立西洋美术馆的基础，他也因此扬名。如果没有1927年那场经营危机的话，"松方集"中的展品数量应是现在的数倍之多，可能足够独立建造一个展示大量美术品的美术馆。

话说回来，因十五银行停业损失最大的还是他们的股东，也就是存款最多的那些华族。

举例来说，岛津忠重公爵不得不将鹿儿岛地区的保安林和宅地（当时总价35万日元）从世袭财产中剔除，并变卖家中的书画和古董等物。身为银行总裁的松方严公爵得知曾经的主家岛津公爵家的情况后深感责任重大，变卖了自己的财产并返还了爵位。

最终，原本将十五银行的股份当作世袭财产的196个华族家族，因担心股价断崖式下跌，一同申请将其从世袭财产中剔除。世袭财产中曾经多达 12 万股的十五银行的股票，在银行停业的 4 个月后只剩下了 8 万股。这 8 万股的股票成了毫无价值之物，既不能分红，也无法交易。然而这些股票中，有一部分股票交易的钱款还没有付清。也就是说，这些股票是以华族的"信用"作为担保，以日后付款的方式购买的，而在付款前股票的价格就已经大幅下跌。这些华族之所以如此着急地申请将股票从世袭财产中剔除，说不定也有希望尽可能地延缓交付股票认购钱款的心理在作祟吧。

十五银行停业，又不得不支付这笔钱，这些华族背负了巨额债务，难免陷入经济危机之中。为了防止此事发生，元老西园寺公望与内大

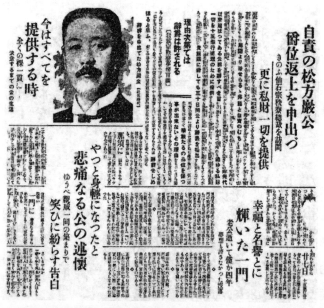

松方严公爵返还爵位并变卖私财之声明
这是为了对十五银行停业一事负责，1927 年 11 月 30 日的《朝日新闻》对此进行了大规模的报道

臣牧野伸显伯爵提议对这些华族购买股票未支付的钱款进行"特别免除"。

但因这一提案对存款者不利，最终还是决定须支付未付款项。考虑到华族之中的一部分人若一次付清全部金额的话会破产，所以在支付的方式上还是给予了一定的方便。池田宣政侯爵、松平赖寿侯爵以及松浦厚伯爵等人被选为股东委员，从事后续的负债清理工作。曾为十五银行股东的这些华族不仅遭受了经济上的损失，还必须为支付款项而背负债务。

伊达伯爵家的升爵活动

在武家华族逐渐走向经济没落时，华族的叙爵和升爵活动并没有停止，特别是为了迎接昭和天皇即位纪念日，同时期的活动声势更盛。

其中，仙台伊达伯爵家的升爵活动尤为引人注目，他们发动了原家臣和原领地的民众，收集 3 万人的签名，可谓声势浩大。伊达本家之所以如此积极地进行升爵活动，是因为身为旁支的伊予宇和岛伊达家已经获得了侯爵爵位，本家却只有伯爵爵位，这一点不符合常理。根据《昭和大礼授爵升爵内申功绩书》（国立公文书馆所藏）的记载，1928 年 7 月，宫城县知事牛塚虎太郎伙同伊达家原家臣高桥是清等 868 人联名签署了《原仙台藩主伊达伯爵家升爵之义申请书》，并将其提交给当时的首相田中义一。

申请书中提到"诚应察其衷情"，"值此陛下一代一度大礼之际，应特录其勤历代先王之功绩、镇护东北之功劳及勤于民政之劳，察其原大藩之家族地位，予升爵之恩"，请求为伊达家升爵。

高桥是清（1854~1936）　后藤新平（1857~1929）　斋藤实（1858~1936）

高桥是清虽出生于江户，但后来成为仙台藩一户步兵家庭的养子；后藤新平和斋藤实均为陆奥仙台藩领水泽地区出身。以高桥是清前首相为首的这三位颇具影响力的人联名支持的原藩主升爵活动，最后没能成功。顺便说一下，这三位在当时都是子爵（后藤新平后来晋升伯爵，与伊达家地位相同）

伊达家原家臣在递交给牛塚虎太郎知事的《原仙台藩伊达家升爵请愿书》（1928年7月22日）中感叹原仙台藩虽为大藩，却只获得伯爵地位，并细数了藩祖伊达政宗以来的勤王功绩。关于该家族在戊辰战争时期的所作所为，请愿书提到"（伊达）庆邦虽一时误入歧途"，但"其勤王之志丝毫无异于各代先祖""庆邦父子即刻表达了恭顺谨慎之意并谢罪"，首先为伊达家在维新时期对抗官军的举动进行了辩解，并在最后部分说道，"希望可以特别考虑其功绩，擢升家族之爵位，以蒙昭和圣上之皇恩。若得如此，不仅原仙台藩士民欢欣雀跃，奥羽一带也必将拨开云雾见青天"，请愿升爵。

这些请愿者以高桥是清为首，还有后藤新平和斋藤实等人，总计868位原仙台藩属内之人物。除此之外，还收集到了与原仙台藩有关联的人物及其家族子孙（包括居住于朝鲜地区的人）等3万余人的签名。

但是，仙台伊达伯爵家并没能升爵。虽然没能升爵的原因没有公布，但可以推测，还是受到了维新时期曾同官军对抗这一过往的影响。

参与此次活动的大多数人都考虑到了旁支伊予宇和岛伊达家的状况，伊予宇和岛伊达家在授爵之初是伯爵爵位，1891 年因"父（宗城）之功绩"，当时的家族长伊达宗德升爵至侯爵。旁支与本家在维新时期的行动可谓大相径庭。此外，如前文所述，伊达伯爵家在第一次世界大战后曾频繁举办美术品拍卖会等活动，说明其家境已经颇为困难，也许此举带给了人们不好的印象也是其没能升爵的原因之一吧。

采纳与否之决定

《昭和大礼授爵升爵内申功绩书》中，出现了水户德川家的德川圀顺、清浦奎吾、后藤新平、佐藤昌介（北海道帝国大学初代校长）、樱井锭二（物理化学家，东京帝国大学教授）、山下源太郎（海军）、东乡平八郎、财部彪、一户兵卫（陆军）、秋山好古、德川好敏（清水德川家，航空界先驱）、住友吉左卫门、藤田平太郎以及团琢磨等人之名，还有金英镇（金玉均之养子、金星圭次子）和台湾的辜显荣（台湾"总督府"评议会成员）、林熊征（华南银行创始人）等人之名。

1928 年，这些人之中，最终山下源太郎、佐藤昌介、团琢磨和德川好敏四人被授予男爵爵位，清浦奎吾和后藤新平两人得以升爵至伯爵爵位。1929 年德川圀顺升爵至公爵，1934 年东乡平八郎升爵至侯爵，各自实现了升爵。此外，樱井锭二在 1939 年去世后被追授男爵爵位。

这些申请来自不同的部门，例如清浦奎吾和后藤新平的申请来自内阁，德川圀顺和住友吉左卫门的申请出自内务省，一户兵卫和秋山好古的申请来自陆军省，山下源太郎、财部彪以及东乡平八郎的申请出自海军省。此外，住友吉左卫门的申请厅为大阪府，可以推断是经由大阪府向内务省提出了申请。文部省提出的申请之中，佐藤昌介、枢密顾问官江木干之、樱井锭二、镰田荣吉、贵族院议员冈田良平、佐藤三吉、高田早苗等人之名均在其中。藤田平太郎的名字则出现在了商工、内务和农林三省的申请之中，申请厅同样也是大阪府。金英镇是通过朝鲜总督府，辜显荣和林熊征是通过台湾"总督府"被推荐上去的。他们每个人的资料中都附有包括"现在位阶""主要功绩"等信息的《采纳决定表》和《功绩调查书》等资料，并被提交给首相田中义一。《采纳决定表》包含长谷川赳夫（内阁官房总务课长）、馆哲二（内阁官房记录课长）以及横沟光晖（内阁书记官）三人的意见栏，可以推断是田中义一参考三人的意见后经过讨论再将意见书递交至宫内省，宫内省宗秩寮将再次讨论后的意见加以整理，向天皇请求裁可。

考验对皇室的"忠诚"度

与仙台伊达家形成鲜明对比的是，武家华族中的一些家族获得了升爵的机会。水户德川家就是一个很好的例子，家族长德川圀顺原本只是侯爵，但因其"完成了编纂《大日本史》之工作，对皇室国家有所贡献"，因此得以升爵至公爵爵位。关于德川圀顺功绩的调查报告中总结了自德川光圀时代开始编纂以来，《大日本史》中体现出的勤王思想。例如，将第 98 代长庆天皇列为正统，搜寻荒废了的历代皇陵并加以修复，在书中对楠木正成赞赏有加等，除了凸显水户德川家对皇室的"忠诚"外，还记录了明治时期以来其家族与皇族的亲密关系。此外，调查报告中还附有一份简述，记录了德川圀顺袭爵以来对国家的贡献。

水户德川家之所以能升爵，不单单是因为其家族在维新后的贡献，还因为维新前的"勤王事项"被高度评价。

顺便提一下，朝鲜贵族金英镇的申请资料之中，金玉均的事迹调查书与家族地位、家族谱系，以及金英镇的简历及户籍（不仅包括其妻子儿女，连小妾和庶子都记录在案）等都被详细地收录，但还是没能通过审核。

此外，还有一份被标记为"非审查对象""供览"的名为"大阪府南河内郡诚忠志士遗族"的申请书，是经由河内郡史迹研究会递交给首相田中义一的。申请书中可以看到首相田中义一、内阁书记官长鸠山一郎以及长谷川赳夫、馆哲二、横沟光晖三位内阁书记官的印章，因此推测内阁相关人员已经审阅过。

申请书中提到，南河内郡是日本古代文明的中心地区，与皇室渊源颇深。其中参与了大化改新的苏我石川麻吕足以与"建武中兴"的"楠公一族"相匹敌。此外，申请书还提出，在明治维新时期，天诛组相关者之一、奈良县出身的北畠氏一族成为男爵，但北畠氏一族实为不忠者，他们凭借提交对自己有利的资料才得以叙爵，真正应该叙爵的是本郡中的有志之士。

此资料肆意评判忠臣华族历史渊源的特点非常耐人寻味，但内阁中的相关人员似乎并没有将其纳入叙爵升爵的考察对象。

2 西园寺公望与"改革华族"的崛起

贵族政治时代

昭和战前是军国主义的时代，但从某种角度来讲，也可以说是贵族政治的时代。换句话说，在经历了"大正民主时代"的民众运动后，虽然迎来了昭和时代，但随着军部取代政党掌握了战争的主导权，公家华族中的一些人物也得以跻身权力中枢。举例来说，主导了昭和战前时代政治的不仅有陆海军军人，还有诸如元老西园寺公望和曾三度成为首相的近卫文麿这些旧公卿的后裔。

"最后的元老"西园寺公望在昭和初期曾肩负起推荐首相人选之重任，对于坚持立宪主义态度的昭和天皇来讲，他是一位不可多得的参谋，同时也是一位能理解昭和天皇的人。1931年，随着九一八事变的爆发，军部势力有所抬头。西园寺公望对其激进的举动十分厌恶，并曾试图从国际视角和财政方面限制军部的非法活动。可以说，西园寺公望是昭和初期日本军国主义化过程中，天皇身边最能够从自由主义精神出发去制止这件事的人物了。

西园寺公望表现出的此种自由主义精神源自其一生的经历。如前文所述，西园寺公望出生于仅次于"五摄家"的上流公家清华家，生来就是一位贵族。除了受益于先祖之功绩外，上天还赋予了西园寺公望在非常时代存活下去的非凡才能。他在幼时颇受父母疼爱，当时照顾他的是一位叫作"相模"的侍女。这位侍女做事性格豪爽，在照看西园寺公望方面颇为不拘小节（公望在西园寺家的养父母虽早逝，但德大寺家的亲生父母健在）。西园寺公望在七八岁的时候就开始抽烟喝酒，很是调皮。

同时，他又颇具"文才武德"，与柳原前光（大正天皇生母柳原爱子的哥哥）一同被称为"少年公卿双璧"。他读书和击剑的本领是由近卫文麿的曾祖父近卫忠熙教的，骑马则是跟他的亲生父亲德大寺公纯学的。

到了明治维新时期，受岩仓具视的推举，年仅18岁的他成为最年轻的参与[①]，19岁时担任戊辰战争中山阴道镇抚总督等职，在军中大展拳脚。此后，他感于福泽谕吉的《西洋事情》，渴望出国深造并在长崎学习法语。1870年，21岁的他受命留学法国。西园寺公望抵达法国之时，正是巴黎公社运动最鼎盛的时期，他作为日本公家中最具自由精神、最开明的人物之一，对工人阶级政府的倒台采取了包容的立场，并对其经过进行了详细的记录。

西园寺公望在巴黎整整度过了10个春秋。这期间，他曾受到被认为与左派有瓜葛的埃米尔·阿科拉（Émile Acollas）的熏陶，阅读了《资本论》法语译本10册中的3册。据说他还同马克思见过面。阿科拉主张"共和制才是和平必不可缺的基础"，现在普遍认为他的这种思想对西园寺公望有着很大的影响。

然而，西园寺公望从未接受过共产主义，也没有否定过君主制。他是一位世界主义者的同时，也是一位自由主义者和立宪君主主义者。1880年的日本，正为实现开设国会这一目标而探索宪法的制定，西园寺公望在此时回到了日本。也正是在这个时候，围绕"华族之定位"问题，他与岩仓具视和伊藤博文产生了对立。

西园寺公望回国后，在经历了被推选为《东洋自由新闻》社长等曲

---

① 明治初期政府高级官职之一。

西园寺公望（1849~1940）
家族之地位仅次于五摄家，少年时期便因"文武双全"被看好，肩负国家之未来。1906 年、1911 年两次组阁，但在当时对政治不甚关心，部下原敬在日记中对其严厉批判。1924 年开始，以唯一元老的身份肩负起向天皇推举下一任首相的重担，并积极推行政党政治。因其担任 1920 年巴黎和会首席全权代表之功和多年来的功绩，最终升爵公爵

折后，为了进行宪法调查，随同伊藤博文再次踏上了欧洲的土地。后来，随着《华族令》的颁布，西园寺公望叙爵侯爵爵位，并担任驻澳大利亚和德国等国特命全权公使。此种经历奠定了西园寺公望作为具有国际视野的上层贵族的思想基础。此后，他在历任政友会总裁及外务大臣等职后成为首相，作为一名伊藤博文领导下的政治家，发挥了重要作用。

第一次世界大战结束后，西园寺公望作为巴黎和会首席全权代表开始探索与包括中国市场在内的国际合作的方法，后晋升为公爵。1924 年开始，他以"唯一的元老"之身份负责辅弼继承了伊藤博文立宪主义的昭和天皇。然而，西园寺公望所主张的国际合作和立宪主义在那个时代与政治方面逐渐崛起的军部之主张可谓水火不容。西园寺公望在对军部参与政治一事的极度忧虑中离开了人世。

西园寺公望的华族观

作为昭和战前"贵族政治"的代表人物，西园寺公望又是如何看待

华族和华族制度的呢？实际上，从华族制度设立伊始，西园寺公望一直持批判态度。

1876 年，西园寺公望还在巴黎留学，当他拿到《华族会馆设立意见书》（1841 年起草）的时候，尖锐地指出了意见书中对欧洲贵族理解上的谬误。西园寺公望认为，所谓的贵族和平民间的区别已经是过时的认识了，现在无非只是"坐吃山空之民与劳心役身之民的区别而已，这也是让有识之士寒心之处"，由此尖锐地指出世界已经进入"劳资对决"的时代。随后他又指出，法国贵族因匡助王室而最终与王室共同覆灭，英国贵族与王室对立却最终得以共存。西园寺公望认为总览欧洲历史，王室与贵族的关系实为多种多样。与此同时，他也对试图以欧洲贵族为范本打造支持日本皇族的华族这种想法进行了猛烈的批判。

西园寺公望认为明治维新后重新建立的日本君主制度与贵族制度不符合时代之潮流。他认为英国所谓的贵族称号不过是为了满足"保守者之虚荣"罢了，所谓贵族"不足以耸动人心"。如今已经进入劳资阶级对立的时代，而华族对于此种世界形势丝毫不了解，依然沉浸在特权意识之中。对于这样的华族，西园寺公望始终抱有强烈的不满和危机意识。对于设立第十五国立银行一事，西园寺公望认为此举是对士族和平民阶层的轻视，仅仅是为了满足华族这一阶级的特权。无论是这种特权，还是伴随特权的诸如禁止股票买卖、质押等基于前近代观念之行为，西园寺公望都表示强烈的反对。

虽说如此，但就算是西园寺公望本人也难以逃脱日本所面临的时代性制约，以至于他不得不对自己的世界观和理想做出修正，以迎合日本社会的落后性。不仅如此，西园寺公望本身并没有对劳动者一方产生共鸣，而且可以说他一直是站在资本家的立场上。正因为此，虽然他认为未来君主制度会灭亡，但还是选择在当下继续维持君主制，并不断探索使自己的立场与阶级制度存续下去的方式。可以说，这就是西园寺公望所持有的世界主义、自由主义与立宪君主制思想之表现。

换句话说，西园寺公望所期望的，并非华族这一封建产物本身，他的着眼点在于建立和培养近代资本家。他的这种想法也是西园寺家与住友财阀保持姻亲关系的原因之一吧。

但事与愿违，以一般民众为首，包括大多数财经界人士所信奉的，依旧是西园寺公望作为清华家后裔的家族地位。不仅如此，昭和天皇虽然对西园寺公望的立宪君主论思想非常信任，但他信任的还有西园寺家所拥有的极高的封建家族地位。这也是"贵族政治家"西园寺公望所背负的矛盾。

话说回来，主导昭和战前时代政治的不只有西园寺公望一人而已，"宫中集团"，特别是被称为"改革华族"的"十一会"的成员，以及其中心人物近卫文麿都在昭和战前时代的日本政治舞台上扮演了重要角色。

"十一会"集团

在华族社会经济地位发生动摇的 20 世纪 20 年代至 30 年代，由于华族与天皇之间特殊的关系，比起军部、政党以及一些官僚，他们中的一些人的发言权更大，执行能力更强。这些人后来被称为"宫中集团"，他们是一个超越了法制和机构权限的政治集团，对后继首相人选的推荐甚至政策决定都产生了不小的影响。

"宫中集团"被定义为"以天皇为首，包括元老西园寺公望、内府、内府秘书官长、宫内大臣等天皇身边的人、一些所谓的重要大臣，以及与上述这些人或公或私保持亲近关系和合作的人组成的集团"（冈義武『木戸幸一日記』解题）。

以往的研究认为，这些所谓的"宫中集团"在 1931 年九一八事变爆发后，在与势力逐渐扩大的军部的对抗中实力逐渐衰退。从近些年的研究成果来看，这些所谓的"宫中集团"正是利用了军部在政治上影响力扩大之时机，成为支持"战时体制"的中心势力。不仅如此，近年的研究成果还显示，在第二次世界大战末期，这些"宫中集团"所秉承的"国体护持"方针击败了军部的"彻底抗战论"和"军部保存论"，获得了最终的"胜利"。这些所谓的"宫中集团"是由比较有实力的华族构成的，其核心人物包括近卫文麿公爵、木户幸一侯爵、原田熊雄男爵（西园寺公望秘书）、有马赖宁伯爵（原久留米藩主）等多位"十一会"成员。

"十一会"核心人物近卫文麿
刚成为贵族院议员时

所谓"十一会"，指的是由1922年（大正十一年）11月11日的"先进华族"集会的参加者组成的集团。除了上述人物外，佐佐木行忠侯爵（佐佐木高行之孙）、广幡忠隆侯爵（原公卿）、松平康昌侯爵（原越前福井藩）、酒井忠正伯爵（原姬路藩）、黑木三次（原萨摩藩士黑木为桢伯爵之子）、柳泽保承（原大和郡山藩，后升爵至伯爵）、织田信恒子爵（原出羽天童藩）、里松友光子爵（原公卿）、相马孟胤子爵（原陆奥中村藩）、冈部长景（原和泉岸和田藩，后叙爵子爵）等华族人物及其子嗣也是"十一会"的成员。这些人在战争时期担任了宫内省的上级官僚及阁僚。

"十一会"反对在国际政治方面追随英美等国的脚步，他们以"打破现状"为目标公开要求进行"改革"，希望树立与宫中重臣西园寺公望"亲英美、反军部"立场不同的政治主张。这些人不仅与同时代的官僚有合作，甚至同陆军内部的革新势力也有接触，他们希望建立起一套新的国家体制。"十一会"的核心人物近卫文麿于1918年在国粹主义①综合杂志《日本及日本人》上发表了一篇名为《排除英美本位和平主义》的文章。近卫文麿在该文中对第一次世界大战后的世界秩序采取了否定的态度，这篇文章可以说是上述"十一会"政治主张的体现之一。

虽然"十一会"的会员所采取的立场与国策可谓息息相关，但这些人可以不受法律和机构的限制，与生俱来的华族特权使他们得以免于承担最终的政治责任。与那些从较低的地位慢慢攀爬至权力中心的军人

---

① 强调并维持、发扬本民族的特殊性和优越性的思潮。在日本，特指产生于江户幕府末期至明治时代，经昭和时代前期延续至二战结束时占统治地位的思想。

和官僚不同，这些华族成员从未攀爬过地位的"阶梯"，也没有什么责任感。

他们与生俱来的特权阶级身份，让他们对民众的社会性觉醒非常敏感。特别是在第一次世界大战后出现的国内外民众势力的崛起，让他们产生了强烈的危机意识。是镇压还是采取怀柔政策，"如何应对民众"，成了这些华族最关心的事情之一。

有着上述政治性格的"十一会"成员也被称为"改革华族"，他们是那个时代中参与政治最多的华族。

有马赖宁的"人道主义"

有马赖宁（1884~1957）作为"十一会"中实力派成员，与近卫文麿和木户幸一等人一起作为"改革华族"而备受关注。

有马赖宁出生于原久留米藩，是藩主的嫡子。他在学习院中等科学习之时便与北白川宫能久的次女贞子结婚，从东京帝国大学农科大学毕业后进入了农商务省工作。1921 年，有马赖宁成为"同爱会"的会长。"同爱会"是一个以废除差别为目的的融合团体。他还是一名社会运动家，曾支持"全国水平社"的运动。

有马赖宁曾在东京原浅草区（现台东区）桥场从事各种社会事业，包括向收养孤儿的"同情园"提供资金援助，向为贫困学子设立的"玉姬小学"提供援助，创立专门面向劳动者的信爱中等夜校，推动贫民医疗，以及为有前科的人和患有"韩森氏病"的人提供救济等。

其中，信爱中等夜校是由"信爱会"于 1919 年创立的专门面向劳动者的夜校，校址设在有马家的府邸内，其目的是促进华族与劳动者的

有马赖宁

1924 年当选为众议院议员，叙爵后转为贵族院议员。他在运动方面造诣颇深，赛马项目中的"有马纪念"就是以他的名字命名的

融合。原本"信爱会"是有马赖宁与冈部长景商量后创立的私人性质的团体，成员除了有马赖宁和冈部长景外，还有细川护立侯爵、木户幸一侯爵、织田信恒子爵、广幡忠隆侯爵、佐佐木行忠侯爵以及松田正之男爵等人，后来近卫文麿公爵也加入其中。可以说，"信爱会"就是"十一会"的前身。

"信爱会"的成员轮番负责在信爱中等夜校中教授"修身"科目，当时的报纸从善意的角度将其评价为"华族之发奋"。对于有马赖宁此种"人道主义"，也有人评价为是为了使华族这一特权阶级免于被革命的命运而存在的。

此后，有马赖宁逐渐关心起自作农创设维持政策以及部落的问题。他在 1927 年袭得伯爵爵位后成为贵族院议员，并加入了"研究会"。1937 年，有马赖宁成为第一次近卫内阁的农商务大臣，同时担任产业组合中央会会长的职务。1940 年，他同木户幸一起推动新体制运动，以"大政翼赞会"事务总长的身份继续支持再次成为首相的近卫文麿。

酒井忠正与"国维会"

原姬路藩主后裔酒井忠正伯爵（1893~1971）也是"十一会"中比较有实力的人。酒井忠正的立场偏向右翼，他为在官僚和地方名流阶层中推广"日本主义"运动提供了资金方面的支持。

酒井忠正为了推进东洋人自我意识的觉醒与文化的普及，在其府邸之中创立了亚细亚文化协会，此协会后来发展为"金鸡学院"，最终演变为"国维会"。1931年九一八事变后，以内务省派系高级官僚为中心的"新官僚"运动因其"亲军反政党"的言行备受瞩目，而"国维会"就是其思想母体。

从思想方面支持了酒井忠正此运动的，正是"日本主义者"安冈正笃（1898~1983）。

所谓"日本主义"之起源，可以追溯到高山樗牛于1897年在杂志《太阳》上发表的一篇名为《赞颂日本主义》的文章。日清战争后，日本帝国主义逐步对外扩张，而为日本上述行为提供理念支持的则是自古以

酒井忠正

以喜爱相扑而为人所知，战后曾担任日本相扑协会会长等职。相扑博物馆就是以他搜集的资料为基础建造而成的，同时他也担任了博物馆第一任馆长

来的神话。在此文中，高山樗牛极力推崇基于此种神话产生的"建国精神"，并大肆宣扬"君民一家""国祖崇拜"等思想。但是后来高山樗牛又转向了"个人主义"，而所谓的"日本主义"思想也在20世纪初走向了衰退。

到了20世纪20年代（大正时代），由于右翼团体对马克思主义怀有危机感，"日本主义"以天皇为中心，以"劳资一体"为思想外衣重新回归，并试图恢复影响力。

安冈正笃正是作为"日本主义运动思想指导者"而为人所知。1922年3月，安冈正笃从东京帝国大学毕业。据说，当时的法学部部长上杉慎吉恳请他继续留在研究室，但是安冈正笃还是选择了进入文部省工作。他遇到"国家主义者"北一辉、满川龟太郎及大川周明等人也是在这一时期。对于与这些人的相遇，安冈正笃记录道："接触了他们鲜活的灵魂，感受到了他们道德雄心的高鸣。"同年10月，通过满川龟太郎的介绍，安冈正笃得以同原田政治会面，并结识了酒井忠正伯爵。

当时位于小石川原町（现文京区）酒井宅邸内的亚细亚文化协会是由原田政治负责，由石本惠吉男爵（战后第一批女性议员之一的加藤静枝的第一任丈夫）担任理事长。安冈正笃在来过几次亚细亚文化协会后发现与酒井忠正非常合得来，与内务省官僚大塚惟精和后藤文夫等人也进行了深入交流。他们这些人在金鸡园内的洋馆中设立了亚细亚文化协会研究所，希望借此推动东洋人自我意识的觉醒与文化的普及。所长由酒井忠正担任，安冈正笃担任研究所的学术主任。

1932年，安冈正笃将"金鸡学院"进一步发展为"国维会"，成员包括吉田茂（与后来成为首相的吉田茂不是一个人）、松本学等内务省官员以及荒木贞夫等军人。除此之外，冈部长景以及近卫文麿等"十一会"的成员也是其理事。

从 1932 年 6 月 1 日起，"国维会"每个月都会发行会报《国维》，会员间相互交换意见和信息，还举办演讲会等活动。参与"国维会"活动的华族也不在少数，特别是酒井忠正、冈部长景以及近卫文麿，他们频繁在《国维》上发表文章。例如，酒井忠正发表过《德国国民社会党 ① 之真相》，冈部长景发表过《精神国防要务 对冈田内阁之期望》，近卫文麿也发表过《真正的和平》和《成立教育参谋本部》等文章，这些文章都与时事密切相关。除了"十一会"的成员外，土岐章子爵及中岛久万吉男爵也分别发表过《"满蒙资源"之重要性》《谈拿破仑》等文章。

其中，酒井忠正为了将影响力不断扩大的纳粹思想作为"国维会"活动之参考，在其《德国国民社会党之真相》一文中早早地便向会员介绍了德国国民社会党的情况。文章的主要内容是 1930 年外游中的酒井忠正与纳粹重量级人物保罗·戈培尔的秘书官席克丹茨（Schickedanz）会谈内容的摘要，目的是让在日本呈上升趋势的"国家主义"倾向不致流于形式上的模仿，提出要主动了解"纳粹"。会谈中，酒井忠正向席克丹茨询问了"纳粹"的社会改革方针以及选举胜利的原因等。

这种名门华族执笔的文章与内务省官员及军人所写的文章提高了"国维会"的权威，也成为吸引地方官吏、指导者以及有为青年加入

---

① 德意志民族社会主义工人党（纳粹党）于第二次世界大战之前及战争中在日本使用的译名之一。

"国维会"的重要因素。此后，"国维会"不仅在本土各地开设了支部，甚至在朝鲜地区也有其分支机构。

忠臣华族"大展拳脚"

"改革华族"积极参与时代变革，与此相对，华族中还有一部分人选择的是借助时局右倾化的"东风"，甚至煽风点火。贵族院中就有这样的例子。

这里说的就是军人出身的男爵议员菊池武夫（1875~1955）、井上清纯（1880~1962）以及井田磐楠（1881~1964）等人，他们都是政治会派"公正会"的成员。

其中要数菊池武夫最为激进。菊池武夫从陆军大学毕业后，于1927年成为陆军中将，并转为预备役。他曾担任平沼骐一郎引领的国粹主义团体"国本社"的理事，在1931年成为贵族院议员。菊池家就是所谓的"忠臣华族"。他的父亲菊池武臣因其家族在南北朝时期对天皇尽忠而叙爵男爵爵位，菊池武夫在1920年袭得爵位。

菊池武夫首先对斋藤实内阁的"尊氏论"问题发难。

1932年五一五事件发生后，以斋藤实为内阁总理大臣成立了"举国一致"之内阁，然而内阁内部依旧残存着"政友会"和"民政党"这些既成政党的势力。从整个内阁的性质来看，这并不能说是一个"亲军"内阁。"军部"以及右翼对此种中立内阁并不满意，他们伺机而动，企图组建一个以"军部"为中心的内阁，中岛久万吉商工大臣（男爵）就成了众矢之的。

中岛久万吉的父亲正是自由民权运动指导者，曾出任众议院议长并于 1896 年叙爵男爵的中岛信行，他的母亲是陆奥宗光的妹妹初穗。由于初穗早逝，中岛信行与原女官出身的女性民权家岸田俊子再婚。他在临终之际将全部财产留给了中岛久万吉。

中岛久万吉酷爱俳句，1921 年在静冈县兴津地区的清见寺中见到足利尊氏自作之木像时，特地写了一篇感想，并刊登在同人杂志《倦鸟》上。在这篇文章中，中岛久万吉提到"平生最为尊氏其人而倾倒"，"足利时代未必如世间所传般黑暗不开化"。他的这篇文章在 1934 年又被杂志《现代》2 月号转载，并被"国民同盟"成员、时任众议院议员的栗原彦三郎看到了。栗原彦三郎于同年 2 月 3 日召开的第 65 次会议众议院预算总会上追究起中岛久万吉的责任，认为他称赞"逆贼"尊氏之举"不符合日本教育行政之理念"。也就是说，由于足利尊氏在约 600 年前"背叛"了后醍醐天皇，而中岛久万吉却对其称赞有加，故遭到批判。

中岛久万吉对此做出了解释，称他并不知道此文章被转载一事，并为此道歉，此事在众议院才算是告一段落。然而在贵族院，他又遭到了菊池武夫等右派议员的攻击。菊池武夫首先斥责"身担辅弼之任的商工大臣却对逆贼尊氏赞赏有加"，并进一步要求其采取"适当措施"，意思就是逼迫其辞职。

斋藤实首相倒是认可了中岛久万吉的道歉，他指出这一问题不应该在此讨论。然而三室户敬光子爵对中岛久万吉和斋藤实的辩解感到不满，要求中岛久万吉放弃爵位，同时追究斋藤实的政治责任。

不仅是中岛久万吉和斋藤实两人，就连元老西园寺公望等人也对菊池武夫等人毫无意义的议论感到愕然，但在议会内外右翼分子顽固的攻势下也只好保持沉默。宫内省方面也收到了许多信函和请愿书，中岛久万吉虽然没有放弃爵位，但还是辞去了商工大臣的职位。从菊池武夫的角度来看，他一定认为自己发挥了跨越 600 年的"忠臣"的作用了吧。

顺便提一下，原华族社交团体之一的"霞会馆"在 1988 年编纂的《贵族院与华族》之中，对菊池武夫攻击中岛久万吉一事记载道："当时的'研究会'和'公正会'作为政治会派，干部们虽然没有支持菊池武夫对中岛久万吉的攻击，但所有会员都被所谓的'尊氏论'牵着鼻子走，最终此事开军部向政界施压之先河。"

菊池武夫对"天皇机关说"之攻击

中岛久万吉之所以会遭到这些人的攻击，据说是因为他为了抑制军部的抬头，而为"政友会"和"民政党"两党搭桥连线商量合作事宜。换句话说，"尊氏论"问题只不过是军部和右翼对他展开阴险报复的借口罢了。这样毫无道理可言的攻击居然也能成功，这让菊池武夫尝到了甜头，在此后新的攻击中他不仅自信满满，还附带了一种使命感。

菊池武夫
发挥了作为"忠臣华族"的"作用"。1941 年创立兴亚专门学校，该校是亚细亚大学的前身。战后以甲级战犯嫌疑人的身份遭到逮捕，后未被起诉并获得释放

1935 年（昭和十年）2 月，菊池武夫在议会第 67 次会议贵族院正式会议上拿出了宪法学者、贵族院敕选议员美浓部达吉的著作《宪法撮要》等资料，诽谤其"天皇机关说反国体"，并污蔑美浓部达吉为"学匪"。井上清纯火上浇油，认为"'机关'这个词，只不过是全体中的一部分的意思，而且随时可以被替换掉"，紧抓美浓部达吉用词等细枝末节进行攻击。

美浓部达吉作为一名学者，诚实地对自己的学说进行了说明，但这反而招来了"在乡军人会"及右翼团体等国粹主义者的进一步攻击。对美浓部达吉学说的攻击发展成了一次全国性运动。

此次事件的背景，是一木喜德郎和美浓部达吉等学者与穗积八束和上杉慎吉等学者在学说上的对立。前者将天皇看作国家的最高机关，后者认为天皇神圣不可侵犯，而且具有不受限制的统治权。在 20 世纪 20 年代，一木喜德郎和美浓部达吉的学说曾被广为接受。菊池武夫等人的诽谤和声讨，实际上是对学术上的分歧进行政治干预。

冈田启介首相在国会上发言，认为学术上的问题应该交由学者自行解决，但由于此时的"政友会"想推倒冈田内阁，事态逐渐政治化。最终，在右派势力的运作下，冈田启介首相向国会提出了以"天皇是日本统治权的主体"为主旨的"国体明征"决议案，并获得了国会的支持，后来还发表了"国体明征"相关声明。

在美浓部达吉受到攻击之时以及后来的"国体明征"运动时期，由于"在乡军人会"以及右翼势力在贵族院外部反复进行街头宣传，那些对美浓部达吉有利的言论和活动都被封杀了。其实当时连昭和天皇本人都对侍从武官长本庄繁说过，此说"很难说有悖日本国体"（『本庄繁日記』），但这种支持的声音完全不见天日。

总之，菊池武夫的这种强硬性格结合那个时代的风气，让他将活动范围扩展至贵族院外部，先后参与组织了"爱国祭大游行"（1936年）、"'暴支膺惩'国民大会"（1937年）、"国民同志会运动"（1941年）等活动，直到战争结束一直与军部活跃于贵族院之外。

3 丑闻

丑闻频出

时间来到昭和时代，华族阶层的经济实力进一步萎缩，而政治方面与军部构成竞争关系的"改革华族"势力得到扩大。在这一过程中，华族阶层成为人们社会生活中广为讨论的话题。华族阶层的丑闻对于当时的一般民众来说，就如同现代生活中演艺圈的丑闻一样。

所谓的丑闻，有"婚外情"、"诈骗"、"伤人"以及"杀人"等，包括行为方面和思想方面，形式多种多样。负责处理华族相关事务的宗秩寮非常看重维护华族家族的社会地位，也正因为如此，对于华族中出现的品行不端的行为，他们是不会睁一只眼闭一只眼的。特别是在状况频发的昭和初期，担任宗秩寮总裁的木户幸一等人一直为应对各种事件奔波劳碌。一般人在通过报纸等方式关注这些丑闻的同时，对宫内省的应对方法也颇为关注。千田稔在其《华族事件录》一书中详细介绍了这些华族丑闻。在此，我们仅选取其中比较有代表性的，来看一下这些事件的经过以及宗秩寮的应对方法。

进入昭和时代的第一号"丑闻"，要数人气颇高的女演员冈田嘉子（1902~1992）私奔一事了。

说起冈田嘉子私奔事件，大家一般会想到的是她与左派戏剧运动家、共产党员杉本良吉一起穿越桦太亡命苏联一事。虽然这件事比较有名，但实际上早在她与杉本良吉私奔的 11 年前，也就是 1927 年，她就曾与男爵之子竹内良一私奔过一次，当时也造成了不小的轰动。

竹内良一是曾担任过陆军主计总监的外松孙太郎男爵的孙子，外松家世代均为和歌山藩士。竹内良一出生于 1903 年，是外松龟太郎的长子，但由于与冈田嘉子共同上演的这一场闹剧，他只得离开本家，并且也没有袭爵。

当时的《朝日新闻》首先做出报道，"正和竹内良——同拍摄《茶花女》的女演员冈田嘉子行踪不明"（1927 年 3 月 29 日）。此后，"推测冈田嘉子与竹内良一私奔，按照现在的情况来判断，两人殉情的可能性很大，搜索队正在向大津方向搜索中"（3 月 30 日）；"在下关发现冈田嘉子和竹内良一的行踪，两人已私奔到九州""私奔后的冈田嘉子和竹内良一已被'日活'解雇，理由是'有损演员形象'"（3 月 31 日）；"冈田嘉子和竹内良一这对恋人在九州饭塚地区被捕"（4 月 2 日）；"消除嫌疑后，冈田嘉子与竹内良一两人计划结婚，竹内良一已提交了'废嫡申请'，两人携手共赴美国"（4 月 25 日）；"已确定对竹内良一的处理结果，'废除礼遇，返还位记'"（5 月 6 日）。《朝日新闻》对两人私奔一事的报道持续了将近一个半月。

在那个时代，一个女演员与男爵嗣子为爱情私奔本身就是一种超越世间认知的行为，再加上冈田嘉子美丽的容貌，难免会引起世人的广泛关注。对一般人来说，一方面从道德角度出发认为应该惩罚这两个人，但另一方面又很憧憬两人浪漫的逃离，可以说正是这种复杂的心情让人们对于此次私奔事件格外关注。

"时髦女郎"白濑乔子

冈田嘉子与竹内良一于 1927 年如愿完婚，而竹内良一的妹妹百合子也成了女演员，并为人津津乐道。

1929 年 1 月 16 日，一篇名为《身为男爵之女却成为浅草地区女演员的外松百合子即"白濑乔子"》的文章，对这位实为竹内良一的妹妹，却作为学徒加入冈田嘉子所在团体的女子做了如下介绍："外松百合子，大正十四年毕业于女子学习院，是女子学习院毕业生之中的第一位演员。外松百合子是一位身材修长、散发的时髦女性，性格十分活泼。她曾说：'我的母亲说谁让我喜欢呢，她也没办法，只好由着我来了。与父亲只在大地震的时候见过一面，之后再没见过，所以还没跟他说过。'"

1930 年，白濑乔子因在剧团新东京的《费加罗的婚礼》中扮演"不良且风流的佣人凯鲁比诺"这一角色而引起了不小的反响。《朝日新闻》（1930 年 6 月 22 日）中的文章评论道："她在哥哥和嫂子的指导下，今后应该会大踏步地进军演艺界。"

此后她改名竹内京子，作为一位配角演员在战后依旧非常活跃。1987 年她还获得了"菊田一夫表演奖特别奖"。竹内京子于 1995 年逝世，享年 88 岁。

公爵家的"赤化"

比起欺诈和花边新闻等丑闻，更让宫内省和宗秩寮感到担忧的是华族的"赤化"，即对共产主义产生共鸣。华族作为"皇室之藩屏"，原本承担着守护天皇的责任，但华族中却出现了一些反对天皇的家族长及子女。

特别是岩仓靖子（1913~1933）加入共产党地下党一事，着实让宫内省的相关人员大感苦恼。这位岩仓靖子非旁人，正是明治维新的元勋之一，在创设华族制度中扮演了重要角色的岩仓具视的曾孙女。浅见雅南在其《公爵家的女儿们》一书中对岩仓靖子"赤化事件"有着详细的介绍，但岩仓靖子究竟为何参与到共产主义运动中，又为何在狱中"变节"，最后为何选择了自杀等问题，至今依旧是谜。

岩仓靖子出身的岩仓公爵家，作为岩仓具视的后代，可谓名门望族。岩仓靖子是岩仓家第四代家族长岩仓具张与西乡从道侯爵大女儿樱子的第三个女儿。

她的姑母有后来成为东伏见宫依仁妃的周子，成为西乡从德侯爵夫人的丰子，成为水野中美子爵夫人的米子，成为武井守成男爵夫人的花子，成为岛津忠弘男爵夫人的季子等。她的姑祖母大多也都嫁入了中御门、广幡、南岩仓等公家华族家族。岩仓靖子的亲戚之中与宫内省有关系的人着实不在少数。

近似诈骗的借款

话说回来，岩仓靖子的父亲岩仓具张当初辞官的原因就多多少少与丑闻有关，他也因此将爵位让与了他的长子岩仓具荣。

岩仓具张曾担任皇太后宫职主事兼宫内书记官，但在 1914 年报纸

岩仓具张（1878~1951）

报道了他向高利贷巨额贷款一事后，他便辞去了工作，过上了隐居的生活。根据这篇文章所述，岩仓具张把钱都花到了新桥艺伎的身上，只好用近似诈骗的手法去借钱。他借钱的数额已经超过了 100 万日元，要知道，当时内阁总理大臣的年薪也只有区区 12000 日元，他的借款金额可谓非常惊人。此时距离岩仓具张继承公爵爵位才过了 4 年而已，他在 36 岁时就过上了隐居的生活。此时岩仓靖子才满 1 岁，继承了公爵爵位的岩仓具荣也只有 10 岁而已。

岩仓靖子于 1917 年 4 月进入学习院女子学部附属幼儿园，两年后升入女子学习院小学部。但到了 1927 年，她选择从女子学习院退学，并转学到日本女子大学附属高等女校。岩仓靖子此次转学似乎是因为接受了其姨父（樱子妹妹不二子的丈夫）古河虎之助男爵的建议。那时受金融危机等影响，华族的经济实力逐渐衰退，岩仓家也不得不采取变卖位于里霞之关地区的宅邸等方法维持生计。看不下去的古河虎之助找到了岩仓靖子劝她转学。岩仓靖子在很久之前就感受到了学习院中存在的贫富差距，她在那里的生活并不怎么快乐，此次转学似乎也正合她意。

"五月会"

那么，岩仓靖子到底是从什么时候开始参与共产主义运动的呢？这个问题至今没有明确答案。但需要注意的是，在 1932 年"五月会"成立之时，她已经是一位共产党的地下党员了。"五月会"是一个华族等上流阶级女性的团体，虽然表面上看是一个社交团体，但实际上是共产党的一个地下组织。

那时，从学习院高等科毕业进入东京帝国大学的年轻人组成的"目白会"开始接近岩仓靖子。"目白会"原本属于亲睦组织，但其中的一些成员试图将其改造为共产党地下组织。特别是横田雄俊、八条隆孟以及森俊守等人，非常热衷于此种活动。

横田雄俊虽然并非华族出身，但他是"大审院"院长横田秀雄的四子，他的大哥横田正俊也在战后成为最高法院的审判官，横田家可谓司法界家族。八条隆孟是公家八条隆正子爵的二儿子，森俊守是森俊成子爵的嗣子。横田雄俊对岩仓靖子等人所在的"五月会"予以指导，八条隆孟则负责在学习院中招募新成员。

横田雄俊对"五月会"的指导工作，因其不得不前往名古屋地方法院担任司法官试补职位而中断，加上他与岩仓靖子的表姐妹春子（樱子哥哥上村从义的长女）结了婚，这样一来，"五月会"的工作便完全落在了岩仓靖子的身上。实际上，春子也是"五月会"中的一位重要人物，正是她将岩仓靖子拉入共产主义运动中的。

岩仓靖子自杀

1933 年 1 月 18 日，警视厅特别高等警察（特高）负责人将正在日本兴业银行存款课工作的八条隆孟带走，并对其按照《治安维持法》中的"目的遂行罪"论处。所谓"目的遂行罪"，是指《治安维持法》中第一条规定的"对为达成结社目的而实施行为的行为人，处两年以上有期徒刑或拘役"。

在八条隆孟遭到逮捕后的半年时间里，相继有华族子弟因《治安维持法》而遭到逮捕。3 月 27 日，森俊守和松平定光（诸侯松平定晴子爵的嗣子）遭到逮捕。28 日，久我通武（公家久我通保男爵的次子）和山口定男（山口正南男爵的弟弟，其母正子为贞明皇后的权典侍）也遭逮

传达岩仓靖子等人遭起诉及收押的文章
（《朝日新闻》1933 年 11 月 20 日号外）

捕。29 日，轮到了岩仓靖子和上村邦之丞（西乡从道第三子上村从义男爵的嗣子，也是前文提到的嫁给横田雄俊的春子的弟弟）。其后，4 月 20 日，龟井兹建（诸侯龟井兹常伯爵的嗣子）被逮捕，22 日小仓公宗（公家小仓义季子爵的弟弟）被逮捕。9 月 15 日，中沟三郎男爵也遭到了逮捕。

岩仓靖子被逮捕后遭到拘留，并受到调查。由于岩仓靖子与皇族东伏见宫周子的特殊关系，这件事着实让宗秩寮以总裁木户幸一为首的有关人员为难。不知是否也因为这个关系，媒体对岩仓靖子被逮捕一事并没有大加报道，而她本人也被秘密收押到了市之谷监狱。

岩仓靖子并没有轻易地屈服于官员们的怀柔策略，但还是在被逮捕的八个月后，也就是 11 月的时候改变了自己的政治立场，在写下了自己的经历和感受后于 12 月获释，离开了市之谷监狱。然而，12 月 21 日早上，她躺在床上，选择用剃须刀切开脖子右侧动脉的方式自杀，年仅 20 岁。

23 日的《朝日新闻》对岩仓靖子自杀一事做了报道，文章中有"虽有人提亲，出于自责急于赴死"的句子。

因男女关系而"降籍为平民"

其实在岩仓靖子自杀的 12 月 21 日当天和第二天，《朝日新闻》还报道了与华族有关的其他事件。其中，以《处理不良华族》和《砸向不良华族的铁锤》为题，分别报道了吉井勇伯爵夫人吉井德子（柳原义光伯爵的二女儿）、近藤滋弥男爵的弟弟近藤廉治及其夫人安子在舞厅中发生的"淫乱"之事，以及宗秩寮对此事的处理办法。

这一丑闻之中实则包含两段"婚外情",一是吉井德子与近藤廉治之间的"自由恋爱",二是近藤安子与"美貌舞者"的恋爱。对于此事,宗秩寮认定其属于"有损华族之体面"行为,并决定了处理办法。

吉井德子的丈夫吉井勇(1886~1960)是一位有名的耽美派诗人,他对于宗秩寮做出的处分决定表示"这是理所当然的,希望能处理得更严厉一些","对于德子的父亲也应做出处罚"。此后他办理了离婚手续并选择隐居。

吉井德子的父亲正是柳原义光伯爵,而柳原义光的姑母就是大正天皇的生母爱子,柳原烨子(白莲)则是他同父异母的妹妹。柳原义光在1922年就曾被宫内大臣牧野伸显逼迫处理柳原烨子与宫崎龙介之间的情

近藤夫妻、吉井德子以及舞者之间发生的"淫乱"丑闻被大加报道
(《朝日新闻》1933年12月22日)

事，因此这次的丑闻对他来说可谓"火上浇油"。

还是在 12 月 21 日这天，也就是新闻报道的当天，宗秩寮决定了对吉井德子、近藤廉治及近藤安子等人的处分。吉井勇伯爵和近藤滋弥男爵被宫内省传唤，但吉井勇本人没有前往，而是由他的妹夫长田馨（吉井勇的妹妹花子的丈夫）代为前往。长田馨与近藤滋弥男爵从宗秩寮总裁木户幸一处接到命令，吉井德子和近藤廉治将被降籍为平民。

22 日的《朝日新闻》对此进行了报道，"木户幸一虽然身材矮小，却目光如炬，不愧为处理华族问题的专家。他用锐利的目光透过眼镜一瞥，不发一语"，然后将处理文件递了过去。长田馨在回去的路上被记者团团围住，他对媒体说："搞出了这么大动静……吉井德子吗？她如今对自身的言行非常谨慎，目前居于姑母白莲女史处。"

实际上，早在年初的 2 月 27 日，治安当局就曾阻止新闻媒体对与日本共产党关系密切的"日本劳动组合全国协议会（全协）"学习院的"赤化关系"进行报道。这应该是为了进行彻底调查而采取的举措。对这些所谓的"赤化事件"的报道于 11 月 20 日下午 5 点及其与解禁，之后，新闻媒体刊发了题为《全面曝光共产党与全协》《伸向学习院的魔爪》的号外。关于此次"淫乱"的文章则出现于上述号外报道后的第二个月，人们对于品行不端华族的批判进一步扩大，《朝日新闻》也刊登了持此种论调的文章。

在 22 日的报纸之中，出现了《鉴于华族丑态百出，应采取一代制度或爵位逐代递降，逐渐改革，否则如此下去唯有自灭》《难以放任不顾，某强硬分子之主张》等报道。

这些文章谈道，"现在大约有 1000 名华族存在，而其中或在思想或在言行方面有辱体面之人，光是从外界看来就有二三十人"，"华族之中也有相当一部分人希望对华族制度进行根本性改革，他们认为要么对除五摄家以外的华族家族采取一代制度，要么逐代递降爵位。特别是汤浅（仓平）宫相（死后追认男爵）、木户（幸一）宗秩寮总裁、松平（庆民）式部次长以及广幡（忠隆）皇太后宫大夫四人的存在，于果断进行改革是绝佳的机会"。无论内外，要求肃正华族风气的呼声都十分强烈。

近藤廉治夫人之真面目

在本次事件中，不仅近藤夫人的夫君近藤廉治陷入了"外遇"风波，而且她与"美貌舞者"的恋情也被曝光，但新闻报道中对其名字的写法有所不同。同为《朝日新闻》中的报道，12 月 22 日的早刊中还是"恭子（35 岁）"，到晚刊中却变成了"泰子（39 岁）"。

近藤廉治夫人真正的名字是近藤安子，她出生于 1895 年，虚岁 39岁。之所以新闻报道中有如此出入，可能是因为早刊时所掌握的信息并不准确，而晚刊时误将"安子"写作了"泰子"①。

报纸中没有提及出身，实际上近藤安子是曾在第一次山县有朋内阁时期担任海军大臣等职的、原萨摩藩出身的桦山资纪伯爵的直系孙女，她的父亲是桦山爱辅，母亲是川村纯义伯爵的大女儿常子。川村纯义也是原萨摩藩士出身，后受命于明治天皇，负责年龄尚幼的昭和天皇及秩父宫的教育培养工作。川村纯义去世后被追封为海军大将，川村一家可谓名门之后。不仅如此，安子的母亲常子的妹妹花子嫁给了柳原义

---

① 日语中"安子"和"泰子"的发音相同。

光伯爵做续弦，安子的丈夫近藤廉治"外遇"的对象德子，正是花子的继女。

换句话说，本次事件中的德子与安子是表姐妹的关系，也难怪世人对这件事如此关注（顺便说一下，安子的妹妹正是后来嫁给了白洲次郎的正子）。

《朝日新闻》在22日的早刊中仅提到了"因其中复杂的姻亲关系"，"此事实在让人左右为难"，一方面向人们说明了华族社交范围的狭小，另一方面可能也是为了避免将萨摩望族桦山家以及对天皇有教养之恩的川村家卷入其中。

从这一点来看，宗秩寮严厉处罚德子的父亲柳原义光伯爵的举动就有些令人摸不着头脑了，因为柳原义光伯爵的姑母爱子正是大正天皇的生母。《朝日新闻》的记者曾向柳原义光发问："对于伯爵的品行问题世间尚有流言，我听说审议会对此也很重视。"然而，柳原义光只回复道"不知道你说的是什么事"，就把记者的提问搪塞了过去。

话说回来，众所周知，吉井勇与其妻子德子之间的家庭问题，本来就是由他不顾及家庭引起的。早在德子被追究责任之前的1933年（昭和八年）6月7日的《朝日新闻》中，就曾出现"两人已离婚"的报道。德子还做出了"自立宣言"："我没有再婚的打算，希望可以以职业女性的身份自立，以改变生活方式。"此外，作家里见弴也曾说：（吉井勇）这么不顾及家庭，（德子）还能忍受这么久。"此次事件后，华族"赤化事件"又遭到曝光，德子的道德问题再次成为众矢之的。但细看整个事件来龙去脉的话，会产生一种很强烈的感觉，那就是德子事件被当成了制造"肃正华族"舆论环境的材料。

木户幸一的"肃正"活动

负责处罚上述行为不端华族的正是宫内省宗秩寮，而宗秩寮中具体负责应对这一连串事件的，则是于1933年8月24日就任宗秩寮总裁，同时也是"十一会"成员的木户幸一。仙石政敬子爵辞职后，木户幸一接替了他宗秩寮总裁之位，同时兼任内大臣秘书官长一职。

前文提到的"岩仓靖子赤化"和"吉井勇夫人舞厅外遇"等事件均发生在木户幸一担任宗秩寮总裁期间。面对华族内部此等"颓废"状况，他做出了极其严厉的处罚决定。

其中，他对华族子弟"赤化事件"的处理态度尤为强硬。1934年1月25日，八条隆正子爵次子八条隆孟与森俊成子爵的长子森俊守二人在东京地方法院接受了判决。关于此次事件，从《朝日新闻》报道的字里行间也可以感受到宗秩寮态度的强硬。

判决前，《朝日新闻》登载，"宫内省当局认为此事无可辩驳"（1月24日）。在判决下达后，《朝日新闻》继续跟踪报道，"宫内省态度依然强硬，要追究责任人即其父隆正之责"（2月2日）；"严惩森俊守赤化行为，欲追究其子爵父亲之责。对他毫无责任感这一点，宫内省的态度颇为强硬"（3月18日）；"不等判决结果，直接将森俊守除籍，以惩戒赤化华族"（3月20日）。

除了八条子爵和森子爵这两家外，中沟三郎男爵、上村邦之丞（男爵嗣子）、山口定男（男爵的弟弟）、久我通武（男爵嗣子）以及龟井兹胜（男爵次子）等人也遭到了谴责。但同时，木户幸一谈道，此次处理"并未有意针对共产党"，且"因如今基本所有人都改变了政治立场"，

木户幸一

木户孝允之孙，还在京都大学就读时便与近卫文麿关系要好，同时也是"改革华族"的核心人物。他在担任宗秩寮总裁后，还在近卫内阁时期先后担任过文部大臣和厚生大臣等职。他于 1940 年担任内大臣一职，承担起了昭和天皇"秘书"工作，直到战争结束

"为未来考虑，宽大处理"。实际上，八条子爵和森子爵两家都保住了爵位，上述遭到谴责的众人中的大部分，后来也继承了爵位（上村邦之丞于 1937 年袭爵，山口定男于 1940 年袭爵，龟井兹胜于 1938 年成为伊地知正胜伯爵）。

虽然木户幸一嘴上说着"宽大"，但他在肃正华族的过程中毫不手软。

1934 年 3 月 19 日，宗秩寮在宫中南溜间召开审议会，讨论华族子弟的不端行为。会上除了提及森俊守一事外，还报告了其他曾经出现过此等问题的华族子弟姓名，即便这些人已经改变了政治立场。

4 月 2 日，宫内大臣汤浅仓平将华族会馆代理馆长小笠原长生子爵作为华族代表传唤来，"责备华族不成体统，并督促其反省"（《朝日新闻》）。此后，身为华族会馆馆长的德川家达公爵在得到理事会的同意后，以文书的形式向全体华族表达了他"对本应成为国民典范的华族实感遗憾"之情，并告诫全体华族须具备作为"皇室之藩屏"的自觉性。小笠

原长生本人的嗣子和次子都专注于电影业，此时他的心中一定是五味杂陈吧。

土方久敬伯爵返还爵位

在这样的一个大背景下，1934 年 9 月 20 日，继承了曾担任宫内大臣的土方久元伯爵爵位的土方久敬（与志，1898~1959）接到命令，要求其返还爵位。与吉井德子和近藤廉治这些华族家族成员不同，此次处罚的对象是华族家族长本人，而且还是出于政治原因。

从 20 世纪 20 年代末期开始，土方久敬与同为表演家的小山内薰一起在筑地的一个小剧场中表演。但他对俄罗斯的憧憬，使他受到了警方的严密监视，与共产党之间的关系也频繁见报。特别值得一提的是，他作为日本文化界人士代表参加了 1934 年 8 月在苏联举行的苏维埃第一次作家代表大会，在会上控诉了日本警方虐杀小林多喜二的行径，并在演说中宣布要在日本进行革命。此事让宫内省感到震惊。当时，土方久敬还在向共产党提供资金援助，宫内省察觉后，认为已经无法再放任下去了。

木户幸一对土方久敬的处理非常迅速。9 月 3 日，木户幸一从外务省处获得了土方久敬演说的消息，"决定迅速做出处理"。在 20 日召开的宗秩寮会议上，"毫无疑问，无须经意见交流等环节，提案获得全员一致通过"。根据《华族令》第 24 条规定，认定其符合"有损华族体面之恶行者"的判定标准。下午两点半，三岛通阳子爵作为土方久敬的亲戚被传唤至宗秩寮，木户幸一将免爵书递交给他（『木戸幸一日記』）。

在土方久敬失去爵位后的 9 月 21 日这天，《朝日新闻》晚刊中刊登了三岛通阳子爵与宗秩寮总裁木户幸一的谈话内容。三岛通阳的妹妹梅子正是土方久敬的夫人。

三岛通阳在谈话中有"若我妹妹能够以死为谏说服他的话""最可怜的是土方久敬的妈妈啊"等语。对此，木户幸一评论道："事已至此，各位亲友为他担忧之心可以理解，但只能说很遗憾了。"

土方久敬打消了回国的念头，他在莫斯科发表的演说《艺术属于民众》的讲稿也由莫斯科国际出版所出版发行。后来，他辗转于苏联和欧洲其他国家，最终于1941年回到日本。土方久敬在横滨遭到特别高等警察逮捕，被拘留在三田警察署，后来因违反《治安维持法》被判处5年有期徒刑。

华族制度已经开始出现"倾斜"，这是大家有目共睹的事实。木户

土方久敬向共产主义靠拢的问题足以动摇全体华族之根本，剥夺爵位一事成了大新闻（《朝日新闻》1934年9月21日）

幸一作为宗秩寮的总裁，试图以坚决的处理态度度过此次"倾斜"的危机。

木户幸一于 1937 年 10 月成为文部大臣，而宗秩寮总裁的职位由宫内次官白根松介男爵短暂兼任后，于 1938 年 1 月由原驻德国大使武者小路公共子爵接任。

木户幸一从 1933 年开始担任宗秩寮总裁的这 4 年间，政治方面如二二六等恐怖事件、政变频发，战争规模也不断扩大，社会动荡不安，经济资本的动摇不断加深，所谓的"不良华族"集中出现。这些问题，将在 1937 年 7 月日中战争全面爆发前得以解决。

4　日中战争和太平洋战争时期

备受期待的近卫文麿

战争爆发前，特别是 20 世纪 30 年代，与西园寺公望一同处于政治中心的华族之中，就有我们前面不止一次提到的近卫文麿。

1904 年，近卫文麿之父近卫笃麿去世，近卫文麿 13 岁便继承了公爵爵位，并被寄予厚望。身为贵族政治家的近卫文麿人气颇高，甚至有人称其为"上流社会的王子"。受其父近卫笃麿的经历和威望影响，不管作为长子的近卫文麿自己愿意与否，外界的期待有增无减。不仅如此，近卫文麿在京都帝国大学读书的时候，25 岁的他就已经成为贵族院议员，27 岁发表了《排除英美本位和平主义》的文章，给人们留下了"具有国际视野的青年贵族政治家"的鲜明印象。此外，他还随同西园寺公望及牧野伸显参加了巴黎和会，一直是被当成下一代领导人培养的。对于贵族院改革一事，近卫文麿也有自己的想法，他主张改革。除了政治和财经界人士外，一般平民也对他充满期待，非常看好他。

1932 年发生的五一五事件使政党势力进一步衰退，此时，近卫文麿被认为是可以团结各界政治力量的中心人物，备受瞩目。1933 年，近卫文麿当选贵族院议长，作为天皇以及元老西园寺公望侧近之人，他受到人们的敬爱与敬畏。受恐怖政变影响，首相候补人选不断减少，西园寺公望的年龄也越来越大，此时，由近卫文麿出任首相组建内阁的呼声越来越高。

当时的《朝日新闻》连日报道了西园寺公望与近卫文麿会谈之事，以及集各界威望于一身的近卫文麿的近况。这种报道使一般平民也产生了一种印象，那就是近卫文麿出任首相已是板上钉钉的事。

从 1936 年二二六事件发生直到年末，《朝日新闻》上刊登与近卫文麿相关的文章超过 130 篇，其中包括《暂时接受后任首班的近卫文麿》《拜辞首班的近卫文麿》《广田弘毅内阁成立后与西园寺公望和木户幸一等人会谈的近卫文麿》以及《作为贵族院议长的近卫文麿》等文章，对近卫文麿的种种动向做了详细报道。近卫文麿此次虽然没有接受请求成为内阁总理大臣，但人们对于他在不久的将来承担起组阁重任的呼声更加高涨。

于是，1937 年 6 月，近卫文麿接替林铣十郎成为新的内阁总理大臣，第一次近卫内阁成立。当天的报纸中报道"以真强力内阁为目标""重点放在财政方面，消除对立""举国一致形态""政（政友会）民（民政党）有意合作"，强调新内阁集各界期望于一身的特点。由于之前

第一次近卫内阁成立时，身穿大礼服的阁僚
近卫文麿为前列左数第三人（1937 年 6 月）

的首相缺乏领导能力，政治上一直没有一个明确的目标，在这种政治环境下苦苦喘息的民众对新内阁的成立表示欢迎。

国民对近卫文麿始终是非常支持的。在第一次近卫内阁时期，日中战争爆发，近卫文麿对于此次事件的处理有失妥当。即便如此，在其倒台（1939 年 1 月）后的 1940 年，人们对其主导的"新体制运动"还是非常支持，因此同年 7 月第二次近卫内阁得以成立。在战争时期，社会各界一直将近卫文麿当成打开局面的关键人物，对其充满期待。

肩负"五摄家之首"的重任

我们先前提到的"十一会"的成员——近卫文麿、木户幸一、有马赖宁以及冈部长景等人均在战争时期被委以重任。近卫文麿曾先后 3 次担负起组阁大任,主导战时政治;木户幸一则以宫中官僚的身份进一步巩固了其"天皇侧近之人"的地位;有马赖宁担任了第一次近卫内阁的农林大臣;冈部长景则在东条内阁时期担任文部大臣。其中,数近卫文麿和木户幸一两人最得昭和天皇的信任,身处战争时期日本政治的最中心。

说起天皇对近卫文麿的信任,虽说与近卫文麿本人不无关系,但还有一个重要原因就是天皇家与近卫家历史上长期的亲密关系。众所周知,藤原北家从平安时代开始就一直占据着政治中枢,而近卫家正是藤原北家的主流家系,一直把持着摄政关白职位,与天皇家的姻亲关系也不断加深。13 世纪后,藤原北家分为近卫、鹰司、九条、二条和一条五个家系,并一直保持到明治维新时期。在江户时代,此五摄家在幕府的命令下负责统率管理如清华家、大臣家这样的地位逊于他们的公卿。

其中,五摄家之首的近卫家的地位尤其特殊。幕末,近卫忠熙和近卫忠房两人对天皇家尽忠,维新后的近卫笃麿和近卫文麿又以贵族院议长等身份操劳国事。据说近卫文麿是唯一可以在天皇面前跷着"二郎腿"讲话的大臣,而天皇对他的期待大部分源自其五摄家之首的身份。此外,除了近卫家以外的四摄家在维新后没出现过政治上有影响力的人(唯一一位就是九条家嫁入天皇家的九条节子,即大正天皇的皇后)。

身为贵族政治家之一、曾肩负起一个时代重担的西园寺公望也一样,虽说年龄比近卫文麿大,但在接见比自己身份高的近卫文麿时也要退后一步。他同样非常期待近卫文麿大展宏图。

然而，他对近卫文麿的此种期待却落了空。近卫文麿于 1937 年卢沟桥事变后，曾 3 次担负起组阁之重任，然而他一直被战局牵着鼻子走，面对强大的军部更是束手束脚，毫无办法。最终，1941 年 10 月，也就是太平洋战争开始前夕，近卫文麿交出了内阁总理大臣的职位。此时，有人已经看穿了不谙世事的华族的软弱。至少这个时候的天皇以及内大臣木户幸一已经放弃了近卫文麿转而支持东条英机，而东条内阁选择了一条通往太平洋战争的道路。

昭和天皇对华族及近卫文麿的看法

昭和天皇又是如何看待华族的呢？昭和天皇对于支持君主制的社会势力非常重视，这一点自不必说。之所以如此，除了作为近代国家上流阶层所拥有的共通感外，华族中的一些家族还与昭和天皇有着同一祖先，与天皇家保持着血缘关系及姻亲关系，他们作为亲族彼此之间的联系非常深，这也是原因之一。

对天皇来说，这些作为"皇室之藩屏"的华族家族属于广泛意义上的血亲、姻亲集团，以及该集团的预备队。

实际上，昭和天皇的母亲节子皇太后就是五摄家中的九条家出身，而他的弟媳们也均为出身于华族家族的女性（二弟媳秩父宫妃势津子是会津地区的松平保男子爵的侄女，其母为锅岛侯爵家的三女儿信子；三弟媳高松宫妃是德川庆久公爵的二女儿喜久子；四弟媳三笠宫妃是高木正得子爵的大女儿百合子）。同时，这些姻亲家族又与其他华族家族间有联姻关系。不仅如此，那些至今还未与天皇家联姻的华族家族也被当成潜在的联姻对象。

虽说如此，昭和天皇审视每一位华族成员的目光都非常严厉。特别是在 1930 年伦敦军缩会议问题发生后，昭和天皇向身边的人表达过对军部的动向、对与军部"眉来眼去"的华族的批评和埋怨。

二二六事件后的 1937 年 6 月 22 日，近卫文麿向天皇进言，建议将此事件中的最高责任人陆军大将真崎甚三郎无罪释放。近卫文麿说，"真崎大将此举毫无徇私可言，对其特别处理实为政治上之问题"，并说明了其人此举并非出于私心。"龙颜（天皇的表情）不悦"，荒木贞夫在其日记中记录了昭和天皇的忧虑。他当时也在场，且与真崎甚三郎一样，被认为是对此次事件持支持态度的人物之一，最终他因此次事件被归为预备役。

至少在战前时期，昭和天皇还是将华族当作亲族看待的。但与此同时，昭和天皇也非常重视《大日本帝国宪法》，以及按照其精神管理国政。若有人想脱离这一限制，无论他是身为皇室亲族的华族，还是贵为五摄家之首，昭和天皇的态度都非常冷淡。

"悲剧将军"前田利为

接下来，我们将目光聚焦在战争时期一位华族身上，他就是加贺前田侯爵家的家族长，曾与东条英机对立，被称为"悲剧将军"的前田利为（1885~1942）。

前田利为本是旁支前田利昭子爵的第五子，他在 1900 年，也就是他 15 岁的时候被过继到了本家，并继承了前田侯爵家家族长的地位。前田利为既是一位资本家，也是一名陆军军人，历任步兵第二旅团旅

前田利为

团长、参谋本部第四部部长、陆军大学校长以及第八师团师团长等职。1942 年（昭和十七年）4 月，他应征担任婆罗洲岛守备军司令官，同年 9 月因飞行事故丧生。前田利为与东条英机同为陆军士官学校第 17 期学生。

前田利为原本并没想过要成为职业军人，而是想从政，但他的养母朗子说服了他，身份相当于其姑父的有栖川宫威仁以及近卫笃麿也对他进行劝导。就这样，前田利为略带迷茫地成了军人。特别要提到的是，有栖川宫对他的影响似乎非常大，在前田利为的日记中有如下记载："我原本想在明年成为政治家，但现在却对此有一丝忧虑，因为有栖川宫殿下劝我参军。"

前田利为虽然对参军一事有些懊恼，但他还是以第一名的成绩从陆军士官学校毕业，就算是在精英云集的陆军大学，他也拿到了第三名的好成绩并毕业。早在陆军士官学校时期，他便与同级的东条英机交恶，两人经常相互指责。前田利为称东条英机"脑子不好用，没有预见性"，而东条英机则称前田利为是"不谙世事的公子哥"。人们都认为前田利为将来会成为陆军大臣甚至首相，也正因为如此，他树敌颇多，他的敌人批评他"奢侈"，是"文弱软派"，甚至还有人说他是"同性恋"。

有人说他是"文弱软派"，是因为 1937 年他率领弘前第八师团负责防卫与中国、苏联的边境地区时，曾对苏联的实力做出很高的评价，并主张应尽量回避同时与中苏两国正面作战。关东军中大部分军人都非常好战，这件事给了他们指责前田利为的借口。特别值得一提的是，据说前田利为与时任关东军参谋长的东条英机"曾多次拍着桌子吵得面红耳赤"。最终，因关东军有意疏远前田利为，他最终于 1939 年被归为预备役。

另外，"同性恋"之说是因为他曾藏匿过被"某国宪兵"通缉的青年。前田利为曾自费留学德国和法国，并于 1927 年成为驻英国大使馆武官。他当时的任务是秘密搜集情报，在与其他国家驻外武官交流的过程中，前田利为自费雇用美女及英俊青年为其搜集情报，他再将情报上呈至参谋本部。有一次，前田利为手下的一位青年被当成间谍而遭到追捕，前田利为立即安排他先逃往瑞士，后秘密进入日本。不知情的人却因此事称前田利为是"好色的同性恋"。

如前文所述，在太平洋战争爆发后，前田利为成了婆罗洲岛守备军司令官，并最终"战死"。但关于他死亡的原因，最开始公布的是"阵亡"（因公死于战场），后来才改成了"战死"，两者之间可谓天差地别。之所以这么说，是因为如果是"阵亡"，就必须缴纳继承税，而"战死"

的话，这笔费用则可免除。前田侯爵家如果要缴纳继承税的话，金额将非常巨大。因此，也有流言说是与他关系不好的东条英机故意把他的死宣布为"阵亡"的。结果这个问题被提交到议会进行讨论，并最终在前田利为去世十个月后，由大藏大臣河田烈元通过答辩将其死因由"阵亡"变更为"战死"。

前田利为大女儿对东条英机的看法

前田利为与姬路的酒井忠兴伯爵的二女儿菊子育有四个孩子。他们的大女儿，也就是后来嫁回伯爵家与酒井忠元结婚的酒井美意子，在战后成了礼仪与和服评论家，并留有诸多著作。她在回忆录中毫无保留地表达了对与其父前田利为水火不容的东条英机的厌恶。前田利为去世后，东条英机曾前来祭奠，美意子对他的印象是"没有大人物的风度""感觉他处事圆滑，善使小花招"，评价颇低。

前田利为和美意子身边有俊男美女服侍，他们生活奢侈，喝红酒，参加舞会，而东条英机则一直穿着卡其色的军服，生活作风很朴素简约。这样看来，这两种人之间产生矛盾也不是什么难以理解的事情。话说回来，不同于前田利为，东条英机既没有爵位，也没有宽广的宅邸，更没有大量资产可以让他享受优雅的生活。

东条英机之父东条英教出生于盛冈藩士东条英俊之家，是家里的长子，后来担任过陆军大学教官等职。东条家是真正的军人家系。考虑到他岩手盛冈地区的出身，比起萨长两藩出身的人，升官之路应该并不平坦，以军人的身份立身也是困难重重吧。

东条英机从关东军宪兵队司令官到关东军参谋长、陆军次官、航空本部长，最后成为陆军大臣，晋升之路之所以如此顺利，得益于其擅使小花招等圆滑的处世之道。例如，曾在东条英机做首相时担任其秘书官的赤松贞雄就指出，东条英机有"爱上奏"的毛病。也就是说，无论大小事情，东条英机都逐一向天皇报告，再通过观察天皇的"脸色"，确认天皇的态度。

东条英机通过不断努力，在战争时代成了军部的总指挥官，而此时的军部已经掌握了政治主导权。这样一来，东条英机获得了与天皇、近卫文麿以及木户幸一等传统上流阶层"分庭抗礼"的地位。1941 年 10 月，东条英机成为内阁总理大臣，并将日本一步步引向了太平洋战争。这对于一位出身岩手盛冈地区的军人来说，可算是破格晋升了。

大正时代以后的叙爵者

东条英机于组阁之际，军衔晋升至大将，但没能获得爵位。这也许是因为九一八事变后，日本与中国间的战事不断，一直没有机会审议军人的叙爵问题吧。

不管怎么说，在 20 世纪 10 年代（大正时代）以后叙爵的人并不多，也没有出现军人集中叙爵的情况。从表 4-1 中可以看出，从 20 世纪 10 年代至 1945 年战败时（实际至 1943 年为止），叙爵的军人总计有 22 人，且所有人均获得男爵爵位。

此外，如表 4-2 所示，直到战败前，皇族之中包括清栖家教伯爵（伏见宫邦家第 15 子）在内有 16 人被降为华族。由于皇族出身之人有必须参军的义务，这些人也可以被看作军人出身，但他们并非因军功叙爵。

表 4-1 大正时代以来叙爵的军人（22 人）

因第一次世界大战中的"功绩"叙爵者（1916 年）

冈市之助（陆军大臣）、加藤定吉（第二舰队司令长官）、神尾光臣（青岛守备军司令官）、岛村速雄（军令部长）、八代六郎（海军大臣）

其他大正时代叙爵者

明石元二郎（台湾总督）、加藤友三郎（海军大臣，后叙爵子爵）、田中义一（陆军大臣）、大谷喜久藏（青岛守备军司令官）、大井成元（浦盐派遣军司令官）、内山小二郎（侍从武官长）、立花小一郎（浦盐派遣军司令官）

九一八事变（1931 年）前后直到战败期间的叙爵者

1928 年山下源太郎（军令部长）/1929 年近藤基树（海军造船中将）/ 1932 年白川义则（上海派遣军司令官）/1933 年奈良武次（侍从武官长） 武藤信义（关东军司令官）/1935 年荒木贞夫（陆军大臣） 大角岑生（海军大臣） 本庄繁（侍从武官长）/1936 年铃木贯太郎（军令部长、侍从长）/1943 年平贺让（海军造船中将）

注：以上均为男爵。括号内为叙爵前的主要军衔。此外，1915 年陆军骑兵中尉毛利元智为重振乃木家，叙爵伯爵爵位。

表 4-2　臣籍降下的皇族（16 人）

姓名	爵位	父	关系	降籍时间
清栖家教	伯	伏见宫邦家	第 15 子	1888 年 6 月 28 日
上野正雄	伯	北白川宫能久	第 6 子	1897 年 7 月 1 日
二荒芳之	伯	北白川宫能久	第 5 子	同上
小松辉久	侯	北白川宫能久	第 4 子	1910 年 7 月 20 日
山阶芳麿	侯	山阶宫菊麿	第 2 子	1920 年 7 月 24 日
久迩邦久	侯	久迩宫邦彦	第 2 子	1923 年 10 月 25 日
华顶博信	侯	伏见宫博恭	第 3 子	1926 年 12 月 7 日

姓名	爵位	父	关系	降籍时间
筑波藤麿	侯	山阶宫菊麿	第3子	1928年7月20日
鹿岛萩麿	伯	山阶宫菊麿	第4子	同上
葛城茂麿	伯	山阶宫菊麿	第5子	1929年12月24日
东伏见邦英	伯	久迩宫邦彦	第3子	1931年4月4日
音羽正彦	侯	朝香宫鸠彦	第2子	1936年4月1日
伏见博英	伯	伏见宫博恭	第4子	同上
粟田彰常	侯	东久弥宫稔彦	第3子	1940年10月25日
宇治家彦	伯	久迩宫多嘉	第2子	1942年10月5日
龙田德彦	伯	久迩宫多嘉	第3子	1943年6月7日

升爵的军人仅有5人。1916年开始，长谷川好道（参谋总长）从子爵升为伯爵，上原勇作（教育总监）从男爵升为子爵，加藤友三郎（海军大臣、首相）从男爵升为子爵，斋藤实（海军大臣、朝鲜总督）从男爵升为子爵，再有就是1934年东乡平八郎去世后由伯爵被追升为侯爵，仅此而已。

不仅如此，他们之中还包括如铃木贯太郎和斋藤实这样的虽然是军人身份，但归根结底叙爵和升爵并不是因军事上的功绩的人。再如平贺让等人，从"山城号"到"大和号"，他们在海军军舰设计建造的过程中做出了贡献，与其说他们是军人，倒不如说是造船工程学界的权威人士。平贺让培养了许多工程系学生，1938年出任东京帝国大学校长，此时经济学部正处于混乱时期，他果断执行了"平贺肃学"，将学部中的河合荣治郎和土方成美两位教授停职。1943年2月17日，平贺让在离世后被追授男爵爵位。

卢沟桥事变后不再论"军功"

此外，与军功无直接关系的非军人出身者中叙爵、升爵者有所增多。表4-3和表4-4分别为1913年至1935年的23年时间里非军人出身者叙爵一览和1914年至1941年的28年中非军人出身者升爵一览。他们中的大部分人是政治家、官僚、财经界人士或学者，还有一些公家、武家的旁支。

表4-3　大正时代以来非军人出身者叙爵一览（1913~1935）

政治家、官僚
松田正久（众议院议长、司法大臣）　大森钟一（京都府知事）　横田国臣（大审院院长）　奥田义人（司法大臣、东京市长）　松冈康毅（检察总长、农商务大臣）　古市公威（韩国统监府铁道管理局长官）　伊集院彦吉（巴黎和会全权随员）　币原喜重郎（外务次官、驻美大使）　松井庆四郎（外务次官）　前田正名（农商务次官）　平山成信（宫中顾问官）　冈野敬次郎（枢密院副议长）　仓富勇三郎（枢密院议长）　富井政章（枢密顾问官）　平沼骐一郎（司法大臣、枢密院副议长）　若槻礼次郎（首相、伦敦军缩会议首席全权代表）　一木喜德郎（宫内大臣）
财经界人士
大仓喜八郎（大仓组）　古河虎之助（足尾铜山）　三井高保（三井家旁支）　森村市左卫门（富士造纸）　园田孝及（十五银行总裁）　高桥新吉（日本劝业银行总裁）　益田孝（三井合名）　川崎芳太郎（川崎造船、川崎银行）　安川敬一郎（筑丰煤炭矿业组合总长）　山本达雄（日本银行总裁）　团琢磨（日本经济联盟会会长）
学术界人士
田中芳男（农商务省农务局长）　穗积陈重（帝国大学法科大学校长）　山川健次郎（东京帝国大学校长）　青山胤通（传染病研究所所长）　北里柴三郎（北里研究所所长）　佐藤昌介（北海道帝国大学校长）
公、侯爵旁支
德川诚　德大寺则麿　近卫秀麿　锅岛贞次郎　山县有光

注：括号内为叙爵前主要官职及所属。除了近卫秀麿为子爵外，其余均为男爵。

表 4-4　大正时代以来非军人出身者升爵一览（1914~1941）

政治家、官僚
侯爵→公爵
西园寺公望（首相、巴黎和会首席全权代表）
松方正义（首相、内大臣）
伯爵→侯爵
大隈重信（首相）
子爵→伯爵
内田康哉（外务大臣）　珍田舍巳（巴黎和会全权委员）　伊东巳代治（枢密顾问官、帝室制度审议会总裁）　平田东助（内务大臣、内大臣）　牧野伸显（宫内大臣、内大臣）　加藤高明（首相）　清浦奎吾（首相）　后藤新平（内务大臣兼帝都复兴院总裁）　金子坚太郎（临时帝室编修局总裁）
男爵→子爵
石井菊次郎（外务大臣）　加藤高明（外务大臣，后升伯爵）　本野一郎（驻俄大使）　波多野敬直（宫内大臣）　石黑忠悳（日本红十字会会长）　牧野伸显（巴黎和会全权委员，后升伯爵）　浜尾新（东宫大夫）　后藤新平（满铁总裁、东京市长，后升伯爵）　阪谷芳郎（东京市长、专修大学校长）
（注）　牧野伸显、加藤高明、后藤新平为重复出现
财经界人士
男爵→子爵
涩泽荣一（王子造纸、东京瓦斯）　高桥是清（日本银行总裁、大藏大臣）
其他
侯爵→公爵　德川圆顺（原水户德川家）
男爵→子爵　米田虎雄（原熊本藩家老）

注：括号内为叙爵前[①] 主要职位及所属。

1936 年（昭和十一年）至华族制度被废止这段时间的叙爵者，除了前面提到的铃木贯太郎和平贺让外，还有 9 人，而其中的一多半，即

---

① 此处应为"升爵前"之误。

包括音羽正彦侯爵（朝香宫鸠彦的次子）在内的 5 个人，均为表 4-2 中"臣籍降下"的皇族出身者。

另外 4 个人，即樱井锭二（帝国学士院院长、枢密顾问官）、汤浅仓平（宫内大臣、内大臣）、长与又郎（东京帝国大学校长）以及原嘉道（司法大臣、枢密院议长）均为非军人出身，被授予男爵爵位。升爵方面，仅有阪谷芳郎（东京市长）由男爵升为子爵。顺便说一下，原嘉道是最后一位华族叙爵者，他是在 1944 年 8 月 7 日去世的那天被追授爵位的。

从结果来看，1931 年九一八事变发生后，作为侵略中国的推动力的军人中叙爵的只有白川义则、奈良武次以及武藤信义等几位高层。而且，在 1935 年荒木贞夫、大角岑生以及本庄繁叙爵后，就再没有同样的案例出现了。与此相对的是，以东条英机为首的其他高官反而是以侵略者和战败者的身份被载于史册。

也就是说，从 1937 年 7 月卢沟桥事变开始，至 1945 年 8 月战败的这 8 年时间，日本向中国和东南亚地区大量派兵，建立了诸多"战果"，而这些人之中却没有一人因此叙爵。究其原因，应该是战争一直处于进行中的状态，丝毫没有结束的征兆。日本也在这种情况下迎来了战败。

此外，阪谷芳郎等人在 1940 年，因纪元 2600 年庆祝事业的功绩而升爵。当时国家和政府的论功行赏标准，也存在一些令人费解之处，也许是计划在未来获得更大的胜利后再进行大规模的叙爵吧。一份份捷报让国民陷入了狂热之中，而与此相对的是，实际上此时政府方面还保持着十分清醒的头脑。也许天皇及政府指导层并不认为从日中战争到太平洋战争所经历的一系列战斗，是什么值得叙爵或升爵的战果吧。

战争时期的华族女性

那么，华族女性在战争时期的生活情况又是怎样的呢？她们中的大多数人都以"贤妻良母"为目标，成了家庭主妇或以家庭主妇预备军的身份承担起扶助丈夫或父母的工作。但随着战争的不断扩大，她们也被要求为战争出力，特别是上流女性，国家期待她们承担起后方活动指导者的重任。例如，武藤信义元帅（男爵）的遗孀能妇子就在 1939 年担任了国防妇人会会长。

汤浅仓平宫内大臣在 1934 年 3 月向女子学习院教职员下达了关于学生训育的训示，女子学习院正是众多华族女子学习的地方。

女子学习院接受了汤浅仓平的训示后，制作了《训育纲要》并下发给教职员。《训育纲要》包括 3 条纲领和 11 条实践方法，鼓励学生坚持"国体观念"以及"贞洁德操"等。此外，为了对学生进行思想上的引导，学校还调查了学生的读书内容。若发现他们中有曾借阅"反动"图书的，"对于现下认为不宜之物，或是直接对学生本人进行训诫，或是对其家庭提出警告"。此外，还专门在学校中设置了"父兄接待室"，加强学校与家庭的联系。这一时期的华族女子从日常起居到阅读倾向都被学校和家庭牢牢掌握。

在犹豫不决下完婚

就算女性在后方已经尽了全力支援，出征的男性中战死者和伤病人员的数量还是不断增加。战争时期最具代表性的宣传语"不足不足皆为工夫不足"中的"工"字被抹掉，成了"（丈）夫不足"，这一非常具有代表性的小插曲体现了当时男性人口不足的现象。在这个时候，适龄期的女孩子尽全力为战争服务，却连结婚对象都很难找到。她们一边被教唆"生子增产"，另一方面却连化妆、恋爱的权利，以及结婚对象都被剥夺。

与此同时，女性劳动必要性越来越高，曾经以守护家庭为本职的女性赶赴工厂工作，不得不从事社会性活动。东条英机等首脑对于女性参与社会工作一事，最初是持反对态度的，他们认为此举会破坏男女分工这一传统"美风"。然而，男性人口的减少让这一所谓的"美风"也难以存续。

华族女性曾经的首要任务是守护家庭和养育后代，尽管如此，她们的情况也各不相同。前田利为的长女酒井美意子就曾匿名表达当时适龄期华族女性内心的动摇。

曾与作曲家更科道幸伯爵的嗣子传出艳闻的侯爵之女山城芳子，本与公爵嗣子日高康智有婚约，后来却因日高康智接到了召集令而背弃婚约。此外，她为了逃避征用，担任了身为贵族院会计科长的父亲名义上的秘书，在空袭发生后立刻跑到了其家族位于轻井泽的别墅躲避。

对于此事，酒井美意子记载如下："在那个时代，战争未亡人若再婚就会成为众矢之的。由于现实中基本不可能再婚，已经有婚约的女孩子处境都十分艰难。当她们的婚约对象应召参军即将被派往前线之际，除了选择赶在出发前尽快举办仪式的女孩子外，因害怕成为寡妇而背弃婚约的也大有人在。"（『あの華族の昭和史』）

美意子于 1943 年从女子学习院毕业后，来到了外务大臣官方政务秘书官室，在战争时期外交中枢部门工作。据说那时她已与伯爵嗣子酒井忠元有婚约。婚前酒井忠元接到召集令即将出发之日，他们曾相互确认彼此的想法。

　　总之，随着战争规模不断扩大，除了处于政治和军队中枢的近卫文麿和木户幸一等一小部分人外，其余的华族都受到了战争形势的影响。随着战局的不断恶化，他们的活动范围也受到了限制。

　　跟一般老百姓相比，他们还是能获得相对多的信息，但已经失去了通过团结一致的行动带来政治新局面的能力。华族中的大部分人在战败色彩日益浓厚之际，选择了静候战争的终结。

终章
日本式"贵族"的终结——战败与战后

战败与危机意识

华族是如何迎接战败的呢？作为"被选中的阶级"，与一般人相比，他们当然更清楚战争形势的不利。

但是对于他们来说，比起输掉战争，可能更担心的是以天皇为核心的日本体制是否会崩塌。

众所周知，出身于华族最高家系的近卫文麿为尽快结束战争做了诸多工作。近卫文麿于 1945 年 2 月 14 日向昭和天皇呈递了著名的上奏文：

> 战败虽有弊于日本国体，但英美今日之舆论尚未提及变更国体之论（当然存在一部分过激论调，很难预测将来会如何变化），因此，我认为即便我们最终战败，也无须忧虑国体之事。为了保护国体，我们最应该担心的是可能随着战败而发起的共产革命。（矢部贞治『近衛文麿』下）

虽说输掉战争已不可避免，但英国和美国还没考虑变更日本的体制，日本最应该担心的是共产革命。

近卫文麿之所以向天皇呈递此篇上奏文，是因为军部中的一部分人，还有其周边的官僚和民间有志之士鼓吹"革新论"，有意趁战争之际发起共产革命。近卫文麿此举的目的正是在战争结束前将这一势力彻底清除。虽说这篇上奏文最终没有被天皇和木户幸一接受，但从其内容不难看出华族特别是那些更接近权力中枢的上层华族的不安和恐惧。顺便提一下，为近卫文麿收集并提供信息的是细川护贞侯爵。细川护贞的妻子就是近卫文麿的二女儿温子，而他的大儿子便是在后来成为首相的细川护熙。

然而，有人先于还在反复做工作的近卫文麿，计划直接以行动化解此次危机。这个人正是我们前面多次提到的尾张德川家的德川义亲侯爵。

德川义亲于 1944 年 8 月辞去了新加坡第二十五军军政顾问一职后回到东京。他在战争结束前的一年之中会见了许多人，并主张战斗到

近卫文麿（1891~1945）
战争末期，他曾试图与苏联交涉。在战后曾起草宪法修正案，自发地试图将现有体制维护下去。由于被定为战犯，于 12 月 16 日服毒自杀

底，在战败基调已经非常浓厚的 1945 年 8 月策划了一次名为"锦旗革命"的军事政变。

根据德川义亲 1945 年 8 月 11 日日记中的记载，他曾伙同右翼分子清水行之助等人，试图发布戒严令，实行军事统治。德川义亲分别向内大臣木户幸一和他的哥哥宗秩寮总裁松平庆民寄去了一封信，信中说："事已至此，必须保证皇室之安泰。唯一的方法就是进行所谓'锦旗革命'，除此之外别无其他手段可使交涉过程对我方有利。我们已经做好了准备，等候你们的英勇决断。"

德川义亲同阿南惟几陆军大臣身边主张战斗到底的稻叶正夫中佐（大本营参谋），以及策划了以夺取玉音盘等为目的的八一五政变的井田正孝中佐（军务局军事课）等人频繁会面，计划通过军事手段达到护持国体的目的。然而，德川义亲最终并没有参与八一五政变，不知这是否出于这位"大人"快速适应新形势之故。他在当天的日记中写下"再次成了曾经的学究而已"。

悄无声息中迎来 8 月 15 日

武家华族出身的原肥前鹿岛藩主后裔锅岛直绍子爵在战争时期曾是农林省的一位技术官员。1944 年 9 月战况变得越发激烈之时，他辞去工作，回到了老家佐贺县鹿岛町置办家业，并购置了一町有余的农地，过起了农民般的生活。第二年 4 月，他的房屋被军队征用，成为特设警备本部（西部 20931 部队）的临时据点，而他本人则搬到了旁边的小屋中居住，成了兵营的"房东"。

身为房东的锅岛直绍被要求加入"肉搏队"。据说锅岛直绍当时

"脚踏胶底足袜加绑腿，身穿破旧国民服，头戴战斗帽，将祖传的名刀'肥前忠吉'时而像佐佐木小次郎那样背着，时而挎在腰间，在府邸内巡逻"（『鍋島直紹伝』）。

至于锅岛直绍是怀着怎样的心情迎来 8 月 15 日这天的，并没有留下记录。只不过当时流传着"美国士兵已经登陆九州"并正向佐贺进军的假消息，县厅和鹿岛町政府都无法辨别消息的真伪，据说是锅岛直绍非常肯定地否认了这一说法。他做出了"大人之英断"。此后，警备本部于 9 月解散。

在那之后，占领军宣抚班的美军士兵为进行民情调查以及收缴藏匿武器曾在鹿岛町驻留，在任务结束后他们还访问了锅岛家。驻留在佐世保地区的美军将官也时不时地到锅岛家拜访。锅岛直绍在其自传《大人》中说道："战后粮食紧缺，生活看不到希望，我一直过着农民般的生活，终于因过度劳累而病倒了。"锅岛直绍所在的地方社会，因战败和被占领而动荡，可以说他在这样的环境中发挥了十分重要的作用。在失去华族身份后的 1951 年，锅岛直绍当选为佐贺县知事。

同为武家华族的一桥德川家出身的德川宗敬伯爵在战争结束前的两个月，即在他 48 岁时接到了召集令，让其担任陆军少尉。

据他的妻子干子说，德川宗敬当时说道："我已年近半百，连我这样的老人都要调用，可见这场战争已经完全没有'胜利'的希望了。不知会被引领至何方，要是输掉了战争，就去做工人吧。"

德川宗敬夫妇二人曾在第一次世界大战中战败的德国生活了两年半，对于战败的预感，干子记录道："我们已经见过足够多输掉战争后国家、国民与没落贵族的惨状，所以心里已经做好了准备。"

8 月 15 日这天，干子在疏散地山形聆听了"玉音放送"。她在自传《我是鲁滨逊·克鲁索》和《绢之日　土之日》中记录道，"该来的还是来了"，"啊，这样一来就结束了"，"战败后，必须脚踏实地才能活下去"。

德川宗敬在日本战败两个月后平安返回东京，并担任贵族院副议长之要职。他的妻子干子则在战败后来到茨城县水户市郊外的开拓地从事开发工作。干子与她的丈夫分居两地，与家人一起从事农业劳动。

在日本宣布投降之际，华族中共有 924 个家族，总人数约 6000 人。当然，这些人迎接 8 月 15 日的方式也不尽相同。总体来说，对于近卫文麿和德川义亲等接近权力中枢的华族来说，他们更多的是对战后如何维持现有体制这一问题抱有危机感。其余的华族之中，越是远离权力中枢的人越没有什么精气神。也许在这些人眼中，比起华族制度，他们更担心的是如何维持自己的生活。

辞爵申请

虽说此时华族们的心境各不相同，但有些在战争时期积极从事政治活动的上层华族在得知战败后提出了辞去爵位的申请，表面上的理由是"承担战败之责任"。

例如，放弃了政变计划的德川义亲在 8 月 15 日当天正午时分收听完"玉音放送"后，下午就带着辞爵书进宫，将辞爵书交给宗秩寮总裁松平庆民。德川义亲仗着松平庆民是他的哥哥，可以说此举多多少少有些公私不分之嫌。然而，在与松平庆民争论了几天后，他的这封辞爵书最终没有获得批准。在德川义亲 8 月 24 日这天的日记中，他记录道："被宫内省传唤，让我把辞爵书收回。必须再想个办法。"可见他并没有放弃辞爵的打算。

近卫文麿也在战败时流露过辞爵之意，但被木户幸一制止了。在1945年11月22日这天，近卫文麿向天皇解答宪法修正案相关问题时再次提交了辞爵书。他在辞爵书中写道："希望可以奉还爵位勋章，以市井平民的身份度过余生。"

有马赖宁伯爵对于德川义亲和近卫文麿的举动十分不满，他在《朝日新闻》（1945年10月29日）上刊登了《爵位返上论》一文，提及了"应一同'奉还'"以及"不满近卫公爵之独断"，对此种举动予以批判。

有马赖宁虽然对近卫文麿独自决定辞爵一事进行了批判，但同时也说"在人们眼中，华族已经成为皇室和国民联系的阻碍"，强调了返还爵位的必要性。他主张全体华族应保持步调一致，若驳回德川义亲的辞爵请求却允许近卫文麿辞去爵位的话，会让人搞不清标准。有马赖宁虽赞同返还爵位，但对于上述两人的独断行为十分反感。

返还爵位的演变

顺便说一下，华族返还爵位以1887年1月13日长尾显慎男爵为首，至1947年4月7日儿玉秀雄伯爵为止，达到了127家。

他们之所以返还爵位，原因各种各样，不尽相同：有的是因为家族长去世后没有继任者，有的是因女性继承家族长地位而失去了爵位继承权，有的是为了继承本家而断绝了自家脉系，还有的是因为没有履行袭爵手续。我们前面曾提到，像板垣退助伯爵这样主张"一代华族论"的人也返还了爵位，还不乏像松方严公爵这样的因经济方面的原因返还爵位者，以及像土方久敬伯爵这样的因政治事由返还爵位之人。此外，还有一些人同胜安芳伯爵和德川笃守男爵（清水德川）一样，返还爵位后再次叙爵。

　　按照年代排列的话，我们可以得到表 5-1。从此表可以看出，从 1926 年开始，特别是 1942 年以后，返还爵位者大幅增加。

　　进一步来看，若将 1942 年以后返还爵位的 60 个家庭以 1945 年 8 月 15 日为界一分为二来看，前半部分有 26 个家庭（约三年半时间），后半部分有 34 个家庭（约两年时间）。由此可知，华族返还爵位集中出现在输掉太平洋战争后的一段时期。

表 5-1　返还爵位华族家族数量的演变

时间	年数	家族数
~1912 年（大正元年）	26 年	20 家
~1926 年（昭和元年）	14 年	16 家
~1941 年（昭和十六年）	15 年	31 家
~1945 年（昭和二十年）8 月 15 日	3 年半	26 家
~1947 年（昭和二十二年）4 月 7 日	2 年	34 家

　　从太平洋战争爆发到日本战败这段时间返还了爵位的 26 个家族之中，因家族长过世后无继承者等而没有履行袭爵手续的有 18 家，其中相乐公爱男爵、音羽正彦侯爵、堀河康文子爵、渡边武治子爵、二条丰基男爵、松前正广子爵、上杉胜昭子爵以及仁礼景嘉男爵这 8 家的家族长均是在战争中战死（仁礼景嘉男爵在战争中病亡）。

　　战争结束后返还爵位的 34 家之中，有 19 家是因为没有履行袭爵手续。其中立花鉴德伯爵和真锅十藏男爵两家虽有继承者，但因选择了隐居生活而没有履行袭爵的手续。

这样，1947 年华族总数变成了 889 家，比起刚战败时的 924 家减少了 35 家。其中不乏西乡从德侯爵、西园寺八郎公爵及岩崎小弥太男爵等名门。与此相对的是，大多数华族家族没有什么动静。也许他们选择了静观事态发展，或是想做些什么却没能付诸行动。

华族自身变革的局限性

战败后，负责监督华族的宫内省也曾自发地对华族制度进行讨论。可以说在面对被占领这一残酷的事实时，除了进行自我改革外别无选择。

1945 年 11 月 13 日，宫内省向负责处理华族问题的宗秩寮审议会咨询了华族制度的相关问题。22 日，宗秩寮审议会召开了第一次会议，开始讨论修改《华族令》的事宜。

此次审议会的成员之中，审议官由五摄家中的鹰司信辅公爵、五摄家以外的公家代表东久世秀雄男爵、大名家的细川护立侯爵、小名家的大河内正敏子爵以及功勋华族家的儿玉秀雄伯爵担任（儿玉秀雄伯爵同时担任议长一职）。此外，枢密顾问官奈良武次（原侍从武官长）、窪田静太郎（原行政裁判所长官）、潮惠之辅（原内务大臣）、学习院院长山梨胜之进以及宫内大臣石渡庄太郎和宗秩寮总裁松平庆民也都参加了会议。

第一次审议会主要讨论的问题是，"在不完全废除华族制度的情况下，后代继承几代后自动丧失地位"。换句话说，此时宫内省依旧想保留华族制度。

第二次审议会于 26 日举行，会上宫内省询问了"拜辞荣爵"和

《华族世袭财产法》的相关问题。关于"拜辞荣爵"问题，审议会认为辞去爵位需要具备相应的理由，不得随意辞爵。每个辞爵申请都需要经过审议会讨论决定；而《华族世袭财产法》则被废止。《华族世袭财产法》原本是因与解放农地的关系而被提交至贵族院农地调整法委员会的（当时设置了世袭财产的华族约占华族总数的四分之一，共有200多家）。

贵族院在收到关于"拜辞荣爵"的议案后，于12月7日对《华族令》第26条做出了修改。新规则规定华族在无法保证其品阶的情况下，出于特殊原因提出辞去爵位之时，经过宗秩寮审议会的审议，可由宫内大臣许可其辞去爵位之请求。此外，废除《华族世袭财产法》的议案也最终于1947年2月19日经表决通过（3月13日公布）。

最终，由于宗秩寮审议会的本质是华族对自身问题的探讨，所以并没能够对华族制度整体进行重新审视。第二次审议会在这种情况下结束了。

战败后，GHQ（联合国最高司令官总司令部）向日本方面发出了许多民主化改革指令，但其中除了接管房屋外，对于华族制度并没有什么具体指示。也许是受此情形影响，华族也从来没有想过从根本上改变华族制度。

近卫文麿虽率先提出了辞爵的请求，但他并没想过完全废除华族制度。1945年10月18日，负责起草新宪法草案的近卫文麿曾言，"关于华族，只要不给予其政治特权，我认为让其存续下去并不是坏事"（『朝日新闻』），就此明确地表达了反对废除华族制度的态度。此种反对态度在华族内部以及贵族院一部分议员中颇受支持。

自由主义势力的不信任

当时 GHQ 对华族制度并没有给出任何具体的要求。正如围绕对天皇的处置问题，他们的立场从严厉惩罚转变为利用一样，对于美国人来讲，最重要的任务是从根本上去除日本军国主义和超国家主义。相比之下，GHQ 并没有立案对"华族"这一日本贵族阶层进行彻底改革。

相反，随着"利用天皇"方针的确立，作为天皇身边有才能的辅佐者，华族开始受到重视。例如，东京审判首席检察官约瑟夫·季南（Joseph Keenan）在抵达日本后最先接触的就是松平康昌侯爵（宗秩寮总裁、式部头）。

相比 GHQ，日本方面反而在战后强烈主张废除华族制度。其中，那些在战争时期被贴上"自由主义"标签而受到排挤的政党势力尤为积极，他们首先将矛头指向了贵族院。

在战争刚刚结束的 9 月 15 日，已着手组建新党的鸠山一郎在《朝日新闻》上提出了对贵族院进行根本性改革的意见。

鸠山一郎认为，"现在社会上讨论最多的是修改华族议员互选法，而贵族院的改革仅停留在这一层面是不行的。从理论上来讲，全部议员均为国民之代表的美式议会是最正确的选择"，对保留华族议员持否定态度。

此后，30 日这天，关口泰（原《朝日新闻》论说委员，10 月成为文部省社会教育局局长）在《朝日新闻》上发表文章，论述"华族"与民主主义政治机构格格不入，应赋予华族家族长众议院议员选举权与被选举权。他认为，废除贵族院的特权才能做到"国民人人平等"。鸠山一郎和关口泰都对贵族院这一特权机构进行了批判，认为其与民主主义是难以共存的。

1946 年 4 月，日本进行了战后第一次总选举。在那之后，特别是 6 月末众议院开始围绕《日本国宪法》草案进行审议时，政党势力对华族的批判色彩更加浓厚。

同年 7 月，身为第二大党的进步党在党内议员会议上确定了立即废止华族制度的方针。除此之外，身为吉田茂内阁母体，同时也是第一大党的自由党，以及第三大党的社会党内部，对于立即废止华族制度的要求也愈加强烈。特别是自由党方面，认为一部分华族为了延续华族制度而办理袭爵手续的行为非常不谨慎。当然，共产党方面对于华族也持否定态度，这一点自不必说。到了 1946 年下半年，主张废止华族制度的势力已经在众议院占绝对多数。

除了众议院以外，以华族为"藩屏"一直被保护的宫中也在讨论废除华族制度一事。虽然具体内容无从考证，但宫内大臣石渡庄太郎与内大臣木户幸一确实在 1945 年 10 月 27 日和 29 日这两天分别围绕朝鲜王公族、朝鲜贵族以及修改华族制度的问题进行了商谈。

11 月 11 日，一个月前刚刚辞去首相职位的东久迩宫稔彦因深感战败责任之重，自发地放弃了皇族身份。他在除各直宫家 ① 以外的所有皇族发表"臣籍降下"声明之际，也在报纸上呼吁华族集体辞爵。当时，除了那些特别支持华族与门阀制度的人以外，大部分人都倾向于废除华

---

① 与天皇有直接血缘关系的皇族。

族制度。甚至能感觉到，为了达到"护持国体"的目的，这些人想早日废除华族这一被视为封建残余的制度。

通向废止的第一步

1946 年 2 月，围绕 GHQ 起草的新宪法草案，日本进行了翻译、修改、交涉及再修改的工作。4 月 17 日，政府方面颁布《日本国宪法》草案。正如我们先前提到的那样，GHQ 并没有急着废除华族制度。GHQ 在 2 月提出的草案的第 13 条内容如下：

> 今后，授予华族之称号时，不再附带国民或公民性的政治权利。
>
> 贵族享有的权利，除了皇族外，仅限于现存一代。授予荣誉、勋章及其他荣誉不得附带任何特权。此外，此等荣誉仅限于现下保有者或将来即将获得者一代享有。（高柳賢三ほか編著『日本国憲法制定の過程』）

受此影响，4 月政府颁布的草案之中，也在第 97 条规定"现下处于华族及其他地位者，其地位仅限其人生前享有"。

此宪法草案经过众议院审议和枢密院咨询，于 6 月 20 日被提交至众议院正式会议，继而在 28 日交予由议长指定的 72 人组成的帝国宪法修正特别委员会，委员会的委员长由自由党的芦田均担任。此后，特别委员会展开了讨论，并设立了由芦田均担任委员长的小委员会，由小委员会负责修改草案相关问题的实质性审议。

7月31日，在小委员会第6次会议上，新宪法草案中的第97条被删除。芦田均委员长表示："删除此条目的提案是由自由党、进步党、社会党、协同民主党、新政会以及无所属俱乐部共同提出的。有人反对彻底删除此条目吗？"这时有人回答"没有异议"。这样一来，删除第97条的意见在没有遇到特别阻碍的情况下当场通过（森清监訳『憲法改正小委員会秘密議事録』）。换句话说，废除华族制度这一决定，可以说是由当时所有政党势力共同做出的。

最终，在其中第9条经过了所谓"芦田修正"等修改后，新宪法草案于8月24日在众议院正式会议上通过，并被提交至贵族院正式会议。

贵族院内的存废论争

贵族院围绕《日本国宪法》的审议开始于该案在众议院获得通过的两天后，审议开始前先由吉田茂首相进行了相关说明。

8月30日，首先由秋田三一多额纳税议员（研究会）对华族制度提出相关质询。对于即将设立的参议院，他结合贵族院的情况提出疑问："参议院的组织形式如何？曾经的贵族院中包括皇族议员、华族议员、敕选议员、多额纳税议员以及学士院会员议员，虽然各方面多少存在一些缺陷，但作为第二院还是取得了不错的成果。"

同日，泽田牛麿敕选议员（同和会）发言道："难道是由于华族制度的存在，大家都为争当华族而发动战争，所以才要废止吗？我认为华族对于君主制国家来说只不过是附属物，是一种纯良的习俗罢了。保留这种习俗更符合日本国风。"表示反对废止华族制度。

9月6日，身为华族的上野高崎藩主的后代大河内辉耕子爵（研究会）认为，"华族这种社会上的累赘还是废除的好"。

9月7日，贵族院内召开了第7次特别委员会会议，会上就"华族制度存续与贵族院"这一议题进行了审议。泷川仪作多额纳税议员（研究会）提议道："希望可以恢复众议院删减掉的第97条（仅限于现存者案），制定新华族制度，并删除政府发布草案中的第13条第2项（不可设立华族制度）。"

9月16日，在第14次特别委员会会议上，织田信恒子爵（研究会）认为，关于华族制度，有人认为应该保留，具体内容应进一步审议。在此基础上，他还认为应向众议院询问删除认可一代华族的第97条的经过，他说，"若政府方面仅将其视为荣誉，并在仅允许一代人的前提下设立此条的话，我认为是正确的判断"，对"一代华族论"表示赞成。他进一步追问道："将来为代替华族制度，要设立一套什么样的新荣誉制度？"询问了废除华族制度后的代替措施。然而，织田信恒此时又说道："从结论来讲，我赞成废止华族制度。"对废止华族制度表示肯定。

废止的决定

对于织田信恒的质询，负责宪法解释的国务大臣金森德次郎回答，现存的华族制度之中，有些人是门阀贵族，有些人则因功绩而位列贵族，前者当然应该被废除。此外，对于众议院删除条项的理由，他说道："因这一问题之中家族地位色彩浓厚，经过讨论，认为于此时解决为上策。"他还说，建立新制度以取代原有的华族制度是留到未来解决的问题。

此时议论的焦点是，华族制度作为荣誉的话还是有可能保留的，但作为世袭门阀贵族制度的话就必须废除了。

此外，佐佐木惣一敕选议员（无所属俱乐部）质询道，既然要废除华族制度，也不认可作为荣誉的爵位制度，那么为何还保留位阶勋等制度。对于这个问题，金森德次郎回答道，因为贵族制度并不只是个人荣誉，这一点与位阶勋等制度是不同的。

金森德次郎曾担任法制局长官及宫内省御用挂等职，在"天皇机关说"事件中遭到军部及右翼分子的攻击，不得已于 1936 年辞去职位，属自由派官僚。同时他还是《日本国宪法》起草工作组中的一员。当时，他是作为宪法学者与政府意见代表大臣来到贵族院应对此事的。

贵族院正式会议上，昭和天皇驾临，举行了新宪法颁布纪念仪式
（1946 年 11 月 3 日）

金森德次郎认为，现代社会观念尊重国民个性的平等，即便民众心中对那些具有历史文化因素的家族仍保持尊重，也不在宪法管辖的范围之内。他以此从正面否定了"华族存续论"。

顺便提一下，当时贵族院中主张保留华族制度的有田所美治敕选议员（同和会）、泷川仪作、泽田牛麿以及牧野英一敕选议员（无所属俱乐部）等人。他们虽然不是华族，但作为与其相关者对于身份制度意识形态很重视，所以认同华族的存在。非华族议员之中，有很多人都对门阀等制度抱有一种敬畏之情。

大河内辉耕与织田信恒等华族议员反而主张废除华族制度。正因为他们是华族出身，所以才能体会到来自国民那冰冷的视线，才能感受到此制度的狭隘吧。此外，说不定他们是为了保留最后的尊严，于是选择遵从毁灭的美学，不与时代抗衡。

就这样，围绕华族制度是否存续这一议题，以华族议员为主体的贵族院经过多方讨论，于 10 月 6 日这天通过了众议院原方案。至此，华族制度在制度层面上被废除已基本确定。为华族制度打上休止符的，正是作为华族特权依据的贵族院。

基于此原案制成的《日本国宪法》于 1946 年 11 月 3 日颁布，1947 年 5 月 3 日开始施行。新宪法施行后，华族制度随之失去效力被废除，从 1869 年 6 月诞生开始，共经历了 78 年的岁月。

东京审判的影响

就在对新宪法进行审议的同时，东京审判也开始开庭审理案件，华族又将面临怎样的命运呢？众所周知，所谓东京审判，指的是第二次世界大战结束后，联合国方面为制裁日本犯有重大战争罪行之人，设立远东国际军事法庭进行审判，这些人最终被宣判为甲级战犯。

东京审判的判决书于 1948 年 11 月 12 日发出，对以东条英机为首的 7 人判处绞刑，对木户幸一等 16 人、东乡茂德以及重光葵分别判处终身监禁、20 年有期徒刑和 7 年有期徒刑。

这些被告之中，广田弘毅、东条英机和小矶国昭曾担任首相，东乡茂德曾担任外务大臣。除此之外，还有地位堪比有爵者的军人和文官，但其中真正的有爵者，只有侯爵木户幸一、男爵荒木贞夫和男爵平沼骐一郎 3 个人而已。

东京审判的被告确定工作开始于 1945 年 12 月 8 日，设立了由季南担任首席检察官的国际检察局，并将检察局中的重要成员分配到从 A 至 H 的工作组之中。其中 A 至 C 工作组负责将犯有"破坏和平罪"的人按照年代进行分类；D 至 G 工作组则负责"财阀""膨胀主义超国家主义团体""陆军军阀""官僚阀"的相关工作，并从中选取被告；H 工作组当时主要负责调查日本政府方面的资料，没有直接参与确定被告的相关工作。

检察局在此分类的基础上，按照其排序，进一步通过会议确定被告人。在 1946 年 3 月 11 日至 4 月 8 日的这段时间，以东条英机为首的 26 名被告受到指认，应 4 月 17 日延后抵日的苏联方面检察团的要求，又将重光葵和梅津美治郎两人追加为被告人。顺便提一下，4 月 8 日这天，来自澳大利亚的曼斯菲尔德（Mansfield）检察官提议追究天皇的责任，但被季南否决了。在此次确定被告人的过程中，木户幸一的日记及田中隆吉的调查文件成为重要参考资料。

也就是说，对于以制裁"破坏和平罪"为目标的东京审判来说，是否有华族的身份并不是他们用来判断"犯罪"的主要依据。不仅如此，为了占领政策的顺利执行，东京审判对天皇给予了高度的政治照顾，使其得以免责。这样一来，与天皇及皇室的亲密性，自然也就不再成为判定战争责任有无及大小的依据。

有爵者被告

顺便说一下，有些人虽不是上述被指定为被告人的 28 人之一，但作为甲级战犯嫌疑人遭到了逮捕。例如，1945 年 9 月 11 日的第一批战犯嫌疑人名单之中，就包括曾担任"满洲"官僚的岸信介以及自杀的原文部大臣桥田邦彦和原厚生大臣小泉亲彦等 39 人。11 月 19 日的第二批嫌疑人名单之中，有实业家出身的政友会总裁久原房之助以及皇道派中心人物真崎甚三郎等 11 人。12 月 2 日的第三批嫌疑人名单中，有"满洲重工业"鲇川义介及内务官僚后藤文夫等 59 人。12 月 6 日公布的第四批嫌疑人名单之中，包括已经自杀的近卫文麿等 9 人。此外，企划院次长安倍源基等 6 人也被逮捕。

这些人之中，有爵位的除了上述 28 名被告中的木户幸一、荒木贞夫和平沼骐一郎外，公爵有近卫文麿，伯爵有有马赖宁和酒井忠正，子爵有冈部长景和大河内正敏，男爵有本庄繁和菊池武夫。其中，光是"十一会"的成员就有近卫文麿、木户幸一、有马赖宁、酒井忠正和冈部长景 5 个人。此外还包括因九一八事变时的"功绩"而叙爵的荒木贞夫和本庄繁，以及从事国家主义活动的平沼骐一郎和菊池武夫等人，可见检察局的指认也没有完全偏离靶心。

此外，在乙、丙级战犯这一层面，近卫文麿的长子近卫文隆被收押于西伯利亚并最终病死。近卫文隆曾隶属重炮兵第三连队，遵照停战命令解除武装后向苏联投降。在得知近卫文隆是近卫文麿的长子后，苏联官员本想将他发展为苏联方面的间谍并让其回归日本政界，但近卫文隆拒绝了苏联方面的提议，最终被判处 25 年监禁。近卫文隆的狱中生活是在苏联极其寒冷的收容所中度过的。1956 年 10 月 29 日，他因持续高烧病逝，享年 41 岁。10 天后，鸠山一郎首相签署了《关于恢复日苏邦交的共同宣言》。

因财产税造成的资产流失

在战争结束后，华族制度随着新宪法的实施而被废除。对于生活在这一时代的华族来说，财产税的实施给他们的打击甚至比"返还爵位"还大。华族之中虽然有一些家庭因经济方面的困难没有什么财产，但资本家华族也不在少数。财产税规定的税率很高，这一点直接对资本家华族造成了打击。

新的财产税法于 1946 年 11 月 12 日公布，政府制定此法律的目的是挽救破败不堪的财政以及抑制通货膨胀。同年 3 月 3 日零时起，拥有财产者被列为纳税义务人，个人全部财产均为缴税对象。税率方面，10 万日元至 20 万日元为 25%，此后采取递增的算法，1500 万日元以上的税率高达 90%，是一种高累进税率税制。虽说这是一次性的临时税，但直接对资本家华族造成了不小的打击。在此次征收财产税时，为了使征税更加顺利，政府提出可以以物抵税，有不少华族交出了自己的宅邸或别墅。

三菱财团的当家人岩崎久弥男爵在东京下谷茅町（现台东区池之端一丁目）有占地面积 14400 坪的宅邸（日式房屋、洋房及附属建筑占地面积 500 坪），此外在深川、驹达、伊香保、大矶以及伊豆等地还拥有别墅，还有岩手地区的小岩井农场、千叶地区的末广农场等产业。在此次征收财产税时，他不得不交出包括宅邸和大矶别墅在内的多处产业。

　　加贺前田侯爵家曾在驹场建有宅邸，在镰仓、轻井泽以及金泽地区拥有别墅，还有北海道的牧场和山林，在京都地区和朝鲜半岛也拥有大片土地。但因其家族长前田利为在战争中丧生，再加上此次财产税的影响，家族的经济实力有所下降。

　　尾张德川侯爵家将其位于目白地区的宅邸转让给了西武铁道，在宅邸内建起了"外人馆"以维持收入。德川家的房子是由北海道采伐的原生林木材搭建的，房屋的柱子、房梁和地板都是手工打造，是一座非常豪华的洋房。西武铁道于 1968 年将其移建至长野县野边山高原，并打造为八岳高原登山小屋"海口自然乡"的标志。

　　曾是世间风流人物的益田孝男爵隐居后，家产由益田太郎继承，当时益田家的净资产总额有 2012 万日元之多，是资产总额排名第 30 位的大富豪。净资产由品川御殿山及小田原地区的土地、存款、有价证券以及美术品等构成，其中美术品的价值就高达 800 万日元。这些资产自然成了财产税的征收对象，交税金额达到了 1672 万日元，税率高达 83%。

　　益田孝于 1938 年去世后，益田家开始变卖所谓的"钝翁收藏"。到了 1947 年 3 月，为了缴纳财产税，益田家不得不变卖更多的美术品，就连"钝翁"之名的由来、表千家第六代掌门人觉觉斋（原叟）千宗左制作的乐茶碗"钝太郎"也被变卖。

此次财产税的征缴，让那些资产特别庞大的贵族就此消亡。随着留下来的宅邸被 GHQ 接收，曾荣华一时的华族也迎来了实质上的落幕。

斜阳

战后，华族失去了原本制度上的特权，又因财产税失去了大部分资产。这些人为了在战后疲惫的日本社会中生存下去，开始尝试从事各种行业的工作。

例如，御三家之一的纪州德川侯爵家因其家族长德川赖贞的挥霍无度，在战争结束前已经出现经济问题。战争结束后，德川赖贞的夫人为子（鹿儿岛岛津忠义公爵的第十女）就曾在池袋西武百货经营一家名为

上交后的原岩崎家宅邸
1896 年由约书亚·康德尔设计并建造，现作为庭园向公众开放

"侯爵夫人"的餐馆以维持生计。

前文中提到的前田利为侯爵的长女酒井美意子也十分坚强。战后，酒井伯爵家的宅邸被占领军接收，酒井夫妻将宅邸内部改造后依旧在那里生活。在如此艰苦的环境下，美意子开了一家专门面向占领军的沙龙，成功地积累了财富。

已经返还爵位的蜂须贺正氏侯爵的姐姐年子有过一次婚姻，后来又回到了蜂须贺家。战后，她将位于三田地区的宅邸的一部分进行改造，开设了蜂须贺服饰学园并当起了讲师。她在自传（『大名華族』）中写道："如今，华族制度已被废除，在这四民平等的时代，我们都必须靠自己的力量劳动，好让自己生存下去。"

这一时期，太宰治所著《斜阳》（1947 年）一书的题目成为描绘战后衰败华族的流行语。正是在这样的环境下，1948 年发生了原子爵高木正得失踪事件，他的遗体最后在奥多摩山中被发现，人们都说他是因为对前途感到悲观才选择自杀的。由于高木正得是三笠宫妃百合子的亲生父亲，这件事造成的社会影响非常大。

此外，就在《斜阳》出版的同一年，电影《安城家的舞会》（吉村公三郎导演）上映。《安城家的舞会》讲述的是没落华族的苦闷，但也着重表现了原节子饰演的面向新时代努力生活的二女儿敦子的形象。

电影讲的是一个原华族家族漂亮的洋房被暴发户使诈夺走的故事。故事是在一对矛盾中展开的：矛盾的一方是华族家族长们对与曾经的"盟友"间的紧密联系深信不疑，另一方则是这些家族长对于那些即将失去华族地位的家族态度冷淡。故事中穿插了家族长子与女佣、长女与家中原来的司机、丧妻的家族长与艺伎等男女关系。电影还刻画了对过去生活念念不忘的大姐在出嫁后依旧保持高傲的态度，以及离开家庭独自生活的次子和二女儿的现实性等，可以说描绘的正是一个典型的华族家庭。这部电影获得了当年《电影旬报》的第一名，由此可见当时人们对华族境遇的关注度以及这部电影体现的现实性之高。

迟到的日式"贵族"

恰如西园寺公望在巴黎留学时期所意识到的那样，近代社会已经不是一个贵族与平民对立的时代了。

资本家与劳动者之间的矛盾构成了新的对立关系。本已在近代社会进程中落后的日本，是在这两种矛盾对立共存的环境下发展的，因此既存在贫穷的贵族（华族），也有富庶的平民。

原本来说，贵族所拥有的并不只限于其家族荣誉，同时还应固定拥有土地、资产以及人民，并在一定程度上可以独立行使他们的权力。华族并不曾拥有这些，曾经的顶级大名家族也算是带有贵族的性质，但经历了维新改革后，他们失去了领地、家臣团以及领地上的人民。

建立在如此薄弱基础上的华族在设立伊始获得了如《华族世袭财产法》等特权，同时他们还采取措施，将有一定资产的平民也归入华族，但最终此制度在经济近代化进程中走向自我崩溃，并消亡于战争结束后。

在华族制度被废除后，原华族成员并没能再次集结成一股较大势力。作为原华族成员社交俱乐部的霞会馆之后虽发行过书籍，并举行过与传统文化传承等内容相关的讲座活动，但没有证据显示他们曾大举参与政治运动。《平成新修　原华族家系大成》这本名簿所记录的人也从未再聚首。

一些有姻亲关系的家庭间的联系应该还是比较紧密的，但这些人中的绝大部分无论是职业还是政治意识都不一样。有些人担任神官、宫中官僚以及女官等职，有的人成了在民间企业工作的白领一族，有的人经营起了旅馆，有的人从事农业活动，还有的人成了学者。有的原华族家庭甚至不知是否还有子嗣，他们并非都出入霞会馆。

其中，只有原学习院女子学部同窗会组织"常磐会"还称得上是一个集团性的团体，但不能否认其成员正在慢慢老去。原华族中甚至有人认为"战后华族制度已不复存在，大家自由生活就好"。

据说，在日本战败后，昭和天皇对于以政党为首主张废除华族制度一事，曾向币原喜重郎首相询问"能不能只留下堂上华族（旧公卿）"（『芦田均日記』1946 年 5 月 3 日）。

对于天皇来说，他对华族之中的旧公卿更感亲近，似乎不舍得剥夺他们的爵位。

在这种情况下，阁僚间围绕是否应就此事与修改《皇室典范》之事同美国方面进行商议展开了讨论。最终，司法大臣岩田宙造说道："今日面临如此巨大变革之际，关于此事若以陛下的观点向美方提议的话，国内外会怎么想？"（『芦田均日記』）随后阁僚一致同意，认为"此话甚是，没办法只能决定放弃"。

华族制度自设立伊始便吸收了包括原公卿、原诸侯、原藩士，以及军人、官僚、实业家等在内的各种社会集团，并试图保持住这一"阶级"。他们的消亡，正代表作为"皇室之藩屏"的华族，以牺牲自己的方式使天皇家得以存续，这不正是制度成立之初华族被赋予的

"使命"吗？

　　不管怎么说，华族这一集团存在了 78 年，包括 1011 个家族，其内部的组成多种多样。也正因为如此，在华族制度被废止之际，华族内部成员才能再次回归社会的各个领域。

后　记

　　我原本是对激进法西斯主义运动感兴趣，去阅读二二六事件中青年将校留下的遗书等资料。我在立教大学研究生院接受了粟屋宪太郎教授的指导，感到做研究必须从实证出发，同时保持开阔的视野，于是从那时开始阅读还未为人所知的内务官僚松本学的日记。为了阅读这本收藏于国立国会图书馆的日记，我几乎每天都要去一趟，而这样的生活持续了一年多。我用铅笔一个字一个字地将日记的内容抄写在稿纸上，并对其进行解读。作为成果，我发表了《日本法西斯主义的形成与"新官僚"》(『日本ファシズム』1）一文。此时，我已经看过与松本学相关的文书，还看了安冈正笃的书信，其中就包括本书中提到的学习院"赤化事件"的资料。至此，我得知松本学虽为华族议员，但其作为安冈正笃的弟子，曾和新华族一起加入"国维会"。

　　从那时候开始，我对华族产生了一些模糊的兴趣，而起到关键推动作用的，是我读到的《德川义亲日记》。这本日记在东京审判时曾被检察方作为证据扣押，其后被带到美国并收藏于国家档案和记录管理局（National Archives and Records Administration，NARA），我找到了这本日记并开始阅读。为了弄清德川日记中的内容，我从基础开始学习与华族制度相关的知识。那时我获得了与近代史研究者冈部牧夫先生一同编辑《华族财产相关资料》的机会，这位冈部牧夫先生是冈部子爵（原和泉岸和田藩主）的后裔，这也加快了我研究的进度。不仅如此，我还找到了美术品拍卖目录，搞清楚了华族家族所藏传家宝被拍卖的过程，写成了《传家宝的下落》等文章，被收录于《美术商的一百年》之中。碰巧当时赶上东京美术俱乐部创立100周年，让我得以近距离欣赏那些原华族家族卖出的国宝级美术品。

此外，原共同通讯社社会部部长、宫内厅记者高桥纮先生（现任静冈福祉大学教授）也为我研究华族提供了帮助。通过高桥纮先生的介绍，我获得了阅读原皇族妃日记《梨本伊都子日记》原件的机会。这本日记的时间跨度达80年之久，我在完成全部阅读后，在《梨本宫伊都子妃日记》中介绍了其主要内容。伊都子为原佐贺锅岛藩主的女儿，结婚前是一位侯爵千金。因此，日记中的内容不仅涵盖了皇族世界，还包含很多关于华族世界的信息。伊都子的大女儿，正是与朝鲜王族李垠结婚的方子。

在整理好梨本日记后，我的兴趣开始转向"宫中与女性"这一问题，而关于李方子我以《日韩宫廷史》为题重新进行了整理。出于时代需要，人们对于皇位继承等问题发声的机会有所增加，于是我又完成了《天皇与女官》《雅子妃与天皇的世界》《四代天皇与女性》等书。这期间，我得到了被称为"华族研究第一人"的浅见雅男先生的关照。

在这样的因缘际会下，我想写一本《华族家的女性》，并着手准备。我写这本书的动机就是想看一下，如果从华族家的女性视角对男系华族社会重新审视的话，会得出怎样的结论。然而在书写到一半的时候，我遇到了瓶颈。华族制度是研究华族女性的前提，而当时并不存在一部关于这一制度的基本通史。如果在未能透彻了解华族制度的情况下研究华族女性的话，整本书就只能停留在简单罗列逸事的水平。

大多数关于华族制度的研究都将重点放在了该制度在明治时期的创立过程上，包括本书中多次提及的大久保利谦和酒卷芳男两人的功绩以及华族财产的积累过程等，实证研究的成果颇丰。然而，对于创设期以外的部分，就只存在一些孤立片面的研究而已。虽然华族人物的传记出版了不少，但其中所述未必均为史实。与学习院、华族会馆及贵族院等与华族关系密切的机构相关的通史倒是有，但也没能描绘出华族制度的全景。在进行其他研究之前，有必要撰写与华族制度相关的通史性基础著作，这是我的出发点，出版此书的目的和意义也在于此。

在我写作此书之时，关于朝鲜贵族，之前的研究甚至连总人数都没有搞清楚。我在此书中用了较大篇幅为他们做了人物侧写，对他们的财产等情况进行了说明。对于这一不擅长的领域，我得到了佐贺大学永岛广纪副教授的指导。在近代社会中，还曾存在通过授予爵位对其他民族进行控制的行为。结合当时的时代背景，我特地将注音写为日文发音。

此外，什么人，出于何种原因，以怎样的形式叙爵，在过去的研究中对于这一更加基本的信息也没有很重视。本书结合新史料，对此进行了详细的叙述，特别是将重点放在了与昭和天皇即位大礼等事同步举行的叙爵活动上。

研究华族，最难的地方就是确定华族家族的总数。我在本书的附录之中添加了"华族一览"，此一览表是根据最值得信赖的《平成新修　原华族家族系大成》（霞会馆）、《华族制度资料集》（代表人大久保利谦）以及《华族制度研究》（酒卷芳男）中的华族一览资料制作的。其他的资料之中虽然不乏使用起来很方便的内容，但对于叙爵的日期，以及叙爵爵位的记述略有出入，名簿之中只记录了成书时的华族家族，难以窥见华族的全貌。即便在上述提到的值得信赖的资料之中，对于华族总数的记录也存在不同，从中分别得出了1010家、1011家和1016家的结论。本书中将华族的总数定为1011家。具体内容详见本书最后的"华族一览"。

战争结束已经60年之久，为何关于华族的研究却如此滞后呢？是因为没有研究价值吗？实际上并非如此。

以前有种声音认为"研究华族是反动行为"。出于战前苦难的经历，研究者对于研究体制内制度一事抱有一种反感，这才是华族研究滞后的真正原因。

然而，随着时间的推移，原本被视为禁忌、被避开的主题反而开始成为"被埋没的主题"，逐渐成为研究的对象。许多研究者认识到，无论对其存在是持肯定的态度，还是持否定的态度，人们所追求的是对事实的把握。我在前言中写道："对于华族的论述，实际上也是对'日本近代的意义'的论述。"对于日本的近代，已经有许多研究从各个方面进行分析，如果我的这本书能从近乎被掩埋的华族这一视角带来一个新的认识，就算达到了目的。

最后，在此书出版之际，我想对从构思阶段就对我进行指导和帮助的中央公论新社中公新书编辑部的白户直人先生表示感谢，如果没有他热心的编辑和校正，也不会有此书的出版。

在我至今为止拙劣的华族研究过程中，现已离世的大久保利谦老师一直鼓励着我，谨于此表达衷心的感谢。

小田部雄次

2006 年 3 月

史料及参考文献

作者名按五十音图顺序排序。报纸、期刊类资料因在引用末尾有标记出处，此处省略。

涉及全书内容的资料

岡義武『近代日本の政治家』岩波書店、1990

小田部雄次『徳川義親の十五年戦争』青木書店、1988

学習院『学習院史』秀英舎、1928

学習院『学習院の百年』第一法規出版、1978

学習院百年史編纂委員会『学習院百年史』全 3 巻、学習院、1981 ～ 1987

霞会館『華族会館史』鹿島研究所、1966

霞会館『華族会館の百年』1975

霞会館『華族制度資料集』吉川弘文館、1985

霞会館『貴族院と華族』1988

霞会館『昭和新修　華族家系大成』全 2 巻、吉川弘文館、1982 〜 1984

霞会館『平成新修　旧華族家系大成』全 2 巻、吉川弘文館、1996

金沢誠・川北洋太郎・湯浅泰雄編『華族』北洋社、1978

貴族院制度部『貴族院制度調査資料』1939

木戸日記研究会『木戸幸一日記』全 2 巻、東京大学出版会、1966

宮内省編纂『帝室統計書』1 〜 9、柏書房、1993

宮内庁『明治天皇紀』全 12 巻、吉川弘文館、1968 〜 1975

後藤致人『昭和天皇と近現代日本』吉川弘文館、2003

尚友倶楽部・伊藤隆編『有馬頼寧日記』全 5 巻、山川出版社、1997 〜 2003

女子学習院『女子学習院五十年史』1935

タキエ・スギヤマ・リブラ『近代日本の上流階級』世界思想社、2000

中尾祐次編『昭和天皇発言語録集成』全 2 巻、芙蓉書房、2003

中島繁雄『日本の名門 100 家』全 2 巻、立風書房、1979 〜 1981

原奎一郎編『原敬日記』全 6 巻、福村出版、1965 〜 1967

前田利為伝記編纂委員会『前田利為』全 2 巻、1986 〜 1991

森岡清美『華族社会の「家」戦略』吉川弘文館、2001

柳沢統計研究所編纂『華族静態調査』柳沢統計研究所、1919

矢部貞治『近衛文麿』全 2 巻、近衛文麿伝記編纂刊行会、1952

矢部貞治『近衛文麿』時事通信社、1958

立命館大学西園寺公望伝編纂委員会『西園寺公望伝』全 6 巻、岩

波書店、1990 〜 1997

序章

小西四郎『錦絵幕末明治の歴史9 鹿鳴館時代』講談社、1977

近藤富枝『鹿鳴館貴婦人考』講談社、1980

清水勲編『ビゴー日本素描集』岩波書店、1986

富田仁『鹿鳴館』白水社、1984

パット・バー著、内藤豊訳『鹿鳴館』早川書房、1972

第一章

浅見雅男『華族誕生』リブロポート、1994

浅見雅男『華族たちの近代』NTT 出版株式会社、1999

大久保利謙『華族制の創出』吉川弘文館、1993

酒巻芳男『華族制度の研究 第一輯』霞会館、1987

酒巻芳男『華族制度の研究 第二輯』霞会館、1987

参議院事務局『貴族院秘密会議事速記録集』、1995

下橋敬長『幕末の宮廷』東洋文庫、1979

春畝公追頌会『伊藤博文伝』全3巻、統正社、1940

第二章

石井寛治『日本経済史』東京大学出版会、1976

雨竜町史編纂室『雨竜町史』雨竜町役場、1969

雨竜町百年史編纂委員会『雨竜町百年史』雨竜町、1990

小田部雄次『梨本宮伊都子妃の日記』小学館、1991

霞会館『華族会館誌』吉川弘文館、1986

『株式会社　十五銀行福岡支店新築概要』1922

慶應義塾編『福沢諭吉全集』岩波書店、1969 ～ 1971

小林和幸『明治立憲政治と貴族院』吉川弘文館、2002

坂本一登「華族制度をめぐる伊藤博文と岩倉具視」『東京都立大学法学会雑誌』26 巻 1 号、1985

坂本一登『伊藤博文と明治国家形成』吉川弘文館、1991

千田稔「華族資本の成立・展開　一般的考察」社会経済史学会『社会経済史学』52 巻、1986

遠山茂樹編『天皇と華族』岩波書店、1988

旗手勲『日本における大農場の生成と展開』御茶の水書房、1963

星野誉夫「日本鉄道会社と第十五国立銀行」（1）～（3）武蔵大学経済学会『武蔵大学論集』17 ～ 19 巻、1970 ～ 1972

第三章

茨城県龍ヶ崎市歴史民俗資料館所蔵「海田和宏家文書」

入江たか子『映画女優』学風書院、1957

大村友之丞編『朝鮮貴族列伝』朝鮮総督府、1910 ＜韓国学文献研究所編『旧韓末日帝侵略史料叢書XIII』亜細亜文化社、1985 年として復刻＞

小田部雄次『ミカドと女官』恒文社 21、2001

小田部雄次『四代の天皇と女性たち』文春新書、2002

科学朝日編『殿様生物学の系譜』朝日新聞社、1991

木村幹『朝鮮・韓国ナショナリズムと「小国」意識』ミネルヴァ書房、2000

金英達「朝鮮王公族の法的地位について」韓国文化研究振興財団『青丘学術論集』第14集、1999

近代女性文化史研究会『戦争と女性雑誌』ドメス出版、2001

国立公文書館所蔵「韓国の皇室及功臣の処分」1910

国立公文書館所蔵「朝鮮貴族世襲財産令制定に関する件」1925

国立公文書館所蔵「朝鮮貴族名簿」1925

国立公文書館所蔵「併合当時の貴族の恩賜金」『昭和財政史資料』1928

国立公文書館所蔵「朝鮮貴族授爵者及現襲爵者氏名」1944

国立公文書館所蔵「朝鮮貴族」「朝鮮及び台湾在住民政治処遇調査会＜二＞」1944

佐藤立夫『貴族院体制整備の研究』人文閣、1943

尚友倶楽部『研究会史』1971

尚友倶楽部『研究会政治年表』1975

尚友倶楽部『貴族院の会派研究会史』全2巻、1980〜1982

尚友倶楽部『佐々木行忠と貴族院改革』芙蓉書房、1995

中島邦監修『復刻　日本の婦人雑誌』大空社、1986

長田幹彦『小説　天皇』光文社、1949

梨本伊都子『三代の天皇と私』講談社、1975

古川ロッパ『あちゃらか人生』日本図書センター、1997

山口幸洋『椿の局の記』近代文芸社、2000

山階鳥類研究所『山階芳麿の生涯』出版科学総合研究所、1982

私たちの歴史を綴る会『婦人雑誌から見た一九三〇年代』同時代社、1987

第四章

赤松貞雄『東條秘書官機密日誌』文藝春秋、1985

浅見雅男『公爵家の娘』リブロポート、1991

岡部牧夫・小田部雄次『華族財産関係資料』不二出版、1986

尾崎宏次・茨木憲『土方与志』筑摩書房、1961

小田部雄次「日本ファシズムの形成と『新官僚』」日本現代史研究会『日本ファシズム』1、大月書店、1981

小田部雄次『家宝の行方』小学館、2004

国立公文書館所蔵「授爵陞爵申牒書類」1923 〜 1944

国立公文書館所蔵「宮内省授爵」1928

国立公文書館所蔵「昭和大礼授爵陞爵内申功績書」1928

酒井美意子『ある華族の昭和史』主婦と生活社、1982

瀬木慎一『江戸・明治・大正・昭和の美術番付集成』里文出版、2000

千田稔『華族事件録』新人物往来社、2001、のち『明治・大正・昭和　華族事件録』（新潮文庫、2005）として増補

高橋三枝子『蜂須賀の女たち』北海道女性史研究会、1974

高橋三枝子『小作争議のなかの女たち』ドメス出版、1978

東京美術倶楽部百年史編纂委員会『美術商の百年』2006

徳川義親『最後の殿様』講談社、1973

蜂須賀年子『大名華族』三笠書房、1957

藤野豊「融和団体『同愛会』史論」歴史学研究会『歴史学研究』485 号、1980

藤野豊「有馬頼寧と水平運動」部落問題研究所『部落問題研究』109 号、1991

藤原彰『天皇と軍隊』青木書店、1978

法政大学大原社会問題研究所蔵『国維』1932 〜 1934

本庄繁『本庄日記』原書房、1967

山口愛川『横から見た華族物語』一心社出版部、1932

終章

栗屋憲太郎『東京裁判論』大月書店、1989

木下道雄『側近日誌』文藝春秋、1990

古関彰一『新憲法の誕生』中央公論社、1989

尚友倶楽部『貴族院における日本国憲法審議』1977

進藤栄一編『芦田均日記』全 7 巻、岩波書店、1986

高橋紘・鈴木邦彦『天皇家の密使たち』現代史出版会、1981

高柳賢三・大友一郎・田中英夫編著『日本国憲法制定の過程』I 、有斐閣、1972

徳川幹子『わたしはロビンソン・クルーソー』茨城新聞社、1984

徳川幹子『絹の日　土の日』PHP 研究所、1994

細川護貞『細川日記』中央公論社、1978

鍋島直紹『とのさま』五月書房、1958

鍋島直紹顕彰会『鍋島直紹伝』1985

森清監訳『憲法改正小委員会秘密議事録』第一法規出版、1983

主要图片一览

国立国会図書館HP内「近代日本人の肖像」

12P、16P、21P、68P、99P、101P、107P、111P、127P、135P、185P、214P、220P、269P

毎日新聞社

141P、203P、232P、247P、252P、282P

『前田利為』前田利為侯伝記編纂委員会、1986：59P

龍ヶ崎歴史民俗資料館提供：148P、149P

『朝鮮実業視察団記念写真帖』民友社出版部、1911：159P

野田真弘『売国奴』日本ブックスセンター出版局、1995：167P

都立旧岩崎庭園管理所：288P

附录　华族一览

1. 爵位按授予日期排序，同一天授予的各爵位按五十音图顺序排序。

2. 公爵简略为公，侯爵简略为侯，伯爵简略为伯，子爵简略为子，男爵简略为男。

3. 出身与功绩一栏，原则上公家华族按门第，武家华族按藩名和俸禄来表示。另外，公家中的旁支、庶流、奈良华族、大外记、官务和武家中的家老、同族、旧幕臣等也均有记载。对于藩属武士之外的有功华族，也有记载出身、授爵时的头衔及主要的授爵理由。

4. 备考栏中有记载授爵之后升爵和返还爵位的日期以及主要理由。

日期	姓名	爵位	出身与功绩	备考
1884.7.7	一条实辉	公	公家。摄家	
1884.7.7	九条道孝	公	公家。摄家	
1884.7.7	近卫笃麿	公	公家。摄家	1945.12.16 继承人文麿逝后，不再袭爵
1884.7.7	三条实美	公	公家。清华家。维新之功。太政大臣	

日期	姓名	爵位	出身与功绩	备考
1884.7.7	岛津忠义	公	鹿儿岛（萨摩）藩 770800 石。维新之功	
1884.7.7	岛津久光	公	忠义的生父。维新之功。左大臣	
1884.7.7	鹰司熙通	公	公家。摄家	
1884.7.7	德川家达	公	府中＝静冈（骏河）藩 70 万石	
1884.7.7	二条基弘	公	公家。摄家	
1884.7.7	毛利元德	公	山口（周防）藩 369000 石余。维新之功	
1884.7.7	浅野长勋	侯	广岛（安艺）藩 426500 石	
1884.7.7	池田章政	侯	冈山（备前）藩 315200 石	
1884.7.7	池田辉知	侯	鸟取（因幡）藩 32 万石	
1884.7.7	大炊御门几麿	侯	公家。清华家	
1884.7.7	大久保利和	侯	鹿儿岛县。父亲利通的维新之功	
1884.7.7	花山院忠远	侯	公家。清华家	
1884.7.7	菊亭修季	侯	公家。清华家	1945.9.15 继承人实贤逝后，变为女户主
1884.7.7	木户正二郎	侯	山口县。父亲孝允的维新之功	
1884.7.7	黑田长成	侯	福冈（筑前）藩 523100 石	
1884.7.7	久我通久	侯	公家。清华家	
1884.7.7	西园寺公望	侯	公家。清华家	1920.9.7 升为公爵（多年之功）。1946.7.1 继承人八郎逝后，不再袭爵
1884.7.7	佐竹义尧	侯	久保田＝秋田（出羽）藩 205800 石	
1884.7.7	醍醐忠顺	侯	公家。清华家	
1884.7.7	德川笃敬	侯	水户（常陆）藩 35 万石	1929.11.18 继承人德川圀顺升为公爵（先祖光圀、齐昭之功）
1884.7.7	德川茂承	侯	和歌山（纪伊）藩 555000 石	
1884.7.7	德川义礼	侯	名古屋（尾张）藩 619500 石	

日期	姓名	爵位	出身与功绩	备考
1884.7.7	德大寺实则	侯	公家。清华家。侍从长	1945.7.28 继承人德大寺正氏，返还爵位
1884.7.7	中山忠能	侯	公家。羽林家。维新之功	
1884.7.7	锅岛直大	侯	佐贺（肥前）藩 357000 石	
1884.7.7	蜂须贺茂韶	侯	德岛（阿波）藩 257900 石	1911.4.21 升为公爵（多年之功）
1884.7.7	广幡忠礼	侯	公家。清华家	
1884.7.7	细川护久	侯	熊本（肥后）藩 54 万石	
1884.7.7	前田利嗣	侯	金泽（加贺）藩 1022700 石	
1884.7.7	山内丰范	侯	高知（土佐）藩 242000 石	
1884.7.7	飞鸟井雅望	侯	公家。羽林家	1906.4.21 因没有继承人而失去世袭权。1909.12.20 由恒麿再次叙爵为伯爵
1884.7.7	姊小路公义	伯	公家。羽林家	
1884.7.7	油小路隆晃	伯	公家。羽林家	
1884.7.7	阿部正桓	伯	福山（备后）藩 11 万石	
1884.7.7	有马赖万	伯	久留米（筑后）藩 21 万石	
1884.7.7	井伊直宪	伯	彦根（近江）藩 20 万石	
1884.7.7	伊藤博文	伯	山口县。维新之功	1895.8.5 升为侯爵（日清战争之功）。1907.9.21 升为公爵（日俄战争之功）
1884.7.7	井上馨	伯	山口县。维新之功	
1884.7.7	上杉茂宪	伯	米泽（出羽）藩 18 万石，后为 14 万石	
1884.7.7	大木乔任	伯	佐贺县。维新之功	
1884.7.7	正亲町实正	伯	公家。羽林家	
1884.7.7	大山严	伯	鹿儿岛县。戊辰战争之功。陆军中将	1895.8.5 升为侯爵（日清战争之功）。1907.9.21 升为公爵（日俄战争之功）
1884.7.7	小笠原忠忱	伯	小仓（丰前）藩 15 万石	

日期	姓名	爵位	出身与功绩	备考
1884.7.7	奥平昌迈	伯	中津（丰前）藩10万石	
1884.7.7	劝修寺显允	伯	公家。名家	
1884.7.7	乌丸光亨	伯	公家。名家	
1884.7.7	川村纯义	伯	鹿儿岛县。维新之功。海军中将	
1884.7.7	甘露寺义长	伯	公家。名家	
1884.7.7	黑田清隆	伯	鹿儿岛县。戊辰战争、西南战争之功。陆军中将。开拓长官	
1884.7.7	西乡从道	伯	鹿儿岛县。戊辰战争之功。陆军中将	1895.8.5升为侯爵（日清战争之功）。1946.2.6继承者从德逝后，不再袭爵
1884.7.7	酒井忠笃	伯	庄内＝鹤冈（出羽）藩12万石	
1884.7.7	酒井忠道	伯	小滨（若狭）藩103500石	
1884.7.7	嵯峨公胜	伯	公家。大臣家	1888.1.17升为侯爵（父亲实爱的维新之功）
1884.7.7	佐佐木高行	伯	高知县。维新之功	1909.4.29升为侯爵（养育皇女之功）
1884.7.7	三条西公允	伯	公家。大臣家	
1884.7.7	滋野井公寿	伯	公家。羽林家	1913.1.27继承者实丽返还爵位
1884.7.7	四条隆歌	伯	公家。羽林家。陆军中将	1891.4.23升为侯爵（多年军功）
1884.7.7	清水谷实英	伯	公家。羽林家	
1884.7.7	清闲寺盛房	伯	公家。名家	
1884.7.7	园基祥	伯	公家。羽林家	
1884.7.7	立花宽治	伯	柳河（筑后）藩119600石	1946.3.1继承者鉴德隐居，不再袭爵
1884.7.7	伊达宗德	伯	宇和岛（伊予）藩10万石	1891.4.23升为侯爵（父亲宗城的维新之功）
1884.7.7	伊达宗基	伯	仙台（陆奥）藩624500石，后为28万石	

日期	姓名	爵位	出身与功绩	备考
1884.7.7	津轻承昭	伯	弘前（陆奥）藩 10 万石。	
1884.7.7	寺岛宗则	伯	鹿儿岛县。参议。维新外交之功	
1884.7.7	藤堂高洁	伯	津（伊势）藩 323950 石	
1884.7.7	德川笃守	伯	清水家 10 万石	1899.4.20 返 还 爵 位。1928.11.10 继承者好敏授为男爵（航空界先驱者之功）
1884.7.7	德川达孝	伯	田安家 10 万石	
1884.7.7	德川达道	伯	一桥家 10 万石	
1884.7.7	户田氏共	伯	大垣（美浓）藩 10 万石	
1884.7.7	中川久成	伯	冈（丰后）藩 70440 石余	
1884.7.7	中院通富	伯	公家。大臣家	
1884.7.7	中御门经明	伯	公家。名家	1888.1.17 升为侯爵（父亲经之的维新之功）。1898.12.14 变为女户主返还爵位。1899.10.20 经恭继承再授为侯爵
1884.7.7	南部利恭	伯	盛冈（陆奥）藩 20 万石，后为岩代白石 13 万石	
1884.7.7	庭田重直	伯	公家。羽林家	
1884.7.7	桥本实梁	伯	公家。羽林家	
1884.7.7	叶室长邦	伯	公家。名家	
1884.7.7	东久世通禧	伯	公家。羽林家。维新之功	
1884.7.7	久松定谟	伯	松山（伊予）藩 15 万石	
1884.7.7	日野资秀	伯	公家。名家	
1884.7.7	广泽金次郎	伯	山口县。父亲真臣的维新之功	
1884.7.7	广桥贤光	伯	公家。名家	
1884.7.7	坊城俊章	伯	公家。名家	
1884.7.7	堀田正伦	伯	佐仓（下总）藩 11 万石	
1884.7.7	前田利同	伯	富山（越中）藩 10 万石	

日期	姓名	爵位	出身与功绩	备考
1884.7.7	松方正义	伯	鹿儿岛县。维新之功	1907.9.21 升 为 侯 爵（日俄战争之功）。 1922.9.18 升 为 公 爵（多年之功）。 1927.12.19 继承者严返还爵位
1884.7.7	松平直亮	伯	松江（出云）藩 186000 石	
1884.7.7	松平茂昭	伯	福井（越前）藩 32 万石	1888.1.17 升 为 侯 爵（父亲庆永的维新之功）
1884.7.7	松平基则	伯	前桥（上野）藩 17 万石	
1884.7.7	松平赖聪	伯	高松（赞岐）藩 12 万石	
1884.7.7	松木宗隆	伯	公家。羽林家	
1884.7.7	万里小路通房	伯	公家。名家	
1884.7.7	沟口直正	伯	新发田（越后）藩 10 万石	
1884.7.7	室町公康	伯	公家。羽林家	
1884.7.7	柳泽保申	伯	郡山（大和）藩 151288 石	
1884.7.7	柳原前光	伯	公家。名家	
1884.7.7	山县有朋	伯	山口县。戊辰战争、西南战争之功	1895.8.5 升为侯爵（日清战争之功）。 1907.9.21 升 为 公 爵（日俄战争之功）
1884.7.7	山科言绳	伯	公家。羽林家	
1884.7.7	山田显义	伯	山口县。戊辰战争、西南战争之功。陆军中将	
1884.7.7	冷泉为纪	伯	公家。羽林家	
1884.7.7	鹫尾隆聚	伯	公家。羽林家	1947.3.16 继承者隆信逝后，不再袭爵
1884.7.7	伊东祐麿	子	鹿儿岛县。戊辰战争、西南战争之功。海军中将。镇守府司令长官	
1884.7.7	桦山资纪	子	鹿儿岛县。戊辰战争、西南战争之功。陆军少将	1895.8.5 升为伯爵（日清战争之功）

日期	姓名	爵位	出身与功绩	备考
1884.7.7	曾我祐准	子	福冈县。箱馆征讨、西南战争之功。陆军中将	
1884.7.7	高岛鞆之助	子	鹿儿岛县。戊辰战争之功。陆军中将	1943.5.25 继承者友武逝后，无继承者
1884.7.7	谷干城	子	高知县。西南战争之功。陆军中将	
1884.7.7	鸟尾小弥太	子	山口县。戊辰战争之功。陆军中将	
1884.7.7	中牟田仓之助	子	佐贺县。戊辰战争、西南战争之功。海军中将	
1884.7.7	仁礼景范	子	鹿儿岛县。西南战争之功。海军少将。镇守府司令长官	1945.1.8 继承者景嘉在战场上病死后，不再袭爵
1884.7.7	野津道贯	子	鹿儿岛县。戊辰战争、西南战争之功	1895.8.5 升为伯爵（日清战争之功）。1907.9.21 升为侯爵（日俄战争之功）
1884.7.7	福冈孝弟	子	高知县。维新之功	
1884.7.7	三浦梧楼	子	山口县。戊辰战争、西南战争之功。陆军中将	
1884.7.7	三好重臣	子	山口县。戊辰战争、西南战争之功。陆军少将	
1884.7.8	岩仓具定	公	公家。羽林家。父亲具视的维新之功	
1884.7.8	宗重正	伯	府中＝严原（对马）藩 52170 石余（10 万石规格）	
1884.7.8	松浦诠	伯	平户（肥前）藩 61700 石	
1884.7.8	青木重义	子	麻田（摄津）藩 1 万石	
1884.7.8	青山忠诚	子	筱山（丹波）藩 6 万石	
1884.7.8	青山幸宜	子	郡上八幡（美浓）藩 48000 石	
1884.7.8	秋田映季	子	三春（陆奥）藩 5 万石	
1884.7.8	秋月种繁	子	高锅（日向）藩 27000 石	
1884.7.8	秋元兴朝	子	馆林（上野）藩 6 万石	

日期	姓名	爵位	出身与功绩	备考
1884.7.8	足利于菟丸	子	喜连川（下野）藩5000石（10万石规格）	
1884.7.8	阿野实允	子	公家。羽林家	1944.12.3继承者季忠逝后，无继承者
1884.7.8	阿部正功	子	棚仓（陆奥）藩10万石，后为6万石	
1884.7.8	阿部正敬	子	佐贯（上总）藩16000石	
1884.7.8	绫小路有良	子	公家。羽林家	
1884.7.8	有马道纯	子	丸冈（越前）藩5万石	
1884.7.8	有马赖之	子	吹上（下野）藩1万石	1943.11.20继承人聪赖返还爵位
1884.7.8	安藤信守	子	盘城平（陆奥）藩3万石	
1884.7.8	安部信顺	子	半原（三河）藩20250石	1946.12.13继承人信明逝后，爵位不传
1884.7.8	井伊直安	子	与板（越后）藩2万石	
1884.7.8	池尻知房	子	公家。名家	
1884.7.8	池田德定	子	若樱（因幡）藩15000石	
1884.7.8	池田源	子	鹿野（因幡）藩3万石	
1884.7.8	池田政礼	子	生坂（备中）藩15000石	
1884.7.8	池田政保	子	鸭方（备中）藩15000石	
1884.7.8	石川重之	子	龟山（伊势）藩6万石	1887.4.5返还爵位。1899.10.6再授子爵
1884.7.8	石川成德	子	下馆（常陆）藩2万石	
1884.7.8	石山基文	子	公家。羽林家	
1884.7.8	板仓胜弼	子	高梁（备中）藩2万石	
1884.7.8	板仓胜弘	子	庭濑（备中）藩2万石	
1884.7.8	板仓胜达	子	重原（三河）藩28000石	
1884.7.8	市桥长寿	子	西大路（近江）藩17000石余	
1884.7.8	五辻安仲	子	公家。羽林家	
1884.7.8	伊东祐归	子	饫肥（日向）藩51080石	
1884.7.8	伊东长寿	子	冈田（备中）藩10343石	
1884.7.8	稻垣长敬	子	鸟羽（志摩）藩3万石	

日期	姓名	爵位	出身与功绩	备考
1884.7.8	稻叶久通	子	臼杵（丰后）藩 50060 石	
1884.7.8	稻叶正邦	子	淀（山城）藩 102000 石	
1884.7.8	稻叶正善	子	馆山（安房）藩 1 万石	
1884.7.8	井上正巳	子	下妻（常陆）藩 1 万石	
1884.7.8	井上正英	子	鹤舞（上总）藩 6 万石	
1884.7.8	井上正顺	子	高冈（下总）藩 1 万石	
1884.7.8	今城定德	子	公家。羽林家	
1884.7.8	入江为守	子	公家。羽林家	
1884.7.8	石井行昌	子	公家。半家	
1884.7.8	岩城隆治	子	龟田（出羽）藩 2 万石，后为 18000 石	
1884.7.8	石野基祐	子	公家。羽林家	
1884.7.8	上杉胜贤	子	米泽新田（出羽）藩 1 万石	1944.10.18 继承人胜昭战死后，不再袭爵
1884.7.8	植松雅德	子	公家。羽林家	
1884.7.8	植村家壶	子	高取（大和）藩 25000 石	
1884.7.8	内田正学	子	小见川（下总）藩 1 万石	
1884.7.8	梅小路定行	子	公家。名家	
1884.7.8	梅园实纪	子	公家。羽林家	
1884.7.8	梅溪通善	子	公家。羽林家	
1884.7.8	里辻彦六郎	子	公家。羽林家	
1884.7.8	里松良光	子	公家。名家	
1884.7.8	大冈忠敬	子	西大平（三河）藩 1 万石	
1884.7.8	大冈忠贯	子	岩槻（武藏）藩 23000 石	
1884.7.8	大久保忠礼	子	小田原（相模）藩 113129 石之后 75000 石	
1884.7.8	大久保忠顺	子	鸟山（下野）藩 3 万石	
1884.7.8	大久保教正	子	荻野山中（相模）藩 13000 石	
1884.7.8	大河内辉耕	子	高崎（上野）藩 82000 石	
1884.7.8	大河内信古	子	吉田＝丰桥（三河）藩 7 万石	
1884.7.8	大河内正质	子	大多喜（上总）藩 2 万石之后 27200 石余	

日期	姓名	爵位	出身与功绩	备考
1884.7.8	大关增勤	子	黑羽（下野）藩 18000 石	
1884.7.8	太田资美	子	松尾（上总）藩 53000 石余	
1884.7.8	大田原一清	子	大田原（下野）藩 11400 石	
1884.7.8	大原重朝	子	公家。羽林家	1888.1.17 升为伯爵（父亲重德的维新之功）
1884.7.8	大宫以季	子	公家。羽林家	
1884.7.8	大村纯雄	子	大村（肥前）藩 27900 石余	1891.4.23 升为伯爵（父亲纯熙的戊辰战争之功）
1884.7.8	冈崎国良	子	公家。名家	
1884.7.8	小笠原贞孚	子	安志（播磨）藩 1 万石	
1884.7.8	小笠原长育	子	胜山（越前）藩 22700 石余	
1884.7.8	小笠原长生	子	唐津（肥前）藩 6 万石	
1884.7.8	小笠原寿长	子	小仓新田＝千束（丰前）藩 1 万石	
1884.7.8	冈部长职	子	岸和田（和泉）藩 53000 石	
1884.7.8	大给近道	子	府内（丰后）藩 21200 石	
1884.7.8	大给恒	子	田野口＝龙冈（信浓）藩 16000 石	1907.9.23 升为伯爵（日俄战争之功）
1884.7.8	奥田直明	子	须坂（信浓）藩 10053 石	
1884.7.8	奥田直绍	子	椎谷（越后）藩 1 万石	
1884.7.8	奥田直畅	子	村松（越后）藩 3 万石	
1884.7.8	小仓英季	子	公家。羽林家	
1884.7.8	押小路公亮	子	公家。羽林家	
1884.7.8	爱宕通致	子	公家。羽林家	
1884.7.8	织田长纯	子	芝村（大和）藩 1 万石	
1884.7.8	织田信亲	子	柏原（丹波）藩 2 万石	
1884.7.8	织田信敏	子	天童（出羽）藩 2 万石之后 18000 石	
1884.7.8	织田信及	子	柳本（大和）藩 1 万石	
1884.7.8	风早公纪	子	公家。羽林家	
1884.7.8	片桐贞健	子	小泉（大和）藩 11100 石余	

日期	姓名	爵位	出身与功绩	备考
1884.7.8	交野时万	子	公家。名家	
1884.7.8	勘解由小路资生	子	公家。名家	
1884.7.8	加藤明实	子	水口（近江）藩 25000 石	
1884.7.8	加藤泰秋	子	大洲（伊予）藩 6 万石	
1884.7.8	加藤泰令	子	新谷（伊予）藩 1 万石	
1884.7.8	加纳久宜	子	一宫（上总）藩 13000 石	
1884.7.8	龟井兹明	子	津和野（石见）藩 43000 石	1891.4.23 升为伯爵（父亲兹监的维新之功）
1884.7.8	唐桥在纲	子	公家。半家	
1884.7.8	河鳍实文	子	公家。羽林家	
1884.7.8	北小路俊亲	子	公家。半家	
1884.7.8	北小路随光	子	公家。名家	
1884.7.8	木下俊哲	子	日出（丰后）藩 25000 石	
1884.7.8	木下利恭	子	足守（备中）藩 25000 石	
1884.7.8	京极高厚	子	丰冈（但马）藩 15000 石	
1884.7.8	京极高富	子	峰山（丹后）藩 11144 石	
1884.7.8	京极高德	子	丸龟（赞岐）藩 51500 石余	
1884.7.8	京极高典	子	多度津（赞岐）藩 1 万石	
1884.7.8	清冈长说	子	公家。半家	
1884.7.8	九鬼隆备	子	绫部（丹波）藩 19500 石	
1884.7.8	九鬼隆义	子	三田（摄津）藩 36000 石	
1884.7.8	栉笥隆督	子	公家。羽林家	
1884.7.8	久世广业	子	关宿（下总）藩 48000 石，后为 43000 石	
1884.7.8	久世通章	子	公家。羽林家	
1884.7.8	朽木纲贞	子	福知山（丹波）藩 32000 石	1919.11.5 变为女户主，无继承者
1884.7.8	仓桥泰显	子	公家。半家	
1884.7.8	久留岛通简	子	森（丰后）藩 12500 石	
1884.7.8	黑田长德	子	秋月（筑前）藩 5 万石	
1884.7.8	黑田和志	子	久留里（上总）藩 3 万石	

日期	姓名	爵位	出身与功绩	备考
1884.7.8	桑原辅长	子	公家。半家	1919.10.18 继承人孝长返还爵位
1884.7.8	小出英延	子	园部（丹波）藩 26700 石余	
1884.7.8	五条为荣	子	公家。半家	1945.9.2 继承人盛辉逝后，不再袭爵
1884.7.8	五岛盛主	子	五岛＝福江（肥前）藩 12500 石余	
1884.7.8	酒井忠亮	子	敦贺（越前）藩 1 万石	
1884.7.8	酒井忠彰	子	伊势崎（上野）藩 2 万石	
1884.7.8	酒井忠勇	子	胜山＝加知山（安房）藩 12000 石	1899.7.1 返还爵位
1884.7.8	酒井忠匡	子	松山＝松岭（出羽）藩 22500 石	
1884.7.8	榊原政敬	子	高田（越后）藩 15 万石	
1884.7.8	相良赖绍	子	人吉（肥后）藩 22100 石余	1946.5.31 继承人赖纲返还爵位
1884.7.8	樱井忠兴	子	尼崎（摄津）藩 4 万石	
1884.7.8	樱井供义	子	公家。羽林家	
1884.7.8	佐竹义理	子	岩崎（出羽）藩 2 万石	
1884.7.8	真田幸民	子	松代（信浓）藩 10 万石	1891.4.23 升为伯爵（维新之功）
1884.7.8	泽为量	子	公家。半家	1891.4.23 继承人宣量升为伯爵（祖父宣嘉的维新之功）
1884.7.8	慈光寺有仲	子	公家。半家	
1884.7.8	芝山祐丰	子	公家。名家	
1884.7.8	岛津忠亮	子	佐土原（日向）藩 27000 石余	1891.4.23 升为伯爵（父亲忠宽的维新之功）
1884.7.8	持明院基哲	子	公家。羽林家	
1884.7.8	白川资训	子	公家。半家	
1884.7.8	新庄直陈	子	麻生（常陆）藩 1 万石	
1884.7.8	诹访忠诚	子	高岛（信浓）藩 3 万石	
1884.7.8	关博直	子	新见（备中）藩 18000 石	

日期	姓名	爵位	出身与功绩	备考
1884.7.8	仙石政固	子	出石（但马）藩3万石	
1884.7.8	相马诚胤	子	中村（陆奥）藩6万石	
1884.7.8	园池公静	子	公家。羽林家	
1884.7.8	高丘纪季	子	公家。羽林家	
1884.7.8	高木正善	子	丹南（河内）藩1万石	
1884.7.8	高仓永则	子	公家。半家	
1884.7.8	高辻修长	子	公家。半家	
1884.7.8	高野保健	子	公家。羽林家	1912.12.28继承人宗顺返还爵位
1884.7.8	高松实村	子	公家。羽林家	
1884.7.8	泷胁信敏	子	樱井（上总）藩1万石	
1884.7.8	竹内治则	子	公家。半家	
1884.7.8	建部秀隆	子	林田（播磨）藩1万石	1947.2.3继承人光麿返还爵位
1884.7.8	竹屋光昭	子	公家。名家	
1884.7.8	立花种恭	子	三池（筑后）藩1万石	
1884.7.8	伊达宗定	子	吉田（伊予）藩3万石	
1884.7.8	谷寿卫	子	山家（丹波）藩1万石	
1884.7.8	田沼望	子	小久保（上总）藩1万石	1920.6.15继承人正返还爵位
1884.7.8	田村邦荣	子	一关（陆奥）藩3万石，后为27000石	
1884.7.8	千种有任	子	公家。羽林家	
1884.7.8	津轻承叙	子	黑石（陆奥）藩1万石	
1884.7.8	土御门晴荣	子	公家。半家	
1884.7.8	土屋举直	子	土浦（常陆）藩95000石	
1884.7.8	堤功长	子	公家。名家	
1884.7.8	土井忠直	子	刈谷（三河）藩23000石	1946.2.1继承人利美逝后，不再袭爵
1884.7.8	土井利恒	子	大野（越前）藩4万石	
1884.7.8	土井利与	子	古河（下总）藩8万石	
1884.7.8	东胤城	子	吉见（和泉）藩12000石	

日期	姓名	爵位	出身与功绩	备考
1884.7.8	藤堂高义	子	久居（伊势）藩 50021 石	1947.1.30 继承人高宽逝后，不再袭爵
1884.7.8	远山友悌	子	苗木（美浓）藩 15000 石	
1884.7.8	土岐赖知	子	沼田（上野）藩 35000 石	
1884.7.8	户泽正实	子	新庄（出羽）藩 68200 石	
1884.7.8	户田氏良	子	野村（美浓）藩 13099 石	
1884.7.8	户田忠友	子	宇都宫（下野）藩 70850 石	
1884.7.8	户田忠行	子	足利（下野）藩 11000 石	
1884.7.8	户田忠义	子	曾我野（下总）藩 11139 石	
1884.7.8	户田康泰	子	松本（信浓）藩 6 万石	
1884.7.8	富小路敬直	子	公家。半家	
1884.7.8	外山光暨	子	公家。名家	
1884.7.8	丰冈健资	子	公家。名家	
1884.7.8	鸟居忠文	子	壬生（下野）藩 3 万石	
1884.7.8	内藤信任	子	村上（越后）藩 5 万石余	
1884.7.8	内藤政洁	子	汤长谷（陆奥）藩 15000 石，后为 14000 石	
1884.7.8	内藤政举	子	延冈（日向）藩 7 万石	
1884.7.8	内藤政共	子	举母（三河）藩 2 万石	
1884.7.8	内藤正恭	子	岩村田（信浓）藩 15000 石	
1884.7.8	内藤弥三郎	子	高远（信浓）藩 33000 石	
1884.7.8	永井尚服	子	加纳（美浓）藩 32000 石	
1884.7.8	永井直哉	子	枊罗（大和）藩 1 万石	
1884.7.8	永井直谅	子	高槻（摄津）藩 36000 石	
1884.7.8	中园实受	子	公家。羽林家	
1884.7.8	长谷信笃	子	公家。名家	
1884.7.8	锅岛直柔	子	莲池（肥前）藩 52600 石余	
1884.7.8	锅岛直虎	子	小城（肥前）藩 73252 石余	
1884.7.8	锅岛直彬	子	鹿岛（肥前）藩 2 万石	1947.2.3 继承人直绍返还爵位
1884.7.8	难波宗美	子	公家。羽林家	
1884.7.8	南部利克	子	八户（陆奥）藩 2 万石	

日期	姓名	爵位	出身与功绩	备考
1884.7.8	南部信方	子	七户（陆奥）藩 11384 石，后为 10384 石	
1884.7.8	西尾忠笃	子	花房（安房）藩 35000 石	
1884.7.8	西大路隆修	子	公家。羽林家	
1884.7.8	锦织教久	子	公家。半家	
1884.7.8	西洞院信爱	子	公家。半家	
1884.7.8	西四辻公业	子	公家。羽林家	
1884.7.8	丹羽氏厚	子	三草（播磨）藩 1 万石	1940.12.14 继承人氏乡逝后，变为女户主
1884.7.8	丹羽长裕	子	二本松（陆奥）藩 100700 石，后为 5 万石	
1884.7.8	野宫定毅	子	公家。羽林家	
1884.7.8	萩原员光	子	公家。半家	
1884.7.8	八条隆吉	子	公家。羽林家	
1884.7.8	花园公季	子	公家。羽林家	
1884.7.8	东园基爱	子	公家。羽林家	
1884.7.8	东坊城德长	子	公家。半家	
1884.7.8	樋口诚康	子	公家。半家	
1884.7.8	久松胜慈	子	多古（下总）藩 12000 石	
1884.7.8	久松定弘	子	今治（伊予）藩 35000 石	
1884.7.8	土方雄志	子	菰野（伊势）藩 11000 石余	
1884.7.8	一柳末德	子	小野（播磨）藩 1 万石	
1884.7.8	一柳绍念	子	小松（伊予）藩 1 万石	
1884.7.8	日野西光善	子	公家。名家	
1884.7.8	平松时厚	子	公家。名家	
1884.7.8	藤井行道	子	公家。半家（京都府，平野神社神职）	
1884.7.8	藤谷为宽	子	公家。羽林家	
1884.7.8	藤波言忠	子	公家。半家	
1884.7.8	伏原宣足	子	公家。半家	
1884.7.8	舟桥遂贤	子	公家。半家	
1884.7.8	北条氏恭	子	狭山（河内）藩 1 万石	

日期	姓名	爵位	出身与功绩	备考
1884.7.8	保科正益	子	饭野（上总）藩 2 万石	
1884.7.8	细川兴贯	子	茂木（下野）藩 16319 石余	
1884.7.8	细川利永	子	高濑（肥后）藩 35000 石	1946.6.18 继承人利寿逝后，不再袭爵
1884.7.8	细川行真	子	宇土（肥后）藩 3 万石	
1884.7.8	堀田正颂	子	佐野（下野）藩 16000 石	
1884.7.8	堀田正养	子	宫川（近江）藩 13000 石	
1884.7.8	穗波经藤	子	公家。名家	1905.6.6 返还爵位
1884.7.8	堀亲笃	子	饭田（信浓）藩 15000 石，后为 17000 石	
1884.7.8	堀河康隆	子	公家。半家	1944.7.8 继承人康文战死后，无继承者
1884.7.8	本庄寿巨	子	高富（美浓）藩 1 万石	
1884.7.8	本庄宗武	子	宫津（丹波）藩 7 万石	
1884.7.8	本多实方	子	饭山（信浓）藩 2 万石	1943.2.17 继承人助信逝后，未履行袭爵手续
1884.7.8	本多忠敬	子	冈崎（三河）藩 5 万石	
1884.7.8	本多忠贯	子	神户（伊势）藩 15000 石	
1884.7.8	本多忠彦	子	泉（陆奥）藩 2 万石，后为 18000 石	
1884.7.8	本多忠鹏	子	西端（三河）藩 10500 石	
1884.7.8	本多贞吉	子	山崎（播磨）藩 1 万石	
1884.7.8	本多正宪	子	长尾（安房）藩 4 万石	
1884.7.8	本多康穣	子	膳所（近江）藩 6 万石	
1884.7.8	前田利昭	子	七日市（上野）藩 1 万石余	
1884.7.8	前田利鬯	子	大圣寺（加贺）藩 10 万石	
1884.7.8	苘田广孝	子	浅尾（备中）藩 1 万石	
1884.7.8	牧野弼成	子	田边＝舞鹤（丹后）藩 35000 石	
1884.7.8	牧野贞宁	子	笠间（常陆）藩 8 万石	
1884.7.8	牧野忠笃	子	长冈（越后）藩 74000 石余之后 24000 石	
1884.7.8	牧野康强	子	小诸（信浓）藩 15000 石	
1884.7.8	增山正同	子	长岛（伊势）藩 2 万石	

日期	姓名	爵位	出身与功绩	备考
1884.7.8	町尻量衡	子	公家。羽林家	
1884.7.8	松井康义	子	川越（武藏）藩80400石余	
1884.7.8	松平容大	子	斗南（陆奥）藩3万石（最初为会津若松28万石）	
1884.7.8	松平定教	子	桑名（伊势）藩11万石，后为6万石	
1884.7.8	松平武修	子	鹤田（美作）藩35800石余（最初为石见浜田61000石）	
1884.7.8	松平忠和	子	岛原（肥前）藩7万石	
1884.7.8	松平忠礼	子	上田（信浓）藩53000石	
1884.7.8	松平忠敬	子	忍（武藏）藩10万石	
1884.7.8	松平忠恕	子	小幡（上野）藩2万石	
1884.7.8	松平亲信	子	杵筑（丰后）藩32000石	
1884.7.8	松平直哉	子	母里（出云）藩1万石	
1884.7.8	松平直德	子	明石（播磨）藩8万石（10万石规格）	
1884.7.8	松平直平	子	广濑（出云）藩3万石	
1884.7.8	松平直静	子	丝鱼川＝清崎（越后）藩1万石	
1884.7.8	松平喜德	子	松川（常陆）藩29322石余（最初为陆奥守山2万石）	
1884.7.8	松平信正	子	龟山＝龟冈（丹波）藩5万石	
1884.7.8	松平乘命	子	岩村（美浓）藩3万石	
1884.7.8	松平乘承	子	西尾（三河）藩6万石	
1884.7.8	松平信安	子	上山（出羽）藩3万石，后为27000石	1908.10.19返还爵位
1884.7.8	松平康民	子	津山（美作）藩10万石	
1884.7.8	松平义生	子	高须（美浓）藩3万石	1947.3.27继承人义为逝后，不再袭爵
1884.7.8	松平赖英	子	西条（伊予）藩3万石	
1884.7.8	松平赖策	子	府中＝石冈（常陆）藩2万石	1945.8.11继承人赖孝逝后，不再袭爵
1884.7.8	松平赖安	子	宍户（常陆）藩1万石	

日期	姓名	爵位	出身与功绩	备考
1884.7.8	松前修广	子	馆（北海道）藩 3 万石	1944.10.16 继承人正广战死后，无继承者
1884.7.8	间部诠信	子	鲭江（越前）藩 4 万石	1943.11.30 返还爵位
1884.7.8	三浦显次	子	胜山＝真岛（美作）藩 23000 石	
1884.7.8	水野忠弘	子	朝日山（近江）藩 5 万石	
1884.7.8	水野忠敬	子	菊间（上总）藩 5 万石	
1884.7.8	水野忠爱	子	结城（下总）藩 18000 石，后为 17000 石	
1884.7.8	水野忠顺	子	鹤牧（上总）藩 15000 石	
1884.7.8	水无濑忠辅	子	公家。羽林家	
1884.7.8	壬生基修	子	公家。羽林家	1891.4.23 升为伯爵（维新之功）
1884.7.8	三室户雄光	子	公家。名家	
1884.7.8	三宅康宁	子	田原（三河）藩 12000 石余	
1884.7.8	武者小路实世	子	公家。羽林家	
1884.7.8	毛利高范	子	佐伯（丰后）藩 2 万石	
1884.7.8	毛利元功	子	德山（周防）藩 40010 石	
1884.7.8	毛利元忠	子	清末（长门）藩 1 万石	
1884.7.8	毛利元敏	子	长府＝丰浦（长门）藩 5 万石	
1884.7.8	森忠仪	子	赤穂（播磨）藩 2 万石	
1884.7.8	森长祥	子	三日月（播磨）藩 15000 石	
1884.7.8	森川恒	子	生实（下总）藩 1 万石	
1884.7.8	柳生俊郎	子	柳生（大和）藩 1 万石	
1884.7.8	柳泽德忠	子	三日市（越后）藩 1 万石	
1884.7.8	柳泽光邦	子	黑川（越后）藩 1 万石	
1884.7.8	薮笃麿	子	公家。羽林家	
1884.7.8	山口弘达	子	牛久（常陆）藩 13000 石	
1884.7.8	山内丰诚	子	高知新田（土佐）藩 13000 石	
1884.7.8	山井兼文	子	公家。羽林家	
1884.7.8	山本实庸	子	公家。羽林家	
1884.7.8	吉井信宝	子	矢田＝吉井（上野）藩 1 万石	

日期	姓名	爵位	出身与功绩	备考
1884.7.8	吉田良义	子	公家。半家	
1884.7.8	米津政敏	子	龙崎（常陆）藩 11000 石	
1884.7.8	米仓昌言	子	金泽＝六浦（武藏）藩 12000 石	1937.2.17 继承人昌达逝后，变为女户主
1884.7.8	冷泉为柔	子	公家。羽林家	
1884.7.8	六乡政鉴	子	本庄（出羽）藩 20021 石余	1941.7.16 继承人政贞返还爵位
1884.7.8	六条有熙	子	公家。羽林家	
1884.7.8	六角博通	子	公家。羽林家	
1884.7.8	胁坂安斐	子	龙野（播磨）藩 51089 石余	
1884.7.8	分部光谦	子	大沟（近江）藩 2 万石余	1902.7.11 返还爵位
1884.7.8	渡边章纲	子	伯太（和泉）藩 13520 石余	
1884.7.8	阿苏惟敦	男	熊本县。阿苏神社神职。阿苏国造①	
1884.7.8	栗田口定孝	男	公家（奈良华族）	
1884.7.8	安藤直行	男	田边（纪伊）藩 38800 石余	
1884.7.8	池田胜吉	男	冈山池田家旁支	
1884.7.8	池田德润	男	福本（播磨）藩 10573 石	1894.1.26 返还爵位
1884.7.8	生驹亲承	男	矢岛（出羽）藩 15200 石余	
1884.7.8	到津公谊	男	大分县宇佐神宫神职。宇佐国造	
1884.7.8	今园国映	男	公家（奈良华族）	
1884.7.8	岩仓具经	男	具视的三子。旁支。戊辰战争之功	1891.4.23 继承人具明升为子爵
1884.7.8	岩仓具德	男	具视的长子具纲的次子。旁支。具视的维新之功	
1884.7.8	太秦供康	男	公家（奈良华族）	
1884.7.8	押小路师成	男	公家（大外记）	
1884.7.8	小野尊光	男	岛根县。日御碕神社神职	
1884.7.8	梶尾行笃	男	公家（奈良华族）	

---

① 掌管祭祀、神事的地方官员。

日期	姓名	爵位	出身与功绩	备考
1884.7.8	金子有卿	男	岛根县。物部神社神职。石见国造	
1884.7.8	河边隆次	男	公家（奈良华族）	1897.3.31 返还爵位
1884.7.8	河边博长	男	三重县。伊势神宫神职	
1884.7.8	纪俊尚	男	和歌山县。日前、国悬两神宫神职。纪伊国造	
1884.7.8	菊池武臣	男	熊本县。菊池氏子孙（忠臣）	
1884.7.8	北大路公久	男	公家（奈良华族）	
1884.7.8	北河原公宪	男	公家（奈良华族）	
1884.7.8	北小路俊昌	男	公家。北小路别家	1901.3.1 继承人俊岳返还爵位
1884.7.8	北岛修孝	男	岛根县。出云大社神职。出云国造	
1884.7.8	北畠通城	男	公家。久我家旁支	
1884.7.8	吉川经健	男	岩国（周防）藩6万石	1891.4.23 升为子爵（维新之功）
1884.7.8	小早川四郎	男	山口毛利氏一族	
1884.7.8	相乐纲直	男	公家（奈良华族）	1943.10.8 继承人公爱战死后，无继承者
1884.7.8	鹭原量长	男	公家（奈良华族）。甘露寺胜长的四子。旁支	1888.5.10 返还爵位
1884.7.8	鹿园实博	男	公家（奈良华族）	
1884.7.8	芝小路丰俊	男	公家（奈良华族）	
1884.7.8	杉溪言长	男	公家（奈良华族）	
1884.7.8	千家尊福	男	岛根县。出云大社神职。出云国造	
1884.7.8	千秋季隆	男	爱知县。热田神宫神职	
1884.7.8	高千穗宣麿	男	福冈县。英彦山天台修验座主	
1884.7.8	竹园康长	男	公家（奈良华族）	1899.8.14 返还爵位
1884.7.8	竹腰正己	男	今尾（美浓）藩3万石	
1884.7.8	玉松真幸	男	公家。养父真弘（操）	
1884.7.8	津守国美	男	大阪府。住吉神社神职	

日期	姓名	爵位	出身与功绩	备考
1884.7.8	德川厚	男	庆喜的四子。旁支	
1884.7.8	长冈护美	男	熊本细川家旁支	1891.4.23 升为子爵（维新之功）
1884.7.8	中川兴长	男	公家（奈良华族）	1887.1.13 返还爵位
1884.7.8	长尾显慎	男	公家（奈良华族）	
1884.7.8	中御门经隆	男	公家。经之的三子。旁支	
1884.7.8	中山信实	男	松冈（常陆）藩 25000 石	
1884.7.8	成瀬正肥	男	犬山（尾张）藩 35000 石	1891.4.23 升为子爵（维新之功）
1884.7.8	名和长恭	男	鸟取县。（忠臣）名和神社神职	
1884.7.8	西五辻文仲	男	公家（奈良华族）	
1884.7.8	西高辻信严	男	福冈县。太宰府神社神职	
1884.7.8	新田俊纯	男	新田氏子孙。（旧幕臣、忠臣）	
1884.7.8	若王子远文	男	公家（庶流）	
1884.7.8	东三条公美	男	公家。三条实美的次子。旁支	
1884.7.8	平野长祥	男	田原本（大和）藩 1 万石	
1884.7.8	藤枝雅之	男	公家（奈良华族）。飞鸟井雅典的次子。旁支	
1884.7.8	藤大路纳亲	男	公家（奈良华族）。堀河庶家	
1884.7.8	坊城俊延	男	公家。俊政的次子。旁支	
1884.7.8	穂穙俊香	男	公家（奈良华族）	
1884.7.8	本多副元	男	武生（越前）藩 2 万石	
1884.7.8	本堂亲久	男	志筑（常陆）藩 10110 石	
1884.7.8	前田利武	男	金泽前田家旁支。齐泰的十二子	
1884.7.8	松崎万长	男	公家（庶流）	1896.10.23 返还爵位
1884.7.8	松木美彦	男	三重县。伊势外宫神职。伊势国造	
1884.7.8	松园尚嘉	男	公家（奈良华族）。九条家旁支	
1884.7.8	松林为美	男	公家（奈良华族）	1896.12.21 返还爵位
1884.7.8	万里小路正秀	男	公家。旁支	

日期	姓名	爵位	出身与功绩	备考
1884.7.8	水野忠干	男	新宫（纪伊）藩 35000 石余	
1884.7.8	南光利	男	公家（奈良华族）	
1884.7.8	南岩仓具威	男	公家（奈良华族）。父亲具义是具视的次子	
1884.7.8	壬生桄夫	男	公家（官务）	
1884.7.8	水谷川忠起	男	公家（奈良华族）。旁支。近卫忠熙的八子	
1884.7.8	宫成公矩	男	大分县。宇佐神宫神职	1936.9.21 继承人公勋返还爵位，改为原姓宇佐
1884.7.8	山内丰尹	男	高知山内家旁支。丰信（容堂）的长子	1891.4.23 升为子爵（父亲的维新之功）
1884.7.8	山崎治敏	男	成羽（备中）藩 12746 石余	
1884.7.8	山名义路	男	村冈（但马）藩 11000 石	
1884.7.8	鹫尾隆顺	男	公家。旁支	
1884.7.17	伊地知正治	伯	鹿儿岛县。戊辰战争之功	
1884.7.17	副岛种臣	伯	佐贺县。维新之功	
1884.7.17	吉井友实	伯	鹿儿岛县。戊辰战争之功	
1884.7.17	品川弥二郎	子	山口县。维新之功	
1884.7.17	土方久元	子	高知县。维新之功	1895.10.7 升为伯爵。1934.9.20 继承人久敬返还爵位
1885.5.2	尚泰	侯	琉球王	
1885.5.2	小松行正	男	公家（奈良华族）	
1885.5.2	芝亭爱古	男	公家（奈良华族）	
1886.4.24	板仓胜观	子	安中（上野）藩 3 万石	
1886.7.16	稻垣太祥	子	山上（近江）藩 13043 石余	
1887.4.15	七条信义	子	公家。羽林家	
1887.5.9	板垣退助	伯	高知县。维新之功	1919.7.16 本人逝世，继承人未履行袭爵手续
1887.5.9	大隈重信	伯	佐贺县。维新之功	1916.7.14 升为侯爵（多年之功）

日期	姓名	爵位	出身与功绩	备考
1887.5.9	胜安芳	伯	东京府。(旧幕臣)维新之功	1899.1.21 因变为女户主而返还爵位。同年2月8日，养子精(德川庆喜的十子)被再授予伯爵
1887.5.9	后藤象二郎	伯	高知县。维新之功	1937.7.16 继承人保弥太逝后，未履行袭爵手续
1887.5.9	青木周藏	子	山口县。条约修订之功	
1887.5.9	岩下方平	子	鹿儿岛县。维新之功	
1887.5.9	香川敬三	子	茨城县。维新之功	1907.9.23 升为伯爵(日俄战争之功)
1887.5.9	清冈公张	子	高知县。维新之功	
1887.5.9	杉孙七郎	子	山口县。维新之功	
1887.5.9	田中不二麿	子	爱知县。维新之功	
1887.5.9	田中光显	子	高知县。维新之功	1907.9.23 升为伯爵(多年之功)。1946.5.31 继承人光素返还爵位
1887.5.9	野村靖	子	山口县。维新之功	
1887.5.9	林友幸	子	山口县。维新之功	1907.11.8 升为伯爵(多年之功)
1887.5.9	福羽美静	子	岛根县。维新之功	
1887.5.9	森有礼	子	鹿儿岛县。维新之功	
1887.5.9	吉田清成	子	鹿儿岛县。维新之功	
1887.5.9	渡边升	子	长崎县。维新之功	1944.7.19 继承人武治战死后，未履行袭爵手续
1887.5.24	伊集院兼宽	子	鹿儿岛县。维新之功。海军少将	
1887.5.24	井上胜	子	山口县。铁道发展之功	
1887.5.24	榎本武扬	子	东京府。(旧幕臣)多年之功。全权公使	

日期	姓名	爵位	出身与功绩	备考
1887.5.24	大久保忠宽	子	东京府。（旧幕臣）维新之功。	
1887.5.24	大迫贞清	子	鹿儿岛县。维新之功。警视总监	
1887.5.24	海江田信义	子	鹿儿岛县。维新之功	
1887.5.24	河濑真孝	子	山口县。维新之功	
1887.5.24	河田景与	子	鸟取县。维新之功	
1887.5.24	黑田清纲	子	鹿儿岛县。维新之功	
1887.5.24	税所笃	子	鹿儿岛县。维新之功	
1887.5.24	佐野常民	子	佐贺县。创设日本红十字会之功	1895.10.31 升为伯爵（日清战争之功）
1887.5.24	宍户玑	子	山口县。维新之功	
1887.5.24	三岛通庸	子	鹿儿岛县。地方行政之功。警视总监	
1887.5.24	山尾庸三	子	山口县。维新之功	
1887.5.24	山冈铁太郎	子	东京府。（旧幕臣）维新之功	1943.5.24 继承人铁雄逝后，变为女户主
1887.5.24	由利公正	子	福井县。维新之功	
1887.5.24	青山贞	男	福井县。维新之功	
1887.5.24	赤松则彦	男	东京府。（旧幕臣）造船学之功。海军中将	1945.7.25 继承人范一逝后，不再袭爵
1887.5.24	井上良馨	男	鹿儿岛县。戊辰战争之功。海军大将	1907.9.21 升为子爵（日俄战争之功）。1934.2.17 继承人虎隐居后，无继承者
1887.5.24	小泽武雄	男	福冈县。西南战争之功。陆军中将	
1887.5.24	楫取素彦	男	山口县。维新之功	
1887.5.24	黑川通轨	男	爱媛县。西南战争之功。陆军中将	1937.10.8 继承人秀雄逝后，未履行袭爵手续
1887.5.24	神山郡廉	男	高知县。维新之功	
1887.5.24	佐久间左马太	男	山口县。西南战争之功。陆军中将	1895.8.20 升为子爵（日清战争之功）。1907.9.21 升为伯爵（日俄战争之功）

日期	姓名	爵位	出身与功绩	备考
1887.5.24	滋野清彦	男	山口县。西南战争之功。陆军中将	1924.10.15 继承人清武逝后，未履行袭爵手续
1887.5.24	高崎五六	男	鹿儿岛县。维新之功	
1887.5.24	高崎正风	男	鹿儿岛县。维新之功	
1887.5.24	野崎贞澄	男	鹿儿岛县。西南战争之功。陆军中将	
1887.5.24	本田亲雄	男	鹿儿岛县。维新之功	
1887.5.24	真木长义	男	佐贺县。维新之功。海军中将	
1887.5.24	槙村正直	男	山口县。维新之功。京都府知事	1930.2.1 继承人正介逝后，无继承者
1887.5.24	松村淳藏	男	鹿儿岛县。西南战争之功。海军中将	
1887.5.24	山地元治	男	高知县。维新之功。陆军中将	1895.8.20 升为子爵（日清战争之功）
1887.5.24	渡边清	男	长崎县。维新之功	
1887.6.23	酒井忠兴	伯	姬路（播磨）藩 15 万石	因女户主而延迟授爵
1888.1.17	大村宽人	男	山口县。上上代永敏（益次郎）的戊辰战争之功	
1888.6.23	德川义恕	男	名古屋德川家旁支。父亲庆胜的维新之功	
1888.6.28	清栖家教	伯	伏见宫邦家王第 15 王子。臣籍降下	
1888.11.1	浅野养长	男	广岛浅野家旁支。长勋之弟	
1888.11.1	松平齐	男	津山松平家旁支	
1889.1.29	津轻楢麿	男	弘前津轻家旁支	
1889.3.2	岛津珍彦	男	鹿儿岛岛津一门。久光三子	
1889.3.2	山内丰积	男	高知山内家旁支。维新之功	
1889.5.6	正亲町季董	男	公家。正亲町家旁支。父亲的维新之功	1922.9.15 继承人季光逝后，无继承者
1889.5.11	酒井忠绩	男	姬路酒井家旁支	1920.6.15 继承人忠弘返还爵位
1889.5.11	酒井忠惇	男	姬路酒井家旁支	

日期	姓名	爵位	出身与功绩	备考
1889.5.11	伊达宗敦	男	仙台伊达家旁支。宇和岛伊达宗城三子。仙台伊达庆邦的养子	
1889.10.16	佐竹义修	男	岩崎佐竹家旁支。父亲的维新之功	1929.12.26 继承人义立返还爵位
1889.10.16	松前隆广	男	馆松前家旁支。戊辰战争之功	
1889.11.23	井田让	男	岐阜县。多年之功。陆军少将。全权公使	
1889.12.18	霭殿忠善	男	公家。九条家旁支	
1890.3.27	伊江朝永	男	琉球尚王家旁支	
1890.3.27	今归仁朝敷	男	琉球尚王家旁支	
1890.6.27	辻维岳	男	广岛县。维新之功	
1890.8.27	荒木田泰圆	男	三重县。伊势神宫神职	
1890.12.26	松浦靖	子	平户新田（肥前）藩 1 万石	因女户主而延迟授爵
1891.1.21	元田中孚	男	熊本县。宫中侧近之功。侍讲。枢密顾问官	
1891.11.21	吉川重吉	男	岩国吉川家旁支。父亲的维新之功	
1891.12.24	牧野忠良	子	三根山＝峰冈（越后）藩 11000 石	因女户主而延迟授爵
1891.12.28	池田政和	男	冈山藩家老。戊辰战争之功	
1891.12.28	岛津久家	男	鹿儿岛岛津同族。维新之功	
1892.2.19	三条公辉	男	公家。三条家旁支。实美三子。父亲的维新之功	1924.5.28 因公辉继承三条家本家而废家
1892.3.16	毛利五郎	男	山口毛利家旁支。元德五子。父亲的维新之功	
1892.5.3	德川武定	子	水户德川家旁支。齐昭之孙	
1892.5.30	伊达宗伦	男	宇和岛伊达家旁支。宗城八子。父亲的维新之功	
1892.10.15	米田虎雄	男	熊本藩家老。戊辰战争之功	1914.5.13 升为子爵（多年辅佐之功）
1892.10.15	伊达邦政	男	仙台伊达同族。祖父邦直的北海道开拓之功	

日期	姓名	爵位	出身与功绩	备考
1892.10.15	伊达正人	男	仙台藩家老。祖父邦直的北海道开拓之功	
1892.10.15	松井敏之	男	熊本藩家老。西南战争之功	
1893.3.7	岛津忠备	男	鹿儿岛岛津家旁支。忠义五子	
1893.10.30	河野敏镰	子	高知县。维新之功	1922.1.22 继承人寿男逝后，无继承者
1893.10.30	林忠弘	男	请西（上总）藩 1 万石，后为 300 石。特旨封爵	
1894.8.29	陆奥宗光	子	和歌山县。外交之功。外务大臣	1895.8.20 升为伯爵（日清战争之功）1947.2.3 孙子阳之助返还爵位
1895.1.7	井上毅	子	熊本县。起草帝国宪法之功	
1895.5.27	泽宣元	男	公家。宣嘉次子。旁支	
1895.8.5	伊东祐亨	子	鹿儿岛县。日清战争之功。海军中将	1907.9.21 升为伯爵（日清战争之功）
1895.8.5	川上操六	子	鹿儿岛县。日清战争之功。陆军大将	1934.9.20 继承人邦良逝后，变为女户主
1895.8.20	桂太郎	子	山口县。日清战争之功。陆军中将	1902.2.27 升为伯爵（缔结日英同盟之功）。1907.9.21 升为侯爵（日俄战争之功）。1911.4.21 升为公爵（"日韩合并"之功）
1895.8.20	渡边国武	子	长野县。日清战争之功。大藏大臣	
1895.8.20	相浦纪道	男	佐贺县。日清战争之功。海军中将	1943.11.30 继承人助一返还爵位
1895.8.20	石黑忠惠	男	新潟县。（旧幕臣）日清战争之功。军医总监	1920.9.4 升为子爵（多年之功）。1941.10.26 忠惠逝后，不再袭爵
1895.8.20	伊藤隽吉	男	京都府。日清战争之功。海军中将	

日期	姓名	爵位	出身与功绩	备考
1895.8.20	伊东巳代治	男	长崎县。起草帝国宪法之功	1907.9.23 升为子爵（多年之功）。1922.9.25 升为伯爵（多年之功）
1895.8.20	茨木惟昭	男	和歌山县。日清战争之功。陆军中将	
1895.8.20	大迫尚敏	男	鹿儿岛县。日清战争之功。陆军少将	1907.9.21 升为子爵（日俄战争之功）
1895.8.20	大岛久直	男	秋田县。日清战争之功。陆军少将	1907.9.21 升为子爵（日俄战争之功）
1895.8.20	大岛义昌	男	山口县。日清战争之功。陆军少将	1907.9.21 升为子爵（日俄战争之功）
1895.8.20	大寺千代田郎	男	鹿儿岛县。父亲安纯（陆军少将）的日清战争之功	
1895.8.20	冈泽精	男	山口县。日清战争之功。陆军中将	1907.9.21 升为子爵（日俄战争之功）
1895.8.20	小川又次	男	福冈县。日清战争之功。陆军少将	1907.9.21 升为子爵（日俄战争之功）
1895.8.20	奥保巩	男	福冈县。日清战争之功。陆军中将	1907.9.21 升为伯爵（日俄战争之功）
1895.8.20	川口武定	男	和歌山县。日清战争之功。陆军会计总监	
1895.8.20	黑木为桢	男	鹿儿岛县。日清战争之功。陆军中将	1907.9.21 升为伯爵（日俄战争之功）
1895.8.20	黑田久孝	男	东京府。日清战争之功。陆军少将	1928.8.21 继承人善治隐居后，未履行袭爵手续
1895.8.20	儿玉源太郎	男	山口县。戊辰、西南、日清战争之功。陆军少将	1906.4.11 升为子爵（台湾统治之功）。1907.10.2 继承人秀雄升为伯爵（日俄战争之功）。1947.4.7 秀雄逝后，不再袭爵

日期	姓名	爵位	出身与功绩	备考
1895.8.20	立见尚文	男	三重县。日清战争之功。陆军少将	1907.10.2 继承人丰丸升为子爵（父亲尚文的日俄战争之功）
1895.8.20	坪井航三	男	山口县。日清战争之功。海军少将	1928.10.7 继承人九八郎逝后，未履行袭爵手续，失去礼遇
1895.8.20	西宽二郎	男	鹿儿岛县。日清战争之功。陆军中将	1907.9.21 升为伯爵（日俄战争之功）
1895.8.20	西德二郎	男	鹿儿岛县。日清战争之功。全权公使	
1895.8.20	乃木希典	男	山口县。日清战争之功。陆军中将	1907.9.21 升为伯爵（日俄战争之功）。1912.9.13 逝后无继承者，返还爵位
1895.8.20	野田豁通	男	熊本县。日清战争之功。陆军会计总监	
1895.8.20	长谷川好道	男	山口县。日清战争之功。陆军中将	1907.9.21 升为子爵（日俄战争之功）。1916.7.14 升为伯爵（第一次世界大战之功）
1895.8.20	山口素臣	男	山口县。日清战争之功。陆军少将	1904.8.5 升为子爵（日俄战争之功）
1895.9.26	岛津忠弘	男	鹿儿岛岛津家旁支。父亲的维新之功。忠义六子	
1895.10.1	山根信成	男	山口县。日清战争之功。陆军少将	
1895.10.31	川田小一郎	男	高知县。日清战争之功。日本银行总裁	
1895.10.31	末松谦澄	男	福冈县。日清战争之功。法制局长官	1907.9.23 升为子爵（日俄战争之功）
1895.10.31	铃木大亮	男	宫城县。日清战争之功。递信次官	
1895.10.31	田尻稻次郎	男	鹿儿岛县。日清战争之功。大藏次官。会计检查院院长	1907.9.23 升为子爵（日俄战争之功）

日期	姓名	爵位	出身与功绩	备考
1895.10.31	锅岛干	男	佐贺县。地方行政之功。地方官	
1895.10.31	桥本纲常	男	福井县。日清战争之功。陆军军医总监	1907.9.23 升为子爵（日俄战争之功）
1895.10.31	林董	男	东京府。（旧幕臣）日清战争之功。全权公使	1902.2.27 升为子爵（日英同盟之功）。1907.9.14 升为伯爵（外交之功）
1895.12.4	川村景明	男	鹿儿岛县。日清战争之功。陆军少将	1907.9.21 升为子爵（日俄战争之功）
1895.12.4	永山武四郎	男	鹿儿岛县。日清战争之功。陆军中将	1946.2.10 继承者敏行逝后，未履行袭爵手续
1895.12.4	山泽静吾	男	鹿儿岛县。日清战争之功。陆军中将	
1896.6.5	芳川显正	子	德岛县。多年之功。文部、司法大臣	
1896.6.5	安保清康	男	佐贺县。日清战争之功。海军中将	1907.9.21 升为伯爵（日俄战争之功）
1896.6.5	有地品之允	男	山口县。日清战争之功。海军中将	
1896.6.5	石田英吉	男	高知县。维新之功（奇兵队、海援队）	1926.3.24 孙子英一郎返还爵位
1896.6.5	伊丹重贤	男	京都府。维新之功。地方官（久迩宫朝彦侧近）	
1896.6.5	岩村高俊	男	高知县。维新之功。地方官。通俊之弟	
1896.6.5	岩村通俊	男	高知县。维新之功。农商务大臣	
1896.6.5	尾崎三良	男	京都府。维新之功。法制局长官	
1896.6.5	小畑美稻	男	高知县。司法之功。司法官	
1896.6.5	北垣国道	男	鸟取县。地方行政之功。地方官	

日期	姓名	爵位	出身与功绩	备考
1896.6.5	北畠治房	男	奈良县。司法之功。大审院判事	
1896.6.5	木梨精一郎	男	山口县。维新之功	
1896.6.5	九鬼隆一	男	兵库县。文部行政之功。帝国博物馆馆长	
1896.6.5	楠木正隆	男	长崎县。地方行政之功。众议院议长	
1896.6.5	三宫义胤	男	滋贺县。日清战争之功。式部长	1919.12.28 继承人锡马逝后，因变为女户主而返还爵位
1896.6.5	园田安贤	男	鹿儿岛县。维新、西南战争之功。警视总监	
1896.6.5	寺岛秋介	男	山口县。维新、西南战争之功	
1896.6.5	中岛信行	男	高知县。多年之功。众议院议长。(海援队)	
1896.6.5	中岛锡胤	男	德岛县。多年之功	1906.4.21 主张一代华族论，未履行袭爵手续
1896.6.5	长松干	男	山口县。多年之功	
1896.6.5	奈良原繁	男	鹿儿岛县。多年之功。地方官	1944.7.14 继承者三次逝后，因变为女户主而失去礼遇
1896.6.5	南部瓮男	男	高知县。多年之功。大审院院长	
1896.6.5	花房义质	男	冈山县。多年之功。宫内次官	1907.9.23 升为子爵(多年之功)
1896.6.5	藤村紫朗	男	熊本县。多年之功。地方官	1933.11.27 继承者义朗逝后，无继承者
1896.6.5	船越卫	男	广岛县。多年之功。地方官	
1896.6.5	村田经芳	男	鹿儿岛县。西南战争之功。村田铳发明之功。陆军少将	
1896.6.5	安场保和	男	熊本县。地方行政之功。地方官	
1896.6.5	山口正定	男	茨城县。宫中侍奉之功。侍从	

日期	姓名	爵位	出身与功绩	备考
1896.6.5	山田信道	男	熊本县。地方行政之功。地方官	1935.11.11 继承者东三郎逝后，变为女户主
1896.6.9	大谷光莹	伯	京都府。东本愿寺法主	
1896.6.9	大谷光尊	伯	京都府。西本愿寺宗主	
1896.6.9	小松带刀	男	鹿儿岛县。祖父清廉的维新之功	
1896.6.9	稻田邦植	男	德岛蜂须贺家老。北海道开拓之功	
1896.6.9	岩崎久弥	男	高知县。父亲弥太郎的经济发展之功	
1896.6.9	岩崎弥之助	男	高知县。弥太郎之弟。经济发展之功	1945.12.2 继承者小弥太逝后，未履行袭爵手续
1896.6.9	木边孝慈	男	滋贺县。真宗木边派管长	
1896.6.9	涩谷隆教	男	京都府。真宗佛光寺派管长	
1896.6.9	常磐井尧熙	男	三重县。真宗高田派管长	
1896.6.9	华园泽称	男	京都府。真宗兴正寺派管长	
1896.6.9	三井八郎右卫门	男	京都府。经济发展之功	
1896.6.30	真田幸世	男	松代真田家旁支。幸民之弟	
1896.6.30	尚寅	男	尚家旁支。泰次子	
1896.6.30	尚顺	男	尚家旁支。泰四子	
1896.12.3	岩仓道俱	男	公家。岩仓家旁支。具视四子	1946.10.9 本人逝后，继承人不再袭爵
1896.12.3	黑田长和	男	福冈黑田家旁支。长成之弟	
1896.12.3	佐野延胜	男	东京府。（旧幕臣）日清战争之功。陆军少将	1944.4.30 继承者智胜逝后，未履行袭爵手续
1896.12.3	岛津忠钦	男	岛津久光家旁支。久光四子	
1896.12.3	细川护晃	男	熊本细川家旁支。护久三子	1914.10.7 因继承者护立（护晃之弟）继承本家而废家
1897.1.29	西周	男	岛根县。文化发展之功	
1897.2.7	白根专一	男	山口县。多年之功。递信大臣	

日期	姓名	爵位	出身与功绩	备考
1897.7.1	上野正雄	伯	北白川宫能久王第6王子。臣籍降下	
1897.7.1	二荒芳之	伯	北白川宫能久王第5王子。臣籍降下	
1897.7.1	有马赖多	男	久留米有马家旁支。赖咸四子	
1897.7.1	五条赖定	男	福冈县。祖先之功	
1897.7.1	南部行义	男	岩手县。祖先之功	
1897.10.27	谏早家崇	男	佐贺锅岛家老。父亲的维新之功	
1897.10.27	岛津贵畅	男	鹿儿岛岛津同族	
1897.10.27	岛津中丸	男	鹿儿岛岛津同族	
1897.10.27	岛津久贤	男	鹿儿岛岛津同族	
1897.10.27	多久乾一郎	男	佐贺锅岛家老	
1897.10.27	田宫铃太郎	男	爱知县。祖父的维新之功	
1897.10.27	中根己巳	男	福井县。祖父的维新之功	
1897.10.27	锅岛茂昌	男	佐贺锅岛家老。维新之功	
1897.10.27	锅岛直明	男	佐贺锅岛同族	
1897.10.27	福原基藏	男	山口县。父亲丰功的日清战争之功	1946.5.31继承人基彦返还爵位
1897.10.27	细川兴增	男	熊本细川同族	
1897.10.27	毛利祥久	男	山口毛利同族	
1897.12.1	箕作麟祥	男	冈山县。(旧幕臣)多年之功。法典编纂。行政裁判所长官	
1897.12.6	东久世秀雄	男	公家。东久世家旁支。通禧四子	
1898.1.26	山川浩	男	青森县。西南战争之功。陆军少将	
1898.2.2	池田谦斋	男	东京府。军医学之功。侍医局长	
1898.2.2	久我通保	男	公家。久我家旁支。通久三子	1944.3.1本人逝后,继承人不再袭爵
1898.2.26	千田贞晓	男	鹿儿岛县。地方行政之功。地方官	

日期	姓名	爵位	出身与功绩	备考
1898.3.24	锦小路在明	子	公家。半家。祖父赖德的维新之功	因女户主而延迟授爵
1898.3.26	森冈昌纯	男	鹿儿岛县。海运业发展之功。日本邮船公司社长	
1898.7.4	神田孝平	男	岐阜县。文化发展之功	1930.6.19 继承人金树返还爵位
1898.7.20	片仓景光	男	仙台伊达家老	
1898.7.20	四条隆平	男	公家。四条家旁支。隆歌长子	
1899.3.31	笼手田安定	男	长崎县。多年之功。地方官	
1899.10.14	大沼涉	男	栃木县。维新之功。陆军少将	
1900.5.9	浅野忠纯	男	广岛浅野一门	
1900.5.9	浅野守夫	男	广岛浅野一门	
1900.5.9	伊贺氏广	男	高知山内家老	
1900.5.9	池田长准	男	冈山池田家老	
1900.5.9	石河光熙	男	名古屋德川家老	
1900.5.9	今枝直规	男	金泽前田家老	
1900.5.9	上田龟次郎	男	广岛浅野家老	
1900.5.9	内海忠胜	男	山口县。多年之功。会计检查院院长	
1900.5.9	大鸟圭介	男	东京府。(旧幕臣)多年之功。全权公使	1931.11.7 继承人富士太郎逝后，无继承者
1900.5.9	冈内重俊	男	高知县。多年之功	
1900.5.9	冲守固	男	鸟取县。多年之功	
1900.5.9	奥村荣滋	男	金泽前田家老	
1900.5.9	奥村则英	男	金泽前田家老	
1900.5.9	尾崎忠治	男	高知县。多年之功。大审院院长	
1900.5.9	小原忠迪	男	大垣户田家老。养父的维新之功	
1900.5.9	贺岛政一	男	德岛蜂须贺家老	1942.12.31 本人逝后，继承人未履行袭爵手续
1900.5.9	片冈利和	男	高知县。宫中侍奉之功。侍从	

日期	姓名	爵位	出身与功绩	备考
1900.5.9	加藤弘之	男	兵库县。文化发展之功。东大总理	
1900.5.9	金子坚太郎	男	福冈县。多年之功。起草帝国宪法之功。农商务、司法大臣	1907.9.23 升为子爵（外交之功）。 1934.1.4 升为伯爵（《明治天皇纪》编纂之功）
1900.5.9	川崎祐名	男	鹿儿岛县。多年之功	
1900.5.9	木俣畏三	男	彦根井伊家老	
1900.5.9	楠田英世	男	佐贺县。多年之功	1921.10.26 孙子咸次郎逝后，无继承者，返还爵位
1900.5.9	国司直行	男	山口毛利家老。祖父亲相的维新之功	
1900.5.9	黑田一义	男	福冈黑田同族	
1900.5.9	乡纯造	男	岐阜县。（旧幕臣）财政之功。大藏次官	
1900.5.9	佐竹义雄	男	秋田佐竹同族	
1900.5.9	佐竹义尚	男	秋田佐竹同族	1946.5.10 继承人敬治郎返还爵位
1900.5.9	佐竹义遵	男	秋田佐竹同族	
1900.5.9	实吉安纯	男	鹿儿岛县。军医学之功。海军军医总监	1907.9.21 升为子爵（日俄战争之功）
1900.5.9	宍户乙彦	男	山口毛利家老。祖父亲基的维新之功	
1900.5.9	斯波蕃	男	金泽前田家老	
1900.5.9	涩泽荣一	男	埼玉县。（旧幕臣）维新之功	1920.9.4 升为子爵（经济发展之功）
1900.5.9	岛津隼彦	男	鹿儿岛岛津同族	1945.6.18 继承人忠亲逝后，不再袭爵
1900.5.9	岛津久明	男	鹿儿岛岛津同族	
1900.5.9	清水资治	男	山口毛利家老。父亲亲春的戊辰战争之功	

日期	姓名	爵位	出身与功绩	备考
1900.5.9	种子岛守时	男	鹿儿岛岛津家老	
1900.5.9	长克连	男	金泽前田家老	
1900.5.9	调所广丈	男	鹿儿岛县。多年之功。地方官	
1900.5.9	津田真道	男	冈山县。多年之功。众议院副议长	
1900.5.9	堤正谊	男	福井县。宫中侍奉之功。宫内次官	
1900.5.9	富冈敬明	男	佐贺县。多年之功。地方官	
1900.5.9	永山盛辉	男	鹿儿岛县。多年之功	
1900.5.9	野村维章	男	高知县。多年之功。控诉院检察长	
1900.5.9	野村素介	男	山口县。多年之功。文部大丞	
1900.5.9	原田一道	男	冈山县。多年之功。陆军少将	
1900.5.9	福原俊丸	男	山口毛利家老	
1900.5.9	福原实	男	山口县。多年之功。陆军少将	
1900.5.9	细川润次郎	男	高知县。多年之功。东宫大夫	
1900.5.9	细川忠毅	男	熊本细川同族。父亲忠显的西南战争之功	
1900.5.9	本多政以	男	金泽前田家老。父亲政均的戊辰战争之功	
1900.5.9	前田孝	男	金泽前田同族。父亲丰的维新之功	1947.2.3继承人孝行返还爵位
1900.5.9	前田直行	男	金泽前田同族。父亲直信的维新之功	
1900.5.9	益田精祥	男	山口毛利家老。祖父的维新之功	
1900.5.9	松平正直	男	福井县。多年之功。内务次官	
1900.5.9	三浦权五郎	男	和歌山德川家老	
1900.5.9	村井长八郎	男	金泽前田家老	
1900.5.9	毛利重辅	男	山口毛利同族	
1900.5.9	横山隆平	男	金泽前田家老	

日期	姓名	爵位	出身与功绩	备考
1900.5.9	渡边千秋	男	长野县。多年之功。内务次官	1907.9.23 升为子爵（日俄战争之功）。1911.4.21 升为伯爵（宫中侍奉之功）
1900.5.9	渡边半藏	男	名古屋德川家老	
1901.1.22	伊藤圭介	男	爱知县。理学发展之功。东大教授	
1902.2.27	菊池大麓	男	冈山县。日英同盟缔结之功。东大校长。文部大臣	1921.3.2 继承人泰二逝后，无继承者
1902.2.27	清浦奎吾	男	熊本县。日英同盟缔结之功。司法大臣	1907.9.21 升为子爵（日俄战争之功）。1928.11.10 升为伯爵（多年之功）
1902.2.27	小村寿太郎	男	宫城县。日英同盟缔结之功。外务大臣	1907.9.21 升为伯爵（日俄战争讲和之功）。1911.4.21 升为侯爵（"日韩合并"之功）
1902.2.27	曾祢荒助	男	山口县。日英同盟缔结之功。司法、农商务、大藏大臣	1907.9.21 升为子爵（日俄战争之功）
1902.2.27	平田东助	男	山形县。日英同盟缔结之功。农商务大臣	1911.8.24 升为子爵（多年之功）。1922.9.25 升为伯爵（宫中侍奉之功）
1902.2.27	山本权兵卫	男	鹿儿岛县。日英同盟缔结之功。海军中将。海军大臣	1907.9.21 升为伯爵（日俄战争之功）
1902.3.10	一条实基	男	公家。一条家旁支。实辉长子	
1902.3.10	九条良政	男	公家。九条家旁支。道孝四子	
1902.6.3	德川庆喜	公	德川别家。建立了新的德川家旁支	
1902.6.3	西乡寅太郎	侯	鹿儿岛县。父亲隆盛的维新之功	
1902.6.19	前岛密	男	新潟县。（旧幕臣）邮政制度确立之功。递信次官	

日期	姓名	爵位	出身与功绩	备考
1902.12.5	二条正麿	男	公家。二条家旁支。齐敬四子	1944.8.3继承人丰基战死后，不再袭爵
1905.3.1	松本顺	男	东京府。(旧幕臣)陆军医务卫生之功。陆军军医监	
1905.3.3	高木兼宽	男	鹿儿岛县。海军医务卫生之功。海军军医总监	
1905.12.23	鹰司信熙	男	公家。鹰司家旁支。熙通次子	
1906.4.11	后藤新平	男	岩手县。台湾统治之功。台湾总督府民政局长	1922.9.25升为子爵（多年之功）。1928.11.10升为伯爵（帝都复兴之功）
1906.9.17	松平庆民	子	福井松平家旁支。庆永五子	
1906.9.17	荒尾之茂	男	鸟取池田家老	
1906.9.17	荒尾嘉就	男	鸟取池田家老	
1906.9.17	有吉立礼	男	熊本细川家老	
1906.9.17	伊木忠爱	男	冈山池田家老	
1906.9.17	池田博爱	男	冈山池田家老	
1906.9.17	佐竹义准	男	秋田佐竹家老。父亲义寿的维新之功	
1906.9.17	泽村重	男	熊本细川家老	
1906.9.17	藤堂高成	男	津藤堂同族	
1906.9.17	土仓光三郎	男	冈山池田家老。父亲正彦的维新之功	
1906.9.17	日置健太郎	男	冈山池田家老。父亲忠尚的维新之功	
1906.9.17	深尾重孝	男	高知山内家老。祖父重光的维新之功	
1906.12.15	足立正声	男	鸟取县。宫中侍奉之功。诸陵头。内大臣秘书官	
1906.12.15	山内丰静	男	高知山内家旁支。丰景之弟	

日期	姓名	爵位	出身与功绩	备考
1907.9.14	栗野慎一郎	男	福冈县。日俄战争外交之功。全权大使、公使	1912.3.18 升为子爵（《日法通商航海条约》修订之功）
1907.9.14	本野一郎	男	佐贺县。日俄战争之功。全权公使	1916.7.14 升为子爵（出兵西伯利亚的外交之功）
1907.9.21	东乡平八郎	伯	鹿儿岛县。日俄战争之功。海军大将	1934.5.29 升为侯爵（多年之功）
1907.9.21	寺内正毅	子	山口县。日俄战争之功。陆军大将	1911.4.21 升为伯爵（"日韩合并"之功）
1907.9.21	浅田信兴	男	埼玉县。日俄战争之功。陆军中将	
1907.9.21	有坂成章	男	山口县。日俄战争之功。发明有坂炮。陆军中将	
1907.9.21	有马新一	男	鹿儿岛县。日俄战争之功。海军中将	
1907.9.21	安东贞美	男	长野县。日俄战争之功。陆军中将	
1907.9.21	饭田俊助	男	山口县。日俄战争之功。陆军中将	
1907.9.21	伊地知幸介	男	鹿儿岛县。日俄战争之功。陆军中将	
1907.9.21	石本新六	男	兵库县。日俄战争之功。陆军中将	
1907.9.21	伊集院五郎	男	鹿儿岛县。日俄战争之功。海军中将	
1907.9.21	伊濑知好成	男	鹿儿岛县。日俄战争之功。陆军中将	
1907.9.21	伊东义五郎	男	长野县。日俄战争之功。海军中将	
1907.9.21	井上光	男	山口县。日俄战争之功。陆军中将	

日期	姓名	爵位	出身与功绩	备考
1907.9.21	井上良智	男	鹿儿岛县。日俄战争之功。海军中将	
1907.9.21	上田有泽	男	德岛县。日俄战争之功。陆军中将	
1907.9.21	上原勇作	男	鹿儿岛县。日俄战争之功。陆军中将	1921.4.18 升为子爵（第一次世界大战之功）
1907.9.21	宇佐川一正	男	山口县。日俄战争之功。陆军中将	
1907.9.21	内田正敏	男	高知县。日俄战争之功。海军中将	
1907.9.21	瓜生外吉	男	石川县。日俄战争之功。海军中将	
1907.9.21	大浦兼武	男	鹿儿岛县。日俄战争之功。警视总监	1911.8.24 升为子爵（多年之功）
1907.9.21	大久保春野	男	静冈县。日俄战争之功。陆军中将	1936.4.4 继承人光野逝后，未履行袭爵手续
1907.9.21	大藏平三	男	冈山县。日俄战争之功。陆军中将	
1907.9.21	冈崎生三	男	高知县。日俄战争之功。陆军中将	
1907.9.21	冲原光孚	男	山口县。日俄战争之功。陆军中将	
1907.9.21	片冈七郎	男	鹿儿岛县。日俄战争之功。海军中将	
1907.9.21	鹿野勇之进	男	长野县。日俄战争之功。海军中将	
1907.9.21	上村彦之丞	男	鹿儿岛县。日俄战争之功。海军中将	1947.2.3 继承人邦之丞返还爵位
1907.9.21	木越安纲	男	石川县。日俄战争之功。陆军中将	
1907.9.21	肝付兼行	男	鹿儿岛县。日俄战争之功。海军中将	

日期	姓名	爵位	出身与功绩	备考
1907.9.21	久保田让	男	兵库县。日俄战争之功。文部大臣	
1907.9.21	黑濑义门	男	冈山县。日俄战争之功。陆军中将	
1907.9.21	小池正直	男	山形县。日俄战争之功。陆军军医总监	
1907.9.21	斋藤实	男	岩手县。日俄战争之功。海军中将。海军大臣	1925.4.9 升为子爵（多年之功）
1907.9.21	阪井重季	男	高知县。日俄战争之功。陆军中将	
1907.9.21	阪谷芳郎	男	广岛县。日俄战争军费调遣之功。大藏大臣	1941.11.11 升为子爵（纪元 2600 年国家大典之功）
1907.9.21	坂本俊笃	男	长野县。日俄战争之功。海军中将	
1907.9.21	佐藤进	男	茨城县。日俄战争之功。陆军军医总监	
1907.9.21	鲛岛员规	男	鹿儿岛县。日俄战争之功。海军大将	
1907.9.21	鲛岛重雄	男	鹿儿岛县。日俄战争之功。陆军中将	1928.4.17 逝世，无继承者
1907.9.21	柴山矢八	男	鹿儿岛县。日俄战争之功。海军大将	
1907.9.21	胜田四方藏	男	山口县。日俄战争之功。陆军中将	
1907.9.21	珍田舍巳	男	青森县。日俄战争外交之功。外务次官	1911.8.24 升为子爵（外交之功）。1920.9.7 升为伯爵（巴黎和会之功）
1907.9.21	冢本胜嘉	男	岐阜县。日俄战争之功。陆军中将	
1907.9.21	土屋光春	男	爱知县。日俄战争之功。陆军中将	

日期	姓名	爵位	出身与功绩	备考
1907.9.21	出羽重远	男	福岛县。日俄战争之功。海军中将	
1907.9.21	田健治郎	男	兵库县。日俄战争之功。递信次官	
1907.9.21	外松孙太郎	男	和歌山县。日俄战争之功。陆军会计总监	1945.2.6继承人龟太郎逝后，未履行袭爵手续
1907.9.21	富冈定恭	男	长野县。日俄战争之功。海军中将	
1907.9.21	中沟德太郎	男	佐贺县。日俄战争之功。海军中将	
1907.9.21	中村觉	男	滋贺县。日俄战争之功。陆军中将	
1907.9.21	梨羽时起	男	山口县。日俄战争之功。海军中将	
1907.9.21	西岛助义	男	山口县。日俄战争之功。陆军中将	
1907.9.21	西村精一	男	山口县。西南、日清、日俄战争之功。陆军中将	
1907.9.21	桥元正明	男	鹿儿岛县。日俄战争之功。海军中将	
1907.9.21	波多野敬直	男	佐贺县。日俄战争之功。司法大臣	1917.6.5升为子爵（宫中侍奉之功）
1907.9.21	原口兼济	男	大分县。日俄战争之功。陆军中将	
1907.9.21	日高壮之丞	男	鹿儿岛县。日俄战争之功。海军中将	1942.8.18继承人庄辅逝后，返还爵位
1907.9.21	平佐良藏	男	山口县。日俄战争之功。陆军中将	
1907.9.21	福岛安正	男	长野县。日俄战争之功。陆军中将	
1907.9.21	藤井包总	男	广岛县。日俄战争之功。陆军中将	

日期	姓名	爵位	出身与功绩	备考
1907.9.21	松永正敏	男	熊本县。日俄战争之功。陆军中将	
1907.9.21	真锅斌	男	山口县。日俄战争之功。陆军中将	1946.8.1 继承人十藏隐居后，不再袭爵
1907.9.21	三须宗太郎	男	滋贺。日俄战争之功。海军中将	
1907.9.21	宫原二郎	男	东京府。（旧幕臣）日俄战争之功。海军机关中将	
1907.9.21	三好成行	男	山口县。日俄战争之功。陆军中将	
1907.9.21	向山慎吉	男	东京府。（旧幕臣）日俄战争之功。海军中将	
1907.9.21	村上敬次郎	男	广岛县。日俄战争之功。海军会计总监	1934.12.15 继承人隆吉逝后，变为女户主
1907.9.21	村木雅美	男	高知县。日俄战争之功。陆军中将	1945.9.21 继承人雅枝逝后，未办理袭爵手续
1907.9.21	饼原平二	男	鹿儿岛县。日俄战争之功。海军中将	
1907.9.21	矢吹秀一	男	东京府。（旧幕臣）日清、日俄战争之功。陆军中将	
1907.9.21	山中信仪	男	山口县。日俄战争之功。陆军中将	
1907.9.21	山根武亮	男	山口县。日俄战争之功。陆军中将	
1907.9.21	山内长人	男	东京府。（旧幕臣）日俄战争之功。陆军中将	
1907.9.21	山内万寿治	男	熊本县。提高海军技术之功。海军中将	1941.6.12 继承人志郎逝后，由女子作为继承人，返还爵位
1907.9.21	渡边章	男	山口县。日俄战争之功。陆军中将	1934.5.27 逝后，变为女户主
1907.9.23	岩佐纯	男	福井县。宫中侍医之功。侍医	
1907.9.23	冈玄卿	男	冈山县。宫中侍医之功。侍医	

日期	姓名	爵位	出身与功绩	备考
1907.9.23	关义臣	男	福井县。日俄战争之功。控诉院检察长	
1907.9.23	高桥是清	男	宫城县。日俄战争中募集外债之功。日本银行副总裁	1920.9.7 升为子爵（第一次世界大战之功）
1907.9.23	武井守正	男	兵库县。日俄战争之功。地方官	
1907.9.23	中村雄次郎	男	和歌山县。日清、日俄战争之功。陆军中将。八幡制铁所长官	
1907.9.23	浜尾新	男	兵库县。日俄战争之功。文部大臣	1921.11.25 升为子爵（多年之功）
1907.9.23	松尾臣善	男	爱媛县。日俄战争之功。日本银行总裁	
1907.9.23	目贺田种太郎	男	东京府。(旧幕臣)日俄战争之功。韩国财政顾问	
1907.10.2	新井清一	男	兵库县。父亲晴简（陆军中将）的日俄战争之功	
1907.10.2	儿玉清雄	男	和歌山县。父亲德太郎（陆军少将）的日俄战争之功	
1907.10.2	佐双定雄	男	石川县。父亲佐仲（海军造船总监）的日俄战争之功	
1907.10.2	角田武雄	男	福岛县。父亲秀松（海军中将）的日俄战争之功	
1907.10.2	东乡安	男	福井县。父亲正路（海军中将）的日俄战争之功	
1907.10.2	前田勇	男	奈良县。父亲隆礼（陆军中将）的日俄战争之功	
1907.10.2	松村务	男	石川县。父亲务本（陆军中将）的日俄战争之功	
1907.10.2	山本信成	男	山口县。父亲信行（陆军少将）的日清、日俄战争之功	
1907.10.22	松元鼎	男	山口县。多年之功。地方官	

日期	姓名	爵位	出身与功绩	备考
1907.11.4	内田康哉	男	熊本县。日俄战争之功。全权公使	1911.8.24 升为子爵（外交之功）。1920.9.7 升为伯爵（第一次世界大战之功）
1907.11.4	高平小五郎	男	岩手县。日俄讲和之功。全权公使	
1907.11.4	林权助	男	福岛县。日俄战争之功。全权公使	
1907.11.4	牧野伸显	男	鹿儿岛县。多年之功。全权公使。文部大臣	1920.9.7 升为子爵（巴黎和会、出兵西伯利亚之功）。1925.4.9 升为伯爵（宫中侍奉之功）
1908.3.23	九条良致	男	公家。九条家旁支。道孝五子	1940.8.2 逝后，未履行袭爵手续
1908.5.8	周布公平	男	山口县。父亲政之助和公平的国事尽力之功	
1908.8.3	都筑馨六	男	爱媛县。多年之功。全权大使	
1908.12.12	辻新次	男	长野县。多年之功。文部次官	
1909.11.1	伊藤文吉	男	山口县。伊藤家旁支。养父博文之功	
1909.12.20	大村武纯	男	大村家旁支。纯熙之弟	
1909.12.20	岛津健之助	男	佐土原岛津家旁支。忠亮次子	
1910.7.20	小松辉久	男	北白川宫能久王第 4 王子。臣籍降下	
1910.8.25	长与称吉	男	长崎县。父亲专斋（中央卫生会长。宫中顾问官）之功	
1911.8.24	石井菊次郎	男	大分县。"日韩合并"之功。外务次官	1916.7.14 升为子爵（多年之功）
1911.8.24	加藤高明	男	爱知县。日英同盟修订之功。全权公使。外务大臣	1916.7.14 升为子爵（第一次世界大战之功）。1926.1.28 升为伯爵（多年之功）

日期	姓名	爵位	出身与功绩	备考
1911.8.25	鸿池善右卫门	男	大阪府。经济发展之功	
1911.8.25	近藤廉平	男	德岛县。经济发展之功	
1911.8.25	住友吉左卫门	男	大阪府。经济发展之功	1946.5.31 继承人吉左卫门返还爵位
1911.8.25	藤田传三郎	男	山口县。经济发展之功	
1911.8.25	三井八郎次郎	男	京都府。经济发展之功。高福四子	
1913.11.5	德川诚	男	德川别家（庆喜）旁支。庆喜九子	
1913.11.5	德大寺则麿	男	公家。德大寺家旁支。实则三子	
1914.1.19	松田正久	男	佐贺县。多年之功。大藏、文部、司法大臣。众议院议长	
1915.9.13	乃木元智	伯	长府毛利元敏次子。分家之后改姓乃木	1934.9.26 返还爵位，恢复旧姓毛利
1915.12.1	大仓喜八郎	男	新潟县。经济发展之功	
1915.12.1	大森钟一	男	静冈县。（旧幕臣）多年之功。地方官	
1915.12.1	田中芳男	男	长野县。（旧幕臣）多年之功。农商务省农务局长	
1915.12.1	古河虎之助	男	滋贺县。父亲市兵卫的经济发展之功	
1915.12.1	穗积陈重	男	爱媛县。法学界之功	
1915.12.1	三井高保	男	京都府。经济发展之功。高福五子	
1915.12.1	森村市左卫门	男	东京府。经济发展之功	
1915.12.1	山川健次郎	男	福岛县。多年之功。东大校长	1943.3.21 继承人洵逝后，无继承者
1915.12.1	横田国臣	男	长崎县。多年之功。检察长。大审院院长	
1916.7.6	冈市之助	男	京都府。日清、日俄战争之功，第一次世界大战之功。陆军中将。陆军大臣	

日期	姓名	爵位	出身与功绩	备考
1916.7.14	加藤定吉	男	东京府。(旧幕臣)第一次世界大战之功。海军中将。第二舰队司令长官	1946.10.14 继承人泰邦逝后，不再袭爵
1916.7.14	神尾光臣	男	长野县。第一次世界大战之功。陆军大将。青岛守备军司令官	
1916.7.14	岛村速雄	男	高知县。日清、日俄战争之功。第一次世界大战之功。海军大将。军令部长	
1916.7.14	八代六郎	男	爱知县。第一次世界大战之功。海军中将。海军大臣	
1917.8.14	奥田义人	男	鸟取县。多年之功。文部、司法大臣。东京市长	
1917.8.14	松冈康毅	男	德岛县。多年之功。检察长。农商务大臣	
1917.12.14	青山胤通	男	岐阜县。医学发展之功。东大教授。传染病研究所所长	
1918.11.26	园田孝吉	男	鹿儿岛县。实业界之功。横滨正金银行、十五银行行长	
1918.11.26	高桥新吉	男	鹿儿岛县。多年之功。日本劝业银行总裁	
1918.11.26	益田孝	男	东京府。(旧幕臣)经济发展之功	
1919.1.9	近卫秀麿	子	公家。近卫家旁支。文麿之弟。父亲笃麿之功	1946.5.31 返还爵位
1919.1.9	锅岛贞次郎	男	佐贺锅岛家旁支。直大次子	
1919.10.24	明石元二郎	男	福冈县。日俄战争之功。陆军大将。台湾总督	
1919.12.27	古市公威	男	兵库县。多年之功。东大教授。内务省土木技监。韩国统监府铁道管理局长官	
1920.1.13	川崎芳太郎	男	鹿儿岛县。经济发展之功	1946.4.13 继承人武之助逝后，未履行袭爵手续

日期	姓名	爵位	出身与功绩	备考
1920.1.13	安川敬一郎	男	福冈县。经济发展之功	1934.11.30 逝后，未履行袭爵手续
1920.7.24	山阶芳麿	男	山阶宫菊麿王第 2 王子。臣籍降下	
1920.9.7	伊集院彦吉	男	鹿儿岛县。巴黎和会之功。全权随员	
1920.9.7	加藤友三郎	男	广岛县。第一次世界大战之功。海军大将。海军大臣	1923.8.24 升为子爵（多年之功）
1920.9.7	币原喜重郎	男	大阪府。外交之功。全权公使、大使	
1920.9.7	田中义一	男	山口县。多年之功。陆军中将、陆军大臣	
1920.9.7	松井庆四郎	男	大阪府。巴黎和会、出兵西伯利亚之功。外务次官。全权大使	1946.6.4 逝后，不再袭爵
1920.9.7	山本达雄	男	大分县。多年之功。日本银行总裁。大藏、农商务大臣	
1920.12.28	大谷喜久藏	男	福井县。多年军功。陆军大将。青岛守备军司令官	1923.11.26 逝后，未履行袭爵手续
1921.4.18	大井成元	男	山口县。出兵西伯利亚之功。陆军大将。浦盐派遣军司令官	
1921.8.11	前田正名	男	鹿儿岛县。经济发展之功。地方官。农商务次官	1939.1.24 继承人三介逝后，变为女户主
1921.11.26	内山小二郎	男	鸟取县。第一次世界大战之功。陆军大将。侍从武官长	
1922.2.1	山县有光	男	山口县。山县家旁支。外祖父有朋之功	
1923.10.16	立花小一郎	男	福冈县。出兵西伯利亚之功。陆军大将。浦盐派遣军司令官	
1923.10.15	久迩邦久	侯	久迩宫邦彦王第 2 王子。臣籍降下	
1924.2.11	北里柴三郎	男	熊本县。医学发展之功。传染病研究所所长。北里研究所所长	1931.6.13 本人逝后，继承人未履行袭爵手续

日期	姓名	爵位	出身与功绩	备考
1925.2.11	平山成信	男	东京府。(旧幕臣)多年之功。宫中顾问官。日本红十字会会长	
1925.12.18	冈野敬次郎	男	东京府。(旧幕臣)多年之功。司法、文部大臣。枢密院副议长	
1926.10.28	仓富勇三郎	男	福冈县。多年之功。控诉院检察长。朝鲜总督府司令官部长官。枢密院议长	
1926.10.28	富井政章	男	京都府。多年之功。东大教授。枢密顾问官	
1926.10.28	平沼骐一郎	男	冈山县。多年之功。检察长。大审院院长。司法大臣	
1926.12.7	华顶博信	男	伏见宫博恭王第3王子。臣籍降下	
1928.7.20	筑波藤麿	男	山阶宫菊麿王第3王子。臣籍降下	
1928.7.20	鹿岛萩麿	伯	山阶宫菊麿王第4王子。臣籍降下	
1928.11.10	佐藤昌介	男	岩手县。教育尽力之功。北海道大学校长	1945.5.10 继承人昌彦返还爵位
1928.11.10	团琢磨	男	福冈县。经济发展之功	
1928.11.10	山下源太郎	男	山形县。多年军功。海军大将。军令部长	
1929.12.24	葛城茂麿	伯	山阶宫菊麿王第5王子。臣籍降下	
1929.12.26	近藤基树	男	三重县。军舰建造之功。海军造船中将	
1931.4.4	东伏见邦英	伯	久迩宫邦彦王第3王子。臣籍降下	
1931.4.11	若槻礼次郎	男	岛根县。伦敦军缩会议之功。大藏、内务、总理大臣	

日期	姓名	爵位	出身与功绩	备考
1932.5.23	白川义则	男	爱媛县。上海派遣军司令官之功。陆军大将。海军大臣	
1933.4.25	一木喜德郎	男	静冈县。多年之功。文部、内务、宫内大臣	
1933.4.25	奈良武次	男	栃木县。多年之功。陆军大将。侍从武官长	
1933.7.27	武藤信义	男	佐贺县。"九一八事变之功"。陆军大将。关东军司令官	1933.7.28逝后，因变为女户主而无继承者
1935.12.26	荒木贞夫	男	东京府。"九一八事变之功"。陆军大将。陆军、文部大臣	
1935.12.26	大角岑生	男	爱知县。"九一八事变之功"。海军大将。海军大臣	
1936.12.26	本庄繁	男	兵库县。"九一八事变之功"。陆军大将。关东军司令官。侍从武官长	1945.11.20逝后，未履行袭爵手续
1936.4.1	音羽正彦	侯	朝香宫鸠彦王第2王子。臣籍降下	1944.2.6战死后，无继承者
1936.4.1	伏见博英	伯	伏见宫博恭王第4王子。臣籍降下	
1936.11.20	铃木贯太郎	男	千叶县。多年之功。海军大将。军令部长。侍从长	
1939.1.28	樱井锭二	男	石川县。科学技术发展之功。东大教授。帝国学士院院长	
1940.10.25	粟田彰常	侯	东久迩宫稔彦王第3王子。臣籍降下	
1940.12.24	汤浅仓平	男	福岛县。多年之功。朝鲜总督府政务总监。会计检查院院长。宫内大臣、内大臣	1940.12.24逝后，因变为女户主而无继承者
1941.8.15	长与又郎	男	长崎县。医学发展之功。东大校长	
1942.10.5	宇治家彦	伯	久迩宫多嘉王第2王子。臣籍降下	

日期	姓名	爵位	出身与功绩	备考
1943.2.17	平贺让	男	广岛县。军舰造船之功。海军造船中将。东大校长	
1943.6.7	龙田德彦	伯	久迩宫多嘉王第3王子。臣籍降下	
1944.8.7	原嘉道	男	长野县。多年之功。司法大臣。枢密院议长	

注：（1）本表是以时野谷胜《华族一览》（《日本近现代史辞典》，东洋经济新报社，1978）为底本，根据霞会馆华族家系大成编辑委员会编《平成新修　原华族家系大成》（上、下，霞会馆，1996），霞会馆诸家资料调查委员会《华族制度资料集》（霞会馆，1985），酒卷芳男《华族制度研究》（霞会馆，1987）等补足修正而成。姓名和俸禄在不同时期有所不同，也有通称和表面俸禄，原则上是根据《平成新修　原华族家系大成》的标示；授爵、升爵、爵位返还等日期是以《华族制度资料集》和《华族制度研究》为根据。

（2）根据《平成新修　原华族家系大成》的记载，华族家族总共有1011家。但从严格意义上来说，再授爵的胜、石川、中御门、飞鸟井、乃木以及清水德川这6家如果独自算1家的话，总数实际上是1016家，若共同算为1家，则总数为1010家。在《平成新修　原华族家系大成》中，再授爵家族中只有乃木家因家主重新继承毛利家，而不被算为1家，所以总共有1011家。本书也沿用此说。

图书在版编目（CIP）数据

华族：日本近代贵族兴衰史 /（日）小田部雄次著；
霍东昆译. -- 北京：社会科学文献出版社，2022.1
（樱花书馆）
ISBN 978-7-5201-9166-1

Ⅰ. ①华…　Ⅱ. ①小…②霍…　Ⅲ. ①贵族 - 研究 -
日本 - 1884-1947　Ⅳ. ①D731.39

中国版本图书馆CIP数据核字（2021）第204556号

·樱花书馆·

华族：日本近代贵族兴衰史

著　　者 /　〔日〕小田部雄次
译　　者 /　霍东昆

出 版 人 /　王利民
责任编辑 /　杨　轩　胡圣楠
文稿编辑 /　李蓉蓉
责任印制 /　王京美

出　　版 /　社会科学文献出版社
　　　　　　地址：北京市北三环中路甲29号院华龙大厦 邮编：100029
　　　　　　网址：www.ssap.com.cn
发　　行 /　市场营销中心（010）59367081　59367083
印　　装 /　三河市东方印刷有限公司

规　　格 /　开　本：889mm×1194mm 1/32
　　　　　　印　张：11.5　字　数：272千字
版　　次 /　2022年1月第1版　2022年1月第1次印刷
书　　号 /　ISBN 978-7-5201-9166-1
著作权合同
登 记 号 /　图字01-2021-5752号
定　　价 /　79.00元

本书如有印装质量问题，请与读者服务中心（010-59367028）联系